CLAN 7

con

¡Hola, amigos!

LIBRO DEL PROFESOR

Nivel 3

Instituto Cervantes

Edinumen

Clan 7 con ¡Hola amigos!
© **Editorial Edinumen**, 2014
© **Autoras:** Inmaculada Gago, M.ª del Mar Garrido, M.ª del Rosario Rodríguez y Pilar Valero
Coordinadora: Pilar Valero

Curso interactivo ¡Hola, amigos!
© **Instituto Cervantes**

ISBN del Libro del profesor:
978-84-9848-629-2
Depósito Legal: M-27089-2014
Impreso en España
Printed in Spain

Edición:
David Isa

1.ª edición: 2014
1.ª reimpresión: 2018

Maquetación:
Carlos Casado

Ilustraciones:
Olga Carmona

Impresión:
Gráficas Glodami

Editorial Edinumen
José Celestino Mutis, 4.
28028 - Madrid
Teléfono: 91 308 51 42
Fax: 91 319 93 09
e-mail: edinumen@edinumen.es
www.edinumen.es

Índice

INTRODUCCIÓN

Clan 7 con ¡Hola, amigos! se presenta como una nueva propuesta pedagógica que ofrece a los usuarios la oportunidad de combinar el itinerario de aprendizaje propio de un curso presencial con el acceso a material digital que complementa y amplía los conocimientos y las habilidades que se van adquiriendo en el trabajo de clase. Este enfoque integrado permitirá a docentes y alumnos disponer de una secuencia clara y ordenada de actividades con arreglo a objetivos y competencias básicas previamente identificados en cada unidad. Y, al mismo tiempo, desarrollar la capacidad de navegación con herramientas digitales y disfrutar de las ventajas de incluir material didáctico digital entre los recursos de aprendizaje.

Se trata, por tanto, de un planteamiento que reconoce y asume la importancia de acometer el proceso de enseñanza y aprendizaje como un desarrollo integral de las distintas actividades comunicativas de la lengua en consonancia con la competencia digital, hoy día imprescindible para el acceso a contenidos y experiencias de aprendizaje que permiten dar proyección al ámbito del aula y facilitar el desarrollo de la autonomía al ritmo de cada usuario.

En este *Libro del profesor* se presentan las pautas de explotación didáctica del material, de acuerdo con la secuencia de sesiones y actividades del *Libro del alumno*.

El *Libro del profesor* reproduce en miniatura las dobles páginas de las sesiones del *Libro del alumno* a modo de guía, facilitando, de este modo, su consulta.

El profesor encontrará en cada unidad:

- **Sugerencias de explotación y dinámicas** de las actividades.
- **Referencias** cruzadas al **material proyectable y/o imprimible** disponible en la **ELEteca**.
- **Referencias** cruzadas al **material complementario** adjunto: tarjetas ilustradas y de vocabulario y láminas del cómic mudo.
- **Referencias** cruzadas al ***Tablero digital*** procedente del curso interactivo ***¡Hola, amigos!***
- **Actividades de refuerzo y ampliación** para cada sesión.
- Explicación de las **competencias** trabajadas en cada sesión.
- **Sugerencias de explotación** del **cómic** de cada unidad.
- **Guía de contenidos** de las actividades correspondientes del curso interactivo ***¡Hola, amigos!***
- **Solucionario visual** del **Cuaderno de actividades**.
- **Transcripciones** de los audios y **soluciones** de las actividades.
- Test de **evaluación**.
- ***Nuestros juegos***, explicación de las dinámicas de algunos juegos con aplicación didáctica en la clase de ELE.

El curso interactivo *¡Hola, amigos!*

El material multimedia que encontrará en la ELEteca está concebido para aprovechar el potencial de aprendizaje en todas sus dimensiones y permite, además, implicar a todos cuantos intervienen en el proceso de enseñanza y aprendizaje:

- En primer lugar, a los niños y niñas, a quienes permite desarrollar su aprendizaje en clase de manera lúdica y motivadora. Además, podrán continuar aprendiendo en casa, practicando con la pandilla de amigos que le ofrece el material.
- A usted, como docente, ya que incluye actividades interactivas en la secuencia didáctica en el aula, lo que permite trabajar los contenidos de ***Clan 7*** enriquecidos con los diferentes contextos y personajes que aportan las actividades multimedia del ***Tablero digital*** y del ***¡Hola, amigos!***

» A padres y madres, que podrán implicarse fácilmente en el proceso de aprendizaje del español de su hijo o hija y realizar con ellos las actividades propuestas en el curso.

En la ELEteca usted puede encontrar:

» Audios y canciones del *Libro del alumno*.
» Tablero digital.
» Curso interactivo *¡Hola, amigos!*

Tablero digital

En cada una de las unidades didácticas del *Libro del alumno* usted encontrará referencias al ***Tablero digital***, con el que el podrá complementar el curso y sus clases a través de distintas actividades multimedia (procedentes del curso interactivo *¡Hola, amigos!*). Estas referencias funcionan como un elemento de refuerzo, para practicar contenidos o habilidades tratados en el aula, pero también como un primer acercamiento al curso *¡Hola, amigos!*

Curso interactivo ¡Hola, amigos!

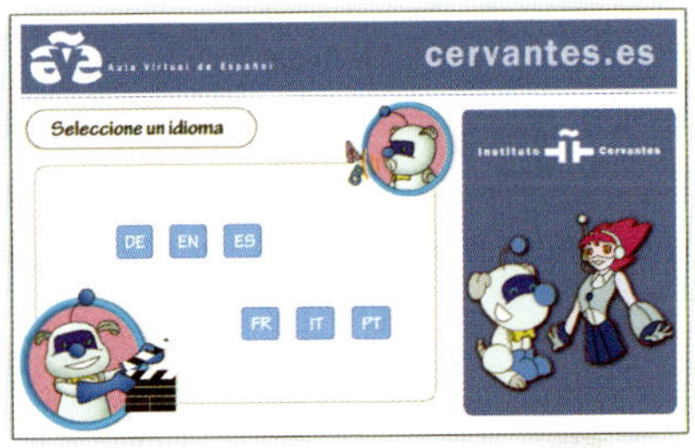

Usted dispone también del curso ***¡Hola, amigos!*** del Instituto Cervantes, compuesto por cinco unidades didácticas con las que el alumno, una vez finalizado *Clan 7*, podrá desarrollar un trabajo individual y autónomo y seguir practicando y reforzando su español de una forma divertida y motivadora.

ELEteca

La ELEteca de Edinumen es una plataforma web de gestión del aprendizaje que, desde un entorno Moodle, ofrece a los profesores que utilicen este manual materiales de apoyo a su labor docente. Para acceder a la ELEteca, solo tiene que cumplimentar un sencillo formulario de registro introduciendo el código que aparece en el presente volumen.

En la ELEteca encontrará un espacio para el profesor con:

» Los **audios** en MP3 del libro del alumno.
» Las **proyecciones** del *Libro del alumno*.
» **Pdf imprimible** de los **test** de evaluación.
» **Pdf imprimible** del ***Cuaderno de actividades*** con las **soluciones**.
» **Cómics sin diálogos** para proyectar en clase.
» Plantilla imprimible de un **dado** para los juegos.
» Acceso al **curso interactivo *¡Hola, amigos!***

La ***Cartera de recursos*** de ***Clan 7 con ¡Hola, amigos!***, incluye los siguientes materiales:

» **Libro del profesor** + CD audio con todas las grabaciones del libro del alumno y de los test de evaluación en formato audio, para reproductores convencionales.
» **Tarjetas ilustradas** de vocabulario.
» **Pósteres** del cómic final de las unidades del *Libro del alumno*.
» **Libro del alumno**.
» **Cuaderno de actividades**.

JUSTIFICACIÓN METODOLÓGICA

Objetivos

El sentido de la propuesta didáctica que presentamos está condicionado por las ideas que sostenemos sobre cómo debe orientarse la enseñanza en la etapa de Educación Primaria para conseguir una formación de calidad en niños y niñas de entre seis y doce años. Se fundamenta, en primera instancia, en la consideración de los mismos como seres activos ante sus propios procesos de aprendizaje y de desarrollo, singulares, sexuados, con características, limitaciones y modos de funcionamiento propios, pero influenciados por su contexto geográfico y sociocultural. Estos estudiantes se integran en un grupo que adquiere rasgos propios, relativamente independientes de las particularidades de sus componentes. Este proceso de conformación del grupo tiene lugar en el marco organizativo brindado por un centro escolar concreto, que representa la materialización de la Escuela como institución encargada de transmitir la cultura –en sentido amplio–.

Toda propuesta didáctica debe estar enmarcada en un currículo. Entendemos el currículo como un conjunto de objetivos, contenidos, orientaciones metodológicas y criterios de evaluación que regulan la práctica docente en dicha etapa. Esta propuesta es *dinámica, abierta y flexible, científicamente fundamentada, coherente y realista, contextualizada, comprensiva y consecuente con la diversidad del alumnado.*

Los **objetivos** son:

- Colaborar en la planificación y realización de actividades de grupo y aceptar las normas y reglas que democráticamente se establezcan, respetando los diferentes puntos de vista y asumiendo las responsabilidades que correspondan.
- Establecer relaciones equilibradas, solidarias y constructivas con las personas en situaciones sociales conocidas.
- Comprender y establecer relaciones entre hechos y fenómenos del entorno natural y social, y contribuir activamente a la defensa, conservación y mejora del medioambiente.
- Comprender y expresar mensajes orales y escritos en español atendiendo a diferentes intenciones y contextos de comunicación.
- Apreciar la importancia de los valores básicos que rigen la vida y la convivencia humana y actuar de acuerdo con ellos.

La propuesta didáctica contempla, asimismo, las competencias básicas que forman parte del desarrollo del currículo:

- Competencia en comunicación lingüística.
- Competencia matemática.
- Competencia en el conocimiento y la interacción con el mundo físico.
- Autonomía e iniciativa personal.
- Tratamiento de la información y competencia digital.
- Competencia social y ciudadana.
- Competencia artística y cultural.
- Competencia para aprender a aprender.

Contenidos

La secuenciación es un proceso mediante el que se distribuyen los contenidos a tratar a lo largo del curso escolar, con un creciente nivel de complejidad, abstracción, generalidad y amplitud. Para llevarla a cabo, se ha tenido en cuenta una serie de criterios fundamentales:

- El respeto por las características y necesidades evolutivas del grupo de estudiantes.
- La atención a los conocimientos previos de los estudiantes.
- Una visión del aprendizaje basado en la aproximación sucesiva a los conocimientos, que exige que se aborden de manera cada vez más compleja (currículo en espiral).

Orientaciones metodológicas

De acuerdo con las ideas teóricas respecto del aprendizaje y de la enseñanza que nos sirven de referencia, la metodología que hemos puesto en práctica tendrá un carácter dialógico, fundado en la concepción de la educación como un proceso comunicativo, no solo de orden informativo, sino también socioafectivo. Hemos procurado, por tanto, que los intercambios tengan lugar en un clima cálido, afectuoso y promotor de confianza, tanto en las propias capacidades como en las de aquellos con quienes se establecen relaciones.

Se trata, asimismo, de una metodología activa, entendida en el sentido de ser movilizadora del aprendizaje y del desarrollo. Proponemos, en definitiva, una metodología que parta de lo que los alumnos y alumnas piensan y saben acerca de los distintos aspectos de la realidad para promover la construcción de aprendizajes significativos y transferibles.

Lo anterior supone el diseño de una intervención contextualizada, atenta a las necesidades e intereses del alumnado, atractiva y con sentido, tanto para el profesorado como para el grupo de estudiantes. Una forma de trabajo en la que contemplaremos, no solo los recursos didácticos, sino también los tecnológicos y el propio entorno.

Criterios organizativos: la organización espacio-temporal; recursos, materiales, agrupamientos y tipos de actividades

Dado que el ambiente no es solo un escenario de las acciones educativas, sino un modelador de las mismas, conviene que las variables de espacio y de tiempo estén claramente establecidas. Definiremos para ello normas previsibles y confiables, pues solo en un ámbito seguro las interacciones pueden contribuir eficazmente a la movilización de las estructuras cognitivas.

En consecuencia, hemos intentado organizar el tiempo de modo que respete cuanto sea posible los ritmos de aprendizaje de los estudiantes. Hemos asegurado el mantenimiento de cierta estabilidad en la secuencia de actividades, que contribuya a incrementar el sentimiento de control sobre el medio y la posibilidad de anticipación, lo que favorece la consecución de nociones temporales en formación a estas edades.

Hemos respetado, por otra parte, la alternancia entre actividades realizadas en uno y otro tipo de agrupamientos, así como entre aquellas que requieren la puesta en acción de distintas capacidades.

Mediante el modelo de sesiones que presentamos, pretendemos:

- crear un clima previsible, que dé a los estudiantes seguridad y confianza;
- procurar que establezcan cierto orden y regularidad en las actuaciones propias;
- favorecer el desarrollo de su autonomía;
- procurar aprendizajes integrados, derivados de la interacción con un medio oportunamente organizado.

Atendiendo a las pautas específicas de la enseñanza de una lengua extranjera, hay que tener en cuenta a la doble dimensión de la lengua –oral y escrita–:

- partir de las competencias comunicativas con las que cuenta el estudiante, a fin de movilizar su desarrollo;
- considerar tanto el aspecto de expresión como el de comprensión;
- generar un clima de confianza y de libertad que estimule la participación, evitando correcciones represivas;
- facilitar la participación en situaciones reales y significativas de comunicación, tanto oral como escrita;
- promover el gusto y la afición por la lectura de pequeños textos, proponiendo una selección de los mismos acorde a las necesidades y gustos del alumnado, y generando vivencias gratas en relación con la lectura y la escritura;
- emplear las tecnologías de la información y la comunicación como recurso para la aproximación a pequeños textos variados, que empleen códigos diversos.

Criterios de evaluación

Teniendo en cuenta que el principal objetivo es que el alumno adquiera la capacidad de usar la lengua para comunicarse de forma efectiva, a la hora de evaluar, se valorará más la fluidez comunicativa y la adecuación al contexto que la corrección formal.

Las pruebas de evaluación deberán estar basadas en el principio de la comunicación. Esto significa que no solo se medirá la comprensión y corrección de estructuras lingüísticas y vocabulario, sino también la capacidad para responder en determinadas situaciones con las expresiones adecuadas a la función comunicativa que se persigue:

- participar en interacciones orales dirigidas sobre temas conocidos en situaciones de comunicación predecibles, respetando las normas básicas del intercambio, como escuchar y mirar a quien habla;
- captar el sentido global, e identificar información específica en textos orales sobre temas familiares y de interés que promuevan la comunicación real;
- leer y captar el sentido global de textos sencillos sobre temas conocidos con una finalidad comunicativa;
- escribir frases y textos cortos significativos en situaciones cotidianas de comunicación;
- usar formas y estructuras propias del español en diferentes contextos comunicativos de forma significativa.

Los autores

GUÍA VISUAL DE LAS UNIDADES DEL LIBRO DEL ALUMNO

Presentación del primer bloque de vocabulario, siempre contextualizado en un escenario atractivo relacionado con la vida cotidiana de niños y niñas.

Presentación lúdica de los contenidos a través de una canción.

Práctica del vocabulario presentado a través de destrezas de comprensión auditiva y expresión oral.

Presentación de los aspectos fonéticos más representativos del español en relación con sus grafías correspondientes, siempre enmarcado en un contexto lúdico.

El vocabulario siempre aparece asociado a un referente visual para fomentar el aprendizaje significativo.

Mediante pequeños textos, se trabajan los contenidos presentados hasta el momento, incidiendo en la compresión lectora y auditiva de textos motivadores que tratan temas relacionados con el universo de intereses de los niños y niñas.

Presentación de los contenidos gramaticales enmarcados en un contexto comunicativo.

Práctica lúdica de los contenidos gramaticales presentados anteriormente mediante actividades de carácter cognitivo.

En este apartado se sistematizan, de forma concisa y clara, los contenidos gramaticales trabajados.

Práctica de la comprensión lectora/auditiva del ejercicio anterior mediante actividades cognitivas del tipo: verdadero/falso, elección múltiple, completar oraciones...

Presentación del segundo bloque de vocabulario contextualizado con el tema de la unidad para fomentar el aprendizaje significativo. Se ponen en práctica destrezas receptivas y productivas.

Actividad de repaso para practicar lo aprendido a largo de toda la unidad mediante juegos y desafíos.

En esta última actividad se trabajan todos los contenidos aprendidos hasta el momento a través de distintas tareas y proyectos.

Práctica del vocabulario presentado a través de actividades lúdicas de comprensión auditiva y expresión oral.

Cómic que permite consolidar todos los contenidos léxicos y gramaticales aprendidos mediante una historia para leer y escuchar. Se trabaja la lengua desde una dimensión funcional y comunicativa, transmitiendo, al tiempo, contenidos de carácter intercultural y educando en valores.

Clopina, la robot protagonista de *La aventura* del curso interactivo *¡Hola, amigos!* invita, al final de cada unidad, a continuar aprendiendo español de manera lúdica fuera del ámbito escolar.

OBJETIVOS

Unidad 1 ¿Cómo estás?

- Entender y cantar una canción sobre saludos y presentaciones.
- Repasar el vocabulario y las estructuras de niveles anteriores.
- Dar la bienvenida a los alumnos.
- Presentar a los personajes del libro.
- Recordar y ampliar las formas de saludos y despedidas habituales.
- Pedir y dar información personal: edad, dirección, lugar de nacimiento y hablar de la familia.
- Practicar el vocabulario en el contexto de un diálogo.
- Presentar los números ordinales del 1 al 10.
- Repasar el abecedario y deletrear palabras.
- Extraer información de un texto relacionado con el tema desarrollado.
- Expresar por escrito información personal.
- Repasar el vocabulario relacionado con las actividades de tiempo libre.
- Intercambiar información personal en presente de indicativo.
- Consolidar los contenidos aprendidos a lo largo de la unidad.

Unidad 2 ¡Todos los días!

- Entender y cantar una canción sobre las actividades de la vida diaria.
- Aprender a hablar de las acciones cotidianas en presente de indicativo.
- Realizar preguntas para obtener información de esas acciones.
- Aprender a usar los verbos reflexivos relacionados con las acciones de la vida diaria.
- Aprender a preguntar y decir la hora.
- Hablar de la rutina diaria.
- Aprender a utilizar los marcadores temporales.
- Extraer información de un texto relacionado con el tema desarrollado.
- Realizar preguntas para obtener información.
- Aprender a utilizar otros marcadores temporales.
- Consolidar los contenidos aprendidos a lo largo de la unidad.

Unidad 3 ¿Prefieres carne o pescado?

- Entender y cantar una canción sobre el tema de los alimentos.
- Aprender el vocabulario relacionado con las comidas.
- Expresar preferencias.
- Hablar sobre la frecuencia con la que se toman los diferentes alimentos.
- Aprender y practicar palabras que contienen el sonido /z/ y las correspondiente grafías: *za, zo, zu, ce, ci*.
- Practicar el vocabulario en el contexto de un diálogo.
- Hablar del pasado reciente y de acciones terminadas dentro de un periodo de tiempo presente.
- Extraer información de un texto relacionado con el tema desarrollado.
- Adquirir el vocabulario y las expresiones para pedir objetos en la mesa y responder a la petición.
- Expresar sensaciones.
- Consolidar los contenidos aprendidos a lo largo de la unidad.

Unidad 4 En la ciudad

- Entender y cantar una canción sobre los lugares de una ciudad.
- Aprender el vocabulario relacionado con lugares de una ciudad.
- Preguntar y responder sobre la ubicación o existencia de un lugar.
- Repasar y practicar las letras *g/j* y algunas palabras que las contienen.
- Repasar los números del 1 al 100.
- Preguntar y responder sobre la ubicación o existencia de un lugar.
- Uso de los imperativos para dar indicaciones.
- Extraer información de un texto relacionado con el tema desarrollado.
- Aprender el vocabulario relacionado con los tipos de edificios de una ciudad.
- Conocer los números del 100 al 1.000.
- Introducir aspectos culturales de España.
- Consolidar los contenidos aprendidos a lo largo de la unidad.

Unidad 5 ¡Ring, ring! ¿Dígame?

- Aprender vocabulario relacionado con actividades lúdicas y deportivas.
- Preguntar y expresar gustos y deseos.
- Presentar y practicar el uso de las grafías *ca, que, qui, co, cu,* y conocer algunas palabras que las contienen.
- Practicar el vocabulario en el contexto de un diálogo.
- Aprender a expresar opiniones personales.
- Extraer información de un texto relacionado con el tema desarrollado.
- Adquirir las expresiones necesarias para mantener una conversación telefónica o para chatear, proponer una actividad y establecer una cita.
- Participar en diálogos simulando hablar con un amigo por teléfono para concertar una cita.
- Consolidar los contenidos aprendidos a lo largo de la unidad.

LENGUAJE		COMPETENCIAS BÁSICAS
VOCABULARIO	ESTRUCTURAS GRAMATICALES	
» *Buenos días, Buenas tardes/noches, ¡Cuánto tiempo!, Hola, Hasta luego, Adiós, Encantado/a, madre, padre, hijo/a, tío/a, abuelo/a, primo/a, hermano/a, perro/a, también.* » *piso, casa, primer/o, segundo, tercer/o, cuarto, quinto, sexto, séptimo, octavo, noveno, décimo.* » *montar en bici, leer un cómic, tocar la guitarra, jugar al fútbol, montar en monopatín, dibujar, jugar al baloncesto, a veces, normalmente, todos los días.*	» *¿Cómo te llamas?; Yo me llamo… ; ¿Cómo se llama?; Él/Ella se llama… ; ¿Cuántos años tienes?; Tengo… años; ¿Qué tal?; ¿De dónde eres?; Soy de… ; ¿Cómo estás?; Vivo en…* » *¿Dónde vives?; Vivo en…* » *¿Qué haces en tu tiempo libre?, leo, monto, toco, juego, dibujo.*	» Comunicación lingüística. » Social y ciudadana. » Aprender a aprender. » Conocimiento e interacción con el mundo físico. » Matemática. » Cultural y artística. » Autonomía e iniciativa personal.
» *Levantarse, ducharse, lavarse los dientes, vestirse, desayunar, sacar al perro, hacer la cama, ir al colegio.* » *Y cuarto, y media, menos cuarto, en punto…* » *Vuelvo a casa, como, ordeno la habitación, hago los deberes, meriendo, voy al parque, ceno, me acuesto.*	» Infinitivos en *–ar, –er, –ir*; presente de indicativo; verbos reflexivos; *¿A qué hora… ?; A las…* » *Son las… ; ¿A qué hora* + verbo reflexivo en presente de indicativo*?; A las…* » *¿Qué haces por la tarde?; Por las tardes…*	» Comunicación lingüística. » Autonomía e iniciativa personal. » Social y ciudadana. » Conocimiento e interacción con el mundo físico. » Aprender a aprender.
» *Ensalada, pasta, lentejas, carne, pescado, guisantes, zanahorias, patatas fritas, plátano, pera, cuchara, tenedor, cuchillo, plato, vaso, servilleta, pan, cereales.* » *Leche, zumo de naranja, manzana, pollo, pasta, aceite, sopa.* » *Sal, vinagre, pimienta, hamburguesa.*	» *¿Prefieres… o… ?; Yo prefiero… ; ¿Cuántas veces tomas… ?; Tomo… todos los días/una vez/dos veces/tres veces a la semana; de primer plato/de segundo plato/de postre.* » El pretérito perfecto; *¿Qué has/ha desayunado/comido/cenado?; Yo he…, tú has…, él ha…* » *Tengo hambre/sed/ganas de… ; ¿Me pasas…, por favor?; Pásame…, por favor; ¿Me puedes pasar… ?; Sí, claro/toma; Por supuesto.*	» Comunicación lingüística. » Cultural y artística. » Social y ciudadana. » Conocimiento e interacción con el mundo físico. » Autonomía e iniciativa personal. » Aprender a aprender.
» *Iglesia, farmacia, panadería, papelería, librería, tienda, comisaría, centro comercial, calle, plaza.* » *Oficina de correos, bar, parada de autobús, medicinas.* » *Biblioteca, museo, de piedra, de madera, de ladrillo, antiguo/a, viejo/a, moderno/a, gris, rojo/a, morado/a; castillo, iglú, de colores, redondo/a;* los números del 100 al 1.000.	» *¿Dónde está… ?; Está delante de/detrás de/al lado de… ; ¿Dónde hay un/una… ?; ¿Hay un/una… ?; Hay un/una…* » *¿Hay un/a (lugar) cerca?; Sigue recto; Gira a la izquierda/derecha; Cruza (la calle); Gira en la primera/segunda calle.* » *¿Cómo es… ?; Es un edificio… ; Está a… metros de…*	» Social y ciudadana. » Comunicación lingüística. » Aprender a aprender. » Cultural y artística. » Conocimiento e interacción con el mundo físico. » Matemática.
» *Ir al cine/al teatro/a la playa/al campo, jugar al tenis/al balonmano/a los videojuegos/a las cartas, bailar, hacer gimnasia/atletismo/natación, correr, nadar.* » *Emocionante, divertido, aburrido, hip-hop, rock, pop.* » *Esta tarde, este fin de semana.*	» *¿Qué te apetece?; Me apetece… ; ¿Te apetece… ?; Sí, me apetece… /No, no me apetece… ; ¿Te gusta… ?; Sí, me gusta… /No, no me gusta…* » *¿Le gusta… ?; Le gusta… /No le gusta… ; Yo pienso/creo que es… ; Tú piensas/crees que es… ; Él/ella piensa/cree que es…* » *¿Diga?; ¿Dígame?; ¿Está… ?; ¿Qué haces… ?; ¿Vamos a… ?; ¿Quedamos… ?; ¿A qué hora?; Venga, vale, de acuerdo; Lo siento, pero…*	» Comunicación lingüística. » Autonomía e iniciativa personal. » Social y ciudadana. » Conocimiento e interacción con el mundo físico. » Aprender a aprender. » Cultural y artística. » Tratamiento de la información y competencia digital.

OBJETIVOS

Unidad 6 Animales del mundo

- Entender y cantar una canción sobre animales.
- Describir animales salvajes.
- Mejorar la articulación de los fonemas y la fluidez verbal a través de un trabalenguas.
- Practicar el vocabulario en el contexto de un diálogo.
- Describir acciones que están ocurriendo en el presente.
- Usar las formas de *estar* + gerundio en tercera persona del singular y del plural.
- Extraer información de un texto relacionado con el tema desarrollado.
- Aprender el vocabulario sobre adjetivos que se pueden atribuir a los animales.
- Conocer algunos animales en peligro de extinción.
- Aprender a expresar gustos y preferencias usando las oraciones causales.
- Consolidar los contenidos aprendidos a lo largo de la unidad.
- Aplicar los contenidos adquiridos a la comprensión de una rima.

Unidad 7 Yo pienso en verde, ¿y tú?

- Aprender el vocabulario relacionado con el reciclaje.
- Reconocer y usar el léxico y las estructuras relacionados con el comportamiento responsable con el medioambiente.
- Tomar conciencia de que la letra *h* no tiene ningún sonido.
- Expresar obligación o necesidad y dar consejos en relación al cuidado del medioambiente.
- Interpretar y valorar mensajes orales y escritos.
- Proponer soluciones para "salvar el planeta".
- Extraer información de un texto relacionado con el tema.
- Aprender el vocabulario nuevo relacionado con la casa y repasar el aprendido en otros niveles.
- Realizar intercambios comunicativos sobre hábitos de consumo responsable en el hogar.
- Responder e interpretar un cuestionario sobre comportamientos responsables con el medioambiente.
- Consolidar los contenidos aprendidos a lo largo de la unidad.

Unidad 8 Un paseo por el pasado

- Entender y cantar una canción en la que se habla en pasado.
- Expresarse usando las formas en pretérito indefinido.
- Hacer preguntas y responder sobre el pasado.
- Conocer algunas palabras agudas y el uso de la tilde.
- Practicar el vocabulario en el contexto de un diálogo.
- Aprender a preguntar y a responder usando el pretérito indefinido y las expresiones temporales del pasado más utilizadas.
- Extraer información de un texto relacionado con el tema desarrollado.
- Expresar por escrito información personal.
- Aprender los números cardinales a partir de 1.000.
- Comprender textos y responder preguntas sobre él.
- Participar en intercambios comunicativos sobre personajes importantes para cada uno.
- Consolidar los contenidos aprendidos a lo largo de la unidad.

Unidad 9 ¡Qué azul está el mar!

- Entender y cantar una canción relativa a lugares de la naturaleza.
- Aprender el vocabulario relacionado con lugares naturales.
- Desarrollar habilidades para leer una pequeña rima.
- Aprender y practicar las letras *r* y *rr*, y conocer algunas palabras que la contienen.
- Describir lugares naturales utilizando los adjetivos adecuados.
- Conocer algunos datos importantes sobre lugares naturales.
- Extraer información específica de textos sobre lugares hispanos.
- Aprender a usar los comparativos.
- Conocer algunos adjetivos indefinidos.
- Practicar y consolidar los contenidos aprendidos en este nivel.

Anexo cultural ¡LLEGA LA NAVIDAD!

- Aprender vocabulario relacionado con la Navidad.
- Descubrir aspectos culturales acerca de la celebración de la Navidad en España.
- Aprender un villancico en español.
- Elaboración de un portal de Belén.

Anexo cultural ¡VAMOS A LA FERIA!

- Aprender vocabulario relacionado con la feria y las atracciones de feria.
- Descubrir aspectos culturales acerca de la celebración de las ferias en España.
- Conocer la Feria de Abril de Sevilla.

LENGUAJE		COMPETENCIAS BÁSICAS
VOCABULARIO	**ESTRUCTURAS GRAMATICALES**	
» *Tigre, león, jirafa, elefante, camello, cocodrilo, ballena, delfín, ardilla, cigüeña, pingüino, cola, aletas, pluma, alas, joroba, pico, rayas, melena, colmillo, trompa, grande, pequeño/a, alto/a, bajo/a.* » *bebiendo, andando, saltando, volando, nadando, corriendo, comiendo, rápido/a, simpático/a, nueces, reptil, dientes afilados, inteligente, sabana.* » *Fuerte, débil, rápido/a, lento/a, largo/a, conejo, manchas.*	» *Tiene…* + sustantivo; *Es…* + adjetivo. » *¿Qué está/están haciendo?; Él/Ella está… / Ellos/Ellas están…* + gerundio. » *Me gusta porque es…; No me gusta porque es…*	» Comunicación lingüística. » Conocimiento e interacción con el mundo físico. » Autonomía e iniciativa personal. » Social y ciudadana. » Aprender a aprender. » Cultural y artística.
» *Bolsas, botellas, cajas, envases, periódicos, latas, vidrio, papel, plástico, contenedor amarillo, contenedor verde, contenedor azul, basura, reciclar, apagar la luz, cerrar el grifo, ahorrar agua, ahorrar energía.* » *Salvar el planeta.* » *Dormitorio, salón, cocina, cuarto de baño, jardín, ordenador, televisor, lavabo, grifo, lámpara.*	» El imperativo afirmativo y negativo: *recicla, no tires, apaga, cierra, ahorra;* el presente de indicativo de los verbos: *reciclar, apagar, cerrar, tirar, ahorrar.* » *Hay que…; Debes…; Tienes que…;* el imperativo afirmativo y negativo. » *Tenemos que…; Debemos…*	» Comunicación lingüística. » Aprender a aprender. » Social y ciudadana. » Conocimiento e interacción con el mundo físico. » Autonomía e iniciativa personal. » Tratamiento de la información y competencia digital. » Cultural y artística.
» *Estudié, escribí, compré, jugué, escuché, paseé, hablé, me quedé en casa, trabajé, pinté, chateé, ayer, temprano, tarde.* » *Hice/hiciste/hizo, fui/fuiste/fue, estuve/estuviste/estuvo, tuve/tuviste/tuvo.* » Los números cardinales a partir de 1.000.	» Pretérito indefinido regular; *¿Qué hiciste ayer? ¿Ayer estudiaste? Sí,/No estudié.* » Pretérito indefinido irregular; *¿Dónde estuviste?; ¿Cuándo lo hiciste?; ¿Cuándo fuiste?; ¿Con quién fuiste?; ¿Qué hizo?; el lunes/el miércoles/el fin de semana/el mes/el año pasado; la semana pasada; anteayer; el otro día.* » *Nació, conoció, salió, vivió, puso, se publicó.*	» Comunicación lingüística. » Aprender a aprender. » Social y ciudadana. » Autonomía e iniciativa personal. » Matemática. » Tratamiento de la información y competencia digital.
» *Playa, montaña, bosque, valle, desierto, lago, oasis, río, selva, árbol, arena, mar, roca, plantas, pico.* » *Profundo, tranquilo, seco, caluroso, frío, nevado, húmedo, lluvioso, lago Titicaca, desierto de Tabernas, Sierra Nevada, río Amazonas.* » *Poco/a/os/as, varios/as, mucho/a/os/as.*	» *Hay…; Es un lugar donde hay…; Hace frío/calor…* » *Es un lugar* + adjetivo. » *Más/menos* + adjetivo + *que; tan* + adjetivo + *como.*	» Comunicación lingüística. » Social y ciudadana. » Aprender a aprender. » Cultural y artística. » Conocimiento e interacción con el mundo físico.
» *Navidad, Nochebuena, Nochevieja, día de Reyes, mazapanes, polvorones, turrón, pavo, pandereta, zambomba.*		» Comunicación lingüística. » Social y ciudadana. » Cultural y artística.
» *Feria, noria, montaña rusa, coches de choques, tiovivo, látigo, tren de la bruja, la casa del terror, caseta, traje de flamenca, coche de caballos, fuegos artificiales, farolillos, sevillanas.*		» Comunicación lingüística. » Social y ciudadana. » Cultural y artística.

OBJETIVOS

- Entender y cantar una canción sobre saludos y presentaciones.
- Repasar el vocabulario y las estructuras de niveles anteriores.
- Dar la bienvenida a los alumnos.
- Presentar a los personajes del libro.
- Recordar y ampliar las formas de saludos y despedidas habituales.
- Pedir y dar información personal: edad, dirección, lugar de nacimiento y hablar de la familia.

LENGUAJE

Vocabulario: *Buenos días, Buenas tardes, Buenas noches, ¡Cuánto tiempo!, Hola, Hasta luego, Adiós, Encantado/a, madre, padre, hijo/a, tío/a, abuelo/a, primo/a, hermano/a, perro/a, también.*
Estructuras gramaticales: *¿Cómo te llamas?; Yo me llamo…; ¿Cómo se llama?; Él/Ella se llama…; ¿Cuántos años tienes?; Tengo… años; ¿Qué tal?; ¿De dónde eres?; Soy de…; ¿Cómo estás?; Vivo en…*

COMPETENCIAS BÁSICAS

- Social y ciudadana, comunicación lingüística, aprender a aprender.

PRESENTACIÓN

- Salude a la clase: *¡Hola, buenos/as días/tardes!, ¿qué tal? ¿Cómo estáis?*
- Incite a responder con el mismo saludo que ha empleado o con otro, primero en grupo clase y, luego, individualmente. Muévase por el aula para los saludos individuales.
- Como actividad inicial, pida a sus alumnos que se presenten al resto de compañeros.
- A continuación, anímelos a que identifiquen y hablen de los personajes que ven en la imagen. Muestre las tarjetas de vocabulario de los personajes para que los niños los conozcan. Juegue a adivinar sus nombres y aspecto. Recuérdeles que nuestros amigos nos van a acompañar durante todo el curso en la aventura de aprender español.

1 1. ESCUCHA Y CANTA.

- Con los libros abiertos, explíqueles que van a escuchar una canción en la que van a ver distintas formas de saludar y presentarse.
- Realice una primera audición para que los alumnos capten y se familiaricen con el ritmo de la canción. Pueden dar palmas, dar golpecitos en la mesa, hacer chasquidos, tocar algún instrumento, etc.
- En una segunda escucha, anime a los alumnos a participar haciendo las pausas que considere necesarias.
- Finalmente, vuelva a poner la canción e invite a los alumnos a que la canten a la vez que marcan el ritmo.

Para conocer a los personajes de *¡Hola amigos!*, puede realizar la **actividad 1** del **Tablero digital**.

2 2. ESCUCHA E IDENTIFICA. LUEGO, REPITE.

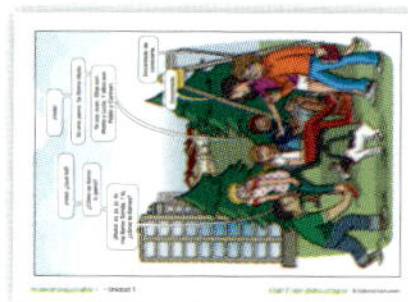

- Antes de comenzar la actividad, ponga la **proyección 1** en un lugar bien visible del aula.
- Dirija la atención hacia los personajes: primero sobre los que están sentados, y luego sobre los que llegan. No olvide prestar atención a la perra (Mota) y al niño que se acerca a ella (Tomás). Anímelos a interpretar cuáles son sus gustos a través de la observación. Pregunte cuál creen que es la relación entre ellos.
- Ponga la pista y pida a los estudiantes que miren la ilustración. En una segunda escucha, pídales que señalen a los personajes según vayan interviniendo.
- En una tercera escucha, dígales que repitan las distintas intervenciones. Tendrá que darle al botón de pausa, según convenga, para que los alumnos repitan cómodamente.
- Por último, elija a varios alumnos para que representen el diálogo en voz alta, asignándoles un papel a cada uno.

► ¡Hola! ¿Qué tal?
▷ ¡Hola!
► ¿Cómo se llama tu perro?
▷ Es una perra. Se llama Mota.
► ¡Mota! Ja, ja, ja. Yo me llamo Tomás. Y tú, ¿cómo te llamas?
▷ Yo soy Juan. Ellas son María y Lucía. Y ellos son Pablo y Carmen.
► Encantado de conocerte.
▷ Encantada.

3. ESCUCHA Y OBSERVA. PRACTICA CON TU COMPAÑERO.

» Escriba en la pizarra las preguntas *¿De dónde eres? ¿Cuántos años tienes?* y léalas una a una en un tono de voz distinto al suyo. Al contestarlas, responda con su voz normal.

» A continuación, ponga la pista y pida a sus alumnos que lean a la vez. En una segunda escucha, proponga aleatoriamente que repitan las distintas intervenciones, haciendo las pausas pertinentes.

» Invite a los alumnos a que practiquen con su compañero. Cuando concluyan, indíqueles que cambien de roles. Pasee por la clase mientras lo hacen.

» Por último, invite a los niños a que realicen el diálogo con la información real de cada uno.

► ¡Hola!, Tomás. ¿De dónde eres?
▷ ¡Hola! Soy de México. ¿Y tú?
► Soy de España. ¿Cuántos años tienes?
▷ Tengo diez años.

4. ESCUCHA Y SEÑALA. LUEGO, REPITE.

» Ponga la pista y dígales que observen la ilustración. Pídales que señalen a los distintos miembros de la familia de Juan a la vez que escuchan.

» Ponga la pista por segunda vez. En esta ocasión, reparta las tarjetas de vocabulario con ilustraciones y nombres de los distintos miembros de la familia de Juan a un grupo de alumnos. Los alumnos tendrán que levantar las tarjetas correspondientes al oír la pista.

» Elija aleatoriamente a un grupo niños para repasar el vocabulario de la familia. Vaya mostrándoles las tarjetas de vocabulario con ilustraciones para que digan el nombre correspondiente.

» Distribuya a la clase por parejas, y anime a los alumnos a que presenten a sus familias. Finalmente, pida dos voluntarios para que las presenten al grupo.

Mira, esta es mi familia. Mi padre, mi madre, mi hermano, mi abuelo, mi abuela, mi tío, mi tía, mi prima.
Ahora, repite tú: abuela, abuelo, padre, madre, hermano, tío, prima, tía.

5. ESCUCHA Y LEE. PRACTICA CON TUS COMPAÑEROS.

» Invite a los alumnos a observar la ilustración y a reconocer a los personajes que están sentados en el banco. Ponga la pista y pídales que señalen a los distintos personajes mientras hablan.

» Escriba en la pizarra las siguientes frases: *¿De dónde es...? Vive con...* Invite al alumno a extraer esa información en una segunda audición. Pida algunos voluntarios para que contesten a estas preguntas.

» Divida a los alumnos en grupos de tres, para que cada uno represente a uno de los personajes.

María: ¡Hola!, ¿qué tal? ¿De dónde eres, Lucía?
Lucía: Soy de Argentina pero vivo en España con mis padres y mis hermanos.
María: Yo vivo con mis padres, mi hermana y mi abuela.
Lucía: Mis abuelos viven en Buenos Aires.
Juan: Mis abuelos viven en Córdoba.
Lucía: ¿En Argentina?
Juan: ¡No! ¡En España!
Lucía: En Argentina hay una ciudad que se llama Córdoba también.
Juan: ¡Ah! ¿Sí?
María: Hasta luego, chicos.
Juan y Lucía: Adiós.

ACTIVIDADES DE REFUERZO

» Pida a los alumnos que escriban en sus cuadernos el diálogo real que realizaron oralmente en la actividad 3.

ACTIVIDADES DE AMPLIACIÓN

» Reparta trozos de papel por toda la clase y pida a los alumnos que escriban un nombre, un país, una edad y varios miembros de la familia. Deben doblarlos y echarlos en una bolsa que usted proporcionará. Vaya pidiendo parejas voluntarias para salir a la pizarra a representar diálogos similares al practicado en la actividad 5. Para ello, cada miembro de la pareja cogerá un papel de la bolsa.

COMPETENCIAS

Competencia social y ciudadana. Saludar, presentarse y dar la bienvenida a los alumnos a su vuelta al colegio contribuye a que se sientan seguros. Esto favorece el proceso de aprendizaje y ayuda al desarrollo de esta competencia.

Competencia en comunicación lingüística. El trabajo en grupo, la lectura comprensiva y las exposiciones orales ayudan a adquirir esta competencia.

Competencia para aprender a aprender. Mediante las actividades de recepción, los niños aprenden a escuchar, a prestar atención y a reproducir modelos aprendidos.

Sesión 2

OBJETIVOS

» Practicar el vocabulario en el contexto de un diálogo.
» Presentar los números ordinales del 1 al 10.
» Repasar el abecedario y deletrear palabras.
» Extraer información de un texto relacionado con el tema desarrollado.
» Expresar por escrito información personal.

LENGUAJE

Vocabulario: *piso, casa, primer/o, segundo, tercer/o, cuarto, quinto, sexto, séptimo, octavo, noveno, décimo.*
Estructuras gramaticales: *¿Dónde vives?; Vivo en…*

COMPETENCIAS BÁSICAS

» Social y ciudadana, conocimiento e interacción con el mundo físico, matemática.

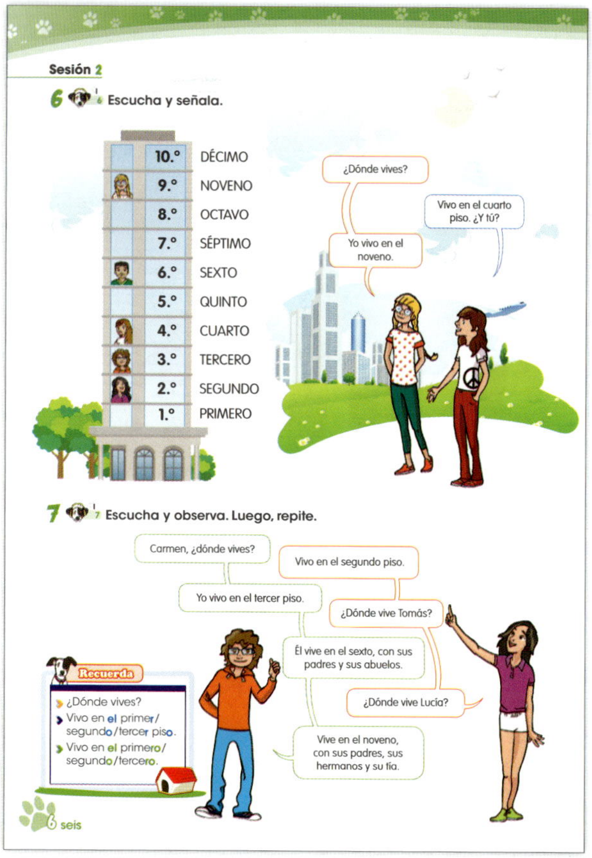

1 6 6. ESCUCHA Y SEÑALA.

» Pida a los alumnos que observen la escena representada y que hablen sobre ella: *¿Quiénes son? ¿Dónde están? ¿Qué están haciendo?...*

» Ponga la pista y pida a los alumnos que sigan la conversación. Aclároles que María y Lucía están hablando del piso en el que viven. Para ello, van a aprender los números ordinales en español y cómo dar su dirección en español. A continuación, ponga de nuevo la pista y pida a los niños que repitan.

» Reparta las tarjetas de vocabulario con ilustraciones y los nombres de los números ordinales a un grupo de alumnos, que tendrán que levantar la tarjeta que corresponda mientras escuchan la pista una tercera vez.

» Por último, anime a los niños a que practiquen con sus direcciones.

» Si lo cree conveniente, presente el femenino de los números ordinales. Para ello, dibuje en la pizarra diez casas adosadas y enumérelas. Diga: *primera casa, segunda casa,* etc. y pida que repitan. Adviértales de que el género cambia si el sustantivo al que acompaña es masculino o femenino.

► ¿Dónde vives?
▷ Vivo en el cuarto piso, ¿Y tú?
► Yo vivo en el noveno.
Tercero, primero, sexto, octavo, cuarto, quinto, décimo, séptimo, noveno, segundo.
Ahora, repite tú: primero, segundo, tercero, cuarto, quinto, sexto, séptimo, octavo, noveno, décimo.

1 7 7. ESCUCHA Y OBSERVA. LUEGO, REPITE.

» Ponga la pista y pídales que lean las distintas intervenciones a la vez que escuchan. Luego, ponga la pista por segunda vez, pero en esta ocasión divida la clase en dos grupos: uno de ellos lee las intervenciones de Carmen y otro las de Pablo.

» Remítalos al recuadro de *Recuerda* y explíqueles que en español se puede decir: *primer piso / primero, segundo piso / segundo, tercer piso / tercero…* En el primer caso el numeral ordinal funciona como adjetivo y, en el segundo caso, como pronombre.

» Divida el grupo en parejas, y anime a los alumnos a que realicen el diálogo con sus datos personales. Finalmente, pegue en la pizarra las tarjetas de vocabulario con los números y anime a varios alumnos a que salgan a la pizarra para que las asocien con las tarjetas de vocabulario con los nombres.

► Carmen, ¿dónde vives?
▷ Vivo en el segundo piso.
► Yo vivo en el tercer piso.
▷ ¿Dónde vive Tomás?
► Él vive en el sexto, con sus padres y sus abuelos.
▷ ¿Dónde vive Lucía?
► Vive en el noveno, con sus padres, sus hermanos y su tía.

COMPETENCIAS

Competencia social y ciudadana. Expresar las propias ideas y escuchar las ajenas, ser capaz de ponerse en el lugar del otro y comprender su punto de vista, aunque sea diferente del propio, favorece el desarrollo de esta competencia y el proceso de aprendizaje. Anímelos a expresarse.

Competencia en el conocimiento y la interacción con el mundo físico. La percepción del espacio físico en el que se desarrolla la vida de los niños, y la habilidad para interactuar en él, favorece el desarrollo de esta competencia.

Competencia matemática. Aproveche todas las ocasiones que pueda para favorecer el uso de las matemáticas fuera del aula. En esta ocasión, al trabajar los números ordinales con las direcciones estamos favoreciendo su uso en la vida cotidiana y el desarrollo de esta competencia.

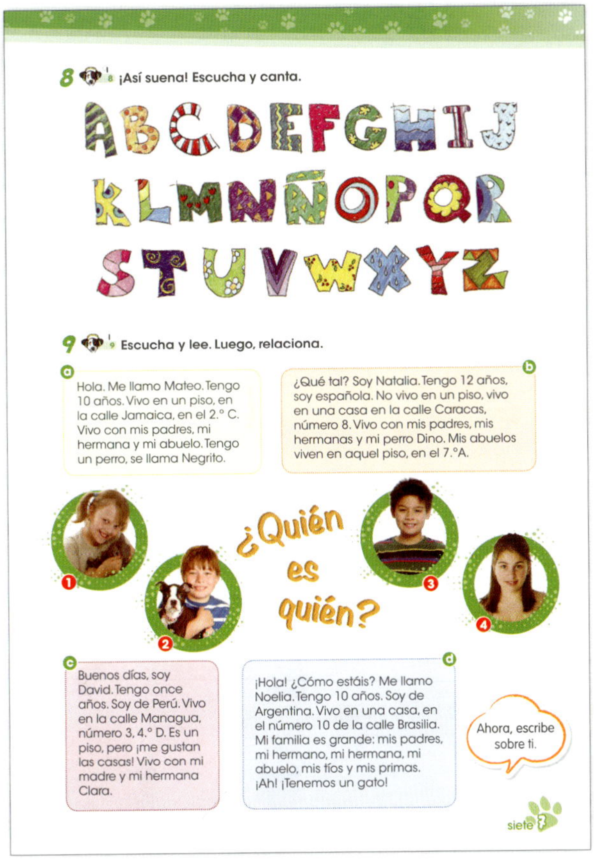

8. ¡ASÍ SUENA! ESCUCHA Y CANTA.

- Explique a los niños que van a repasar el abecedario en español. Muéstreles el abecedario e invítelos a ir diciendo cada uno una letra.
- Ponga la pista y pida a los alumnos que canten todos juntos o se familiaricen con el ritmo de la canción.
- Luego, divida la clase en varios grupos. Ponga la pista por segunda vez y pida que cante cada grupo una estrofa.
- Por último, pida a los alumnos que memoricen la canción y que la repitan aumentando la velocidad de la producción. Ponga la pista alguna vez más si lo considera necesario.
- A continuación, anímelos a que deletreen sus nombres, haga un dictado deletreando palabras. El alumno que acierte la palabra antes de que usted termine de decirla, tendrá que levantar la mano y acabar de deletrearla.

Estas son las letras del abecedario:
A B C D E F G H I J K L M N Ñ O P Q R S T U V W X Y Z.

9. ESCUCHA Y LEE. LUEGO, RELACIONA.

- Explique a los alumnos que van a escuchar a varios chicos de sus edades presentándose. Invítelos a observar detenidamente las fotografías y a leer individualmente sus presentaciones.
- Ponga la pista y dígales que han de asociar las distintas fotografías numeradas con sus correspondientes textos. Al terminar, pídales que comparen sus respuestas con las de sus compañeros.
- A continuación, elija voluntarios para leer el texto frase a frase, a la vez que usted va señalando las fotografías en su libro. Ponga la pista de nuevo para consolidar toda la información y anímelos a que escuchen atentamente los textos.
- Finalmente, escriba en la pizarra las formas de dar la dirección en español que aparecen en los textos: *calle Jamaica, 2.º C; calle Caracas, número 8; calle Managua, número 3, 4.º D; en el número 10 de la calle Brasilia.*

AHORA, ESCRIBE SOBRE TI.

- Explique a los alumnos que deben escribir un texto similar de presentación.
- Una vez concluida la actividad, pida que cuenten esta presentación a un compañero. Luego, pida a un voluntario que la presente al resto de la clase.
- Para motivar al resto de los alumnos, haga una bola de papel o utilice una pelota blanda, y arrójesela a un alumno para que salga a la pizarra a contar su presentación. Ese alumno se la arrojará a otro, que saldrá después. Continúe la dinámica hasta que lo considere necesario.

▶ Hola. Me llamo Mateo. Tengo 10 años. Vivo en un piso, en la calle Jamaica, en el 2.º C. Vivo con mis padres, mi hermana y mi abuelo. Tengo un perro, se llama Negrito.
▶ ¿Qué tal? Soy Natalia. Tengo 12 años, soy española. No vivo en un piso, vivo en una casa en la calle Caracas, número 8. Vivo con mis padres, mis hermanas y mi perro Dino. Mis abuelos viven en aquel piso, en el 7.º A.
▶ Buenos días, soy David. Tengo once años. Soy de Perú. Vivo en la calle Managua, número 3, 4.º D. Es un piso, pero ¡me gustan las casas! Vivo con mi madre y mi hermana Clara.
▷ ¡Hola! ¿Cómo estáis? Me llamo Noelia. Tengo 10 años. Soy de Argentina. Vivo en una casa, en el número 10 de la calle Brasilia. Mi familia es grande: mis padres, mi hermano, mi hermana, mi abuelo, mis tíos y mis primas. ¡Ah! ¡Tenemos un gato!

RESPUESTA: a. 2, b. 4, c. 3, d. 1.

ACTIVIDADES DE REFUERZO

- Prepare varias tarjetas diferentes con la siguiente información: *nombre, edad, nacionalidad, dónde vive* y *con quién vive*. Repártalas por el aula y pídales que se presenten asumiendo esos datos.

ACTIVIDADES DE AMPLIACIÓN

- Pida a los alumnos que elaboren la presentación de un personaje famoso que les guste. Finalmente, deberán exponerla a los compañeros. Si desea practicar la 3.ª persona, pídales que sean ellos los que presenten a ese personaje famoso.

Sesión 3

OBJETIVOS

- Repasar el vocabulario relacionado con las actividades de tiempo libre.
- Intercambiar información personal en presente de indicativo.
- Consolidar los contenidos aprendidos a lo largo de la unidad.

LENGUAJE

Vocabulario: *montar en bici, leer un cómic, tocar la guitarra, jugar al fútbol, montar en monopatín, dibujar, jugar al baloncesto, a veces, normalmente, todos los días.*
Estructuras gramaticales: *¿Qué haces en tu tiempo libre?, leo, monto, toco, juego, dibujo.*

COMPETENCIAS BÁSICAS

- Social y ciudadana, cultural y artística, autonomía e iniciativa personal.

10. ESCUCHA Y RELACIONA. LUEGO, REPITE.

- Ponga la **proyección 2** en un lugar bien visible del aula y pídales que observen detenidamente las actividades y deportes que están realizando nuestros personajes.
- Ponga la pista hasta antes de la repetición y vaya señalando a medida que escuchan las actividades.
- Escuche de nuevo esta parte y haga mímica para cada deporte. Anime a los niños a que se levanten y lo hagan con usted.
- A continuación, indíqueles que abran sus libros y observen las ilustraciones con sus acciones. Vuelva a poner la audición completa y pida que repitan.
- Con los libros cerrados y sin la proyección, distribuya las siete tarjetas de vocabulario con ilustraciones aleatoriamente, y ponga la pista. Los alumnos que tengan las tarjetas nombradas tendrán que levantarse, mostrarlas al resto de la clase y decirlas en voz alta. Repita esta dinámica varias veces para hacer participar a más alumnos.

¿Qué haces en tu tiempo libre?
Yo toco la guitarra. Yo leo un cómic. Yo juego al baloncesto. Yo monto en bici. Yo dibujo. Yo monto en monopatín. Yo juego al fútbol.

Ahora, repite tú: montar en bici, leer un cómic, tocar la guitarra, jugar al fútbol, montar en monopatín, dibujar, jugar al baloncesto.

11. ESCUCHA Y PRACTICA CON TU COMPAÑERO.

- Disponga todas las tarjetas de vocabulario con ilustraciones en la pizarra. Debajo, escriba la pregunta: *¿Qué haces en tu tiempo libre?* En el lado izquierdo de la pizarra escriba: *A veces*; en el centro: *Normalmente*; y a la derecha: *Todos los días*. Explique la diferencia entre estas expresiones de frecuencia, con ejemplos de su vida cotidiana.
- Ponga la pista y pídale a sus alumnos que la escuchen.
- Ponga a los niños en pareja e invítelos a contar a su compañero las cosas que hacen en su tiempo libre usando las expresiones de frecuencia.

- Pida voluntarios para salir a la pizarra y contar al grupo sus actividades de tiempo libre.
- Si lo considera necesario, haga referencia al recuadro de *Recuerda* para reforzar las formas verbales y expresiones de frecuencia estudiadas.

► ¿Qué haces en tu tiempo libre?
▷ A veces monto en bici. ¿Y tú?
► Yo monto en monopatín todos los días.

COMPETENCIAS

Competencia social y ciudadana. Participar activamente en las actividades de tiempo libre, relacionarse con los demás, cooperar y afrontar los conflictos les ayuda a construir y aceptar las normas de convivencia para el disfrute de estas actividades. Hable con ellos de la importancia de practicar deportes para su salud. Todo ello ayuda a desarrollar esta competencia.

Competencia cultural y artística. Anime a los niños a expresar, comunicarse y desarrollar su capacidad creativa a través de la música y el dibujo; así les ayudará al desarrollo de esta competencia.

Competencia en autonomía e iniciativa personal. Al crear espacios para que los niños expresen datos de su vida familiar, sentimientos y emociones fomenta en ellos la autoestima y favorece el desarrollo de esta competencia.

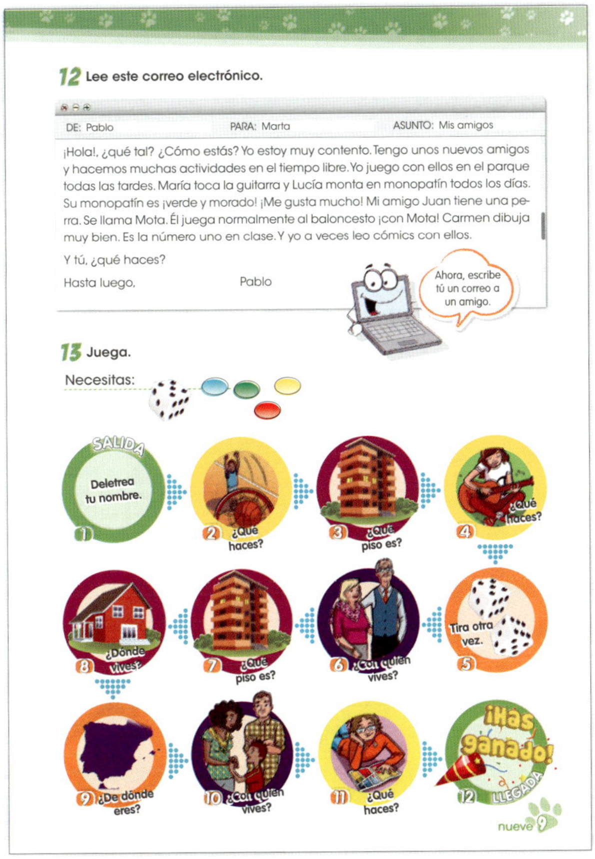

12 Lee este correo electrónico.

DE: Pablo PARA: Marta ASUNTO: Mis amigos

¡Hola!, ¿qué tal? ¿Cómo estás? Yo estoy muy contento. Tengo unos nuevos amigos y hacemos muchas actividades en el tiempo libre. Yo juego con ellos en el parque todas las tardes. María toca la guitarra y Lucía monta en monopatín todos los días. Su monopatín es ¡verde y morado! ¡Me gusta mucho! Mi amigo Juan tiene una perra. Se llama Mota. Él juega normalmente al baloncesto ¡con Mota! Carmen dibuja muy bien. Es la número uno en clase. Y yo a veces leo cómics con ellos.

Y tú, ¿qué haces?

Hasta luego, Pablo

Ahora, escribe tú un correo a un amigo.

13 Juega.

Necesitas:

12. LEE ESTE CORREO ELECTRÓNICO.

» Pida a los alumnos que hagan una primera lectura individual del correo electrónico y resuelva las posibles dudas de vocabulario que les puedan suscitar.

» A continuación, invítelos a hacer una lectura en gran grupo para trabajar la prosodia y entonación del español.

» Haga las siguientes preguntas de compresión sobre el texto: *¿Quién toca la guitarra?* (María); *¿Cuándo monta Lucía en monopatín?* (Todos los días); *¿De qué color es el monopatín?* (Verde y morado); *¿Dibuja bien Carmen?* (Sí, muy bien); *¿Cómo se llama la perra de Juan?* (Mota).

AHORA, ESCRIBE TÚ UN CORREO A UN AMIGO.

» Explique a los alumnos que deben escribir un correo similar al que han leído presentando a varios amigos o compañeros de la clase.

» Presente las partes de un correo (*de*, *para*, *asunto*) y la estructura para escribir un correo (saludo, presentación y despedida).

» Una vez concluida la actividad, pida a un voluntario que la presente al resto de la clase.

» Para motivar la actividad, puede pedir que cuelguen por la clase todos los correos que han escrito y que se paseen por ella para leerlos.

13. JUEGA.

» Presente a los alumnos esta actividad. Pregúnteles si saben en qué consiste el juego. Déjelos que hablen entre ellos. Luego, invite a un alumno a contarlo al resto del grupo.

» Explique que el juego consiste en ir avanzando por el tablero según los puntos que les indique el dado y en contestar a la pregunta que le corresponda. En caso de no contestar correctamente, pierden un turno y vuelven a su casilla anterior. Ganará el alumno que llegue antes a la casilla 12.

» Divida la clase en grupos de cuatro o cinco alumnos, reparta las fichas y un dado por grupo.

» Déjeles tiempo suficiente para repasar y practicar el vocabulario de la unidad. Aproveche este momento para trabajar los números.

» Invite a sus alumnos a hablar en español mientras juegan: *te toca, tira tú, me toca...*

ACTIVIDADES DE REFUERZO

» Invite a los alumnos a que dibujen a sus amigos realizando alguna actividad de tiempo libre.

» Juegue con ellos al *Pictionary*. Un alumno sale a la pizarra y, en dos minutos, debe dibujar las actividades que hace en su tiempo libre. El resto de la clase debe adivinar cuáles son.

ACTIVIDADES DE AMPLIACIÓN

» Invite a los niños a usar sus ordenadores para buscar más deportes o actividades en español y hacer una lista en sus cuadernos.

» Proponga hacer un gráfico con las preferencias de la clase en relación al tiempo libre. Para ello, deben preguntar a sus compañeros qué actividades realizan y con qué frecuencia. Los resultados se pueden plasmar en una cartulina indicando las actividades que realizan y el número de alumnos que las realiza.

	1	2	3	4	5	6	7	8	9	10	11	12
Montar en bici	■	■	■	■	■	■	■	■				
Jugar al fútbol	■	■	■	■	■	■	■	■	■	■	■	■
Leer un cómic	■	■	■	■	■	■						
Dibujar	■	■	■	■	■	■	■	■	■			
Tocar la guitarra	■	■	■	■	■							
Jugar al baloncesto	■	■	■	■	■	■	■					

NOTAS

PRESENTACIÓN

- Coloque el póster del cómic en un lugar visible para toda la clase y pida a sus alumnos que se tomen unos minutos para observar las distintas viñetas.
- Hágales preguntas sencillas sobre aspectos relacionados con la historia: *¿Dónde se desarrolla la historia? ¿Qué personajes aparecen? ¿Qué creen que hacen? ¿Qué les ocurre a los personajes?*
- Con los libros cerrados, trabaje sobre el póster. Invítelos a hacer grupos de cuatro o cinco alumnos y anímelos a inventar libremente la historia del cómic.
- Elija un grupo de voluntarios para contar su historia apoyándose en el póster.
- Ponga la pista y pida a los niños que escuchen la historia a la vez que la leen en sus libros.
- A continuación, haga una segunda escucha con pausas en cada viñeta. Realice preguntas de comprensión para asegurarse de que siguen el desarrollo de la historia.
- Elija a varios niños para que lean las distintas viñetas.
- Se puede hacer una tercera audición opcional sobre el póster, a la vez que usted va señalando las viñetas sin texto.

CUADERNO DE ACTIVIDADES

En el ***Cuaderno de actividades*** aparecen ejercicios para cada una de las tres sesiones. Conviene acudir a este cuaderno al finalizar cada sesión del *Libro del alumno*. Las actividades se pueden realizar en clase o en casa. Al finalizar las tres sesiones usted puede evaluar a los alumnos en el apartado *Mi progreso*, o que sean ellos mismos los que se evalúen. Puede descargar el solucionario del *Cuaderno de actividades* en la ELEteca.

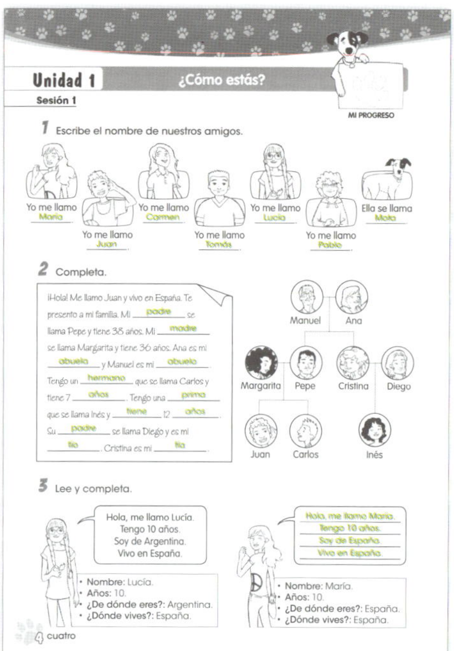

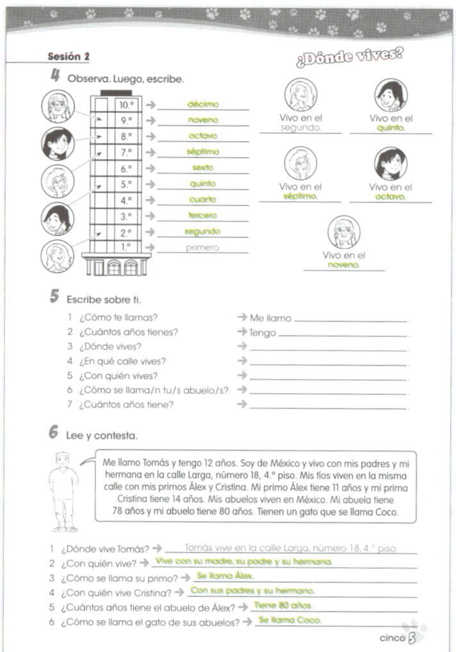

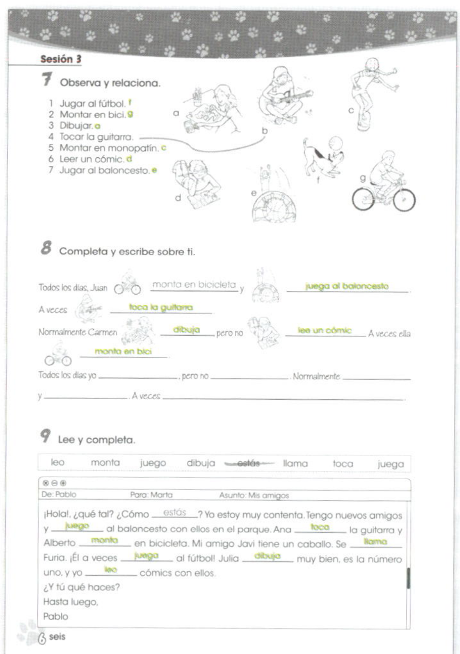

ACTIVIDAD 1. LA AVENTURA: LA CIUDAD DEL TESORO

En el parque del barrio han organizado una búsqueda del tesoro con el fin de dar a conocer la ciudad. Los cinco amigos van llegando al parque. Los tres chicos llegan juntos, y las dos chicas solas. Enseguida se conocen y forman un equipo. Dan los datos de cada uno al chico de información y este les da un sobre con la primera pista para llegar hasta el tesoro. Es una pista misteriosa y los amigos no saben qué tienen que hacer. Claudia pide ayuda a Clopina, la robot que tiene en su agenda. Clopina los ayuda a entender el misterio: tienen que ir a la fuente.

Después del visionado de la aventura, realice las siguientes preguntas.

1. ¿Cómo se llaman los personajes?
2. ¿Qué edad tienen?
3. ¿Dónde van a participar los chicos?
4. ¿De cuántas personas son los equipos?
5. ¿Cómo se llama el equipo de los chicos?
6. ¿Dónde vive Manuel?
7. ¿Quién es Clopina?

CONTENIDOS

- Conocer a los personajes de *¡Hola, amigos!*
- Repasar las formas de saludos y presentaciones.
- Pedir y dar información personal.
- Intercambiar la información personal.

GUION DE LA AVENTURA

Para leer el Guion de la aventura, vaya a la página 110 o descárguelo del CD-ROM.

OBJETIVOS

- Entender y cantar una canción sobre las actividades de la vida diaria.
- Aprender a hablar de las acciones cotidianas en presente de indicativo.
- Realizar preguntas para obtener información de esas acciones.
- Aprender a usar los verbos reflexivos relacionados con las acciones de la vida diaria.
- Aprender a preguntar y decir la hora.

LENGUAJE

Vocabulario: *levantarse, ducharse, lavarse los dientes, vestirse, desayunar, sacar al perro, hacer la cama, ir al colegio.*
Estructuras gramaticales: infinitivos en *–ar, –er, –ir*; presente de indicativo; verbos reflexivos; *¿A qué hora… ?; A las…*

COMPETENCIAS BÁSICAS

- Comunicación lingüística, autonomía e iniciativa personal.

PRESENTACIÓN

- Salude a la clase: *¡Hola, buenos días!* Haga que ellos respondan: *¡Hola, buenos días!*
- Como actividad inicial, ponga la **proyección 3** e invite a los alumnos a que hablen entre ellos sobre las acciones de la vida diaria, sus horarios, sus costumbres, sus gustos y preferencias.

- A continuación, pregúnteles sobre sus costumbres y preferencias en relación a estas acciones y el orden en que las realizan.

1 13 1. ESCUCHA Y CANTA.

- Con los libros abiertos, dígale a los niños que nuestro amigo Juan nos muestra sus costumbres. Explíqueles que van a escuchar una canción que nos habla de las acciones de la vida cotidiana.
- Realice una primera audición para que los alumnos capten y se familiaricen con el ritmo de la canción. Pueden dar palmas, dar golpecitos en la mesa, hacer chasquidos, tocar algún instrumento, etc.
- En una segunda escucha, anime a los alumnos a participar haciendo las pausas que considere necesarias.
- Finalmente, vuelva a poner la canción e invítelos a que la canten a la vez que marcan el ritmo.

1 14 2. ESCUCHA Y REPITE.

- Vuelva a poner la **proyección 3** en un lugar bien visible del aula.
- Ponga la pista y pida a los niños que miren las ilustraciones de la proyección.
- En una segunda audición, pídales que las identifiquen y las señalen en sus libros.
- En una tercera escucha, haga que repitan los verbos.

▶ ¡Oh! ¡Ya son las ocho! ¡Buenos días, Mota! ¡Qué bonita eres! Ahora me levanto y desayunamos. Después me ducho, me lavo los dientes, me visto y te saco un rato, ¿vale?
▶ ¡Guau! ¡Guau!

Levantarse, ducharse, lavarse los dientes, vestirse, desayunar, sacar al perro, hacer la cama, ir al colegio.
Ahora, repite tú: vestirse, levantarse, ducharse, ir al colegio, desayunar, hacer la cama, lavarse los dientes, sacar al perro.

Para practicar las acciones cotidianas, puede realizar la actividad 2 del Tablero digital.

NOTAS

15 3. ESCUCHA Y LEE. LUEGO, REPRESENTA.

» Disponga en la pizarra las tarjetas de vocabulario con ilustración a la vez que dice la acción que representa.

» Luego, invite a los niños a cerrar los ojos mientras usted pone bocabajo algunas de las tarjetas. Los alumnos tendrán qué recordar qué acción es.

» Vaya aumentando el número de tarjetas que estén bocabajo. Después, con todas las tarjetas bocarriba, entregue a los niños las tarjetas de vocabulario con palabras para que las unan con sus ilustraciones.

» Ponga la pista y pida a los niños que escuchen atentamente las intervenciones de Pablo y Juan.

» En una segunda audición, pídales que las lean.

» En una tercera escucha, haga que repitan las distintas intervenciones, repartiendo los roles por filas de alumnos.

» A continuación, invite a los alumnos a que practiquen con su compañero. Cuando concluyan, indíqueles que cambien de roles.

» Por último, invite a algunas parejas a representar el diálogo delante de la clase.

Pablo y Juan están en la puerta del colegio.

► Hola, Pablo. ¿Qué tal?
▷ Buenos días, Juan.
► ¿A qué hora te levantas?
▷ Me levanto a las siete y media, ¿y tú?
► Me levanto a las ocho. Después, me ducho y me visto.
▷ ¿A qué hora desayunas?
► A las ocho y media.
▷ Yo desayuno a las ocho, me ducho después de desayunar y hacer la cama.
► Yo hago la cama después de sacar a Mota.
▷ ¡Ah! Y me lavo los dientes antes de ir al colegio.
► ¡Corre! ¡Llegamos tarde!

4. LEE Y PRACTICA.

» Escriba en la pizarra: *¿A qué hora te levantas? Me levanto a las ocho*; y rodee el verbo reflexivo: *levantarse*.

» Si lo desea, haga referencia al recuadro de *Recuerda* para trabajar estas estructuras, y pídales que subrayen en el diálogo de la actividad 3 los verbos reflexivos: *levantarse, ducharse, vestirse* y *lavarse*.

» Haga usted una primera lectura de las intervenciones invitando a los alumnos a seguirla individualmente.

» Después, pida a los alumnos que, de tres en tres, practiquen estas preguntas con el resto de los verbos, así trabajarán las tres primeras personas.

» Invite a los grupos de tres alumnos a practicar ante la clase las preguntas según el modelo. Para ello, entregue a cada uno una tarjeta de vocabulario con un verbo con nombre o ilustración, según considere. Saque a las parejas que considere necesarias hasta consolidar los contenidos.

ACTIVIDADES DE REFUERZO

» Distribuya las tarjetas de vocabulario con ilustración entre los alumnos y pida que escenifiquen las acciones mediante mímica. Sus compañeros tendrán que adivinarlas y unirlas a las tarjetas de vocabulario con nombre.

ACTIVIDADES DE AMPLIACIÓN

» Reparta trozos de papel por toda la clase y pida a los niños que dibujen una acción cotidiana. Por detrás, tendrán que escribir de qué se trata. Luego, en grupos de cuatro tendrán que adivinar las acciones de sus compañeros observando solo la ilustración.

COMPETENCIAS

Competencia en comunicación lingüística. El uso de la lengua meta (tanto en la destreza oral como en la escrita) favorece el desarrollo de la competencia en comunicación lingüística desde el inicio del aprendizaje.

Competencia en autonomía e iniciativa personal. Al trabajar las habilidades de la vida diaria estaremos fomentando y desarrollando actitudes relacionadas con la confianza en uno mismo, la empatía, la responsabilidad, la asertividad para hacer saber adecuadamente a los demás las propias decisiones, y con todo ello, incentivando el desarrollo de la autonomía e iniciativa personal.

Sesión 2

OBJETIVOS

- Hablar de la rutina diaria.
- Presentar las horas.
- Aprender a utilizar los marcadores temporales.
- Extraer información de un texto relacionado con el tema desarrollado.

LENGUAJE

Vocabulario: *y cuarto, y media, menos cuarto, en punto, por la mañana, todos los días, antes de…, los sábados/domingos, de lunes a viernes.*
Estructuras gramaticales: *Son las…*; *¿A qué hora* + verbo reflexivo en presente de indicativo?; *A las…*

COMPETENCIAS BÁSICAS

- Social y ciudadana, conocimiento e interacción con el mundo físico.

16 5. ESCUCHA Y REPITE.

- Pida a los alumnos que observen los relojes del libro. Pregunte qué hora marcan. Pueden expresarlo en español o en su propia lengua.
- Ponga la pista y pida a los niños que observen las imágenes de los relojes mientras escuchan.
- Ponga de nuevo la pista y pregúnteles qué sonidos escuchan y ayúdelos a identificarlos.
- Dibuje un reloj en la pizarra y pida voluntarios para ir dibujando las horas que usted indique. Realice esta actividad hasta que compruebe que los alumnos lo han asimilado.
- A partir de este momento, podrá preguntar la hora a los alumnos en distintos momentos de la clase para practicarlo.

(*Ruido de un despertador*) Son las ocho y cuarto.
(*Ruido de una ducha*) Son las ocho y media.
(*Ruido de una cafetera*) Son las nueve menos cuarto.
(*Timbre de un colegio*) Son las nueve en punto.
Ahora, repite tú: Son las ocho y cuarto. Son las ocho y media. Son las nueve menos cuarto. Son las nueve en punto.

6. OBSERVA Y JUEGA.

- Pregunte a los alumnos si saben cómo es el juego y deje que un voluntario lo explique.
- Acláreles que se trata de que uno diga la hora de uno de los relojes y el otro identifique rápidamente el color del reloj. El que se equivoque se tiene que quedar un turno sin jugar.
- A continuación, ponga a los alumnos en parejas y dígales que comiencen a jugar.

7. PREGUNTA Y RESPONDE. ¿QUÉ HACES EL FIN DE SEMANA?

- Divida la clase en pequeños grupos de tres a cuatro alumnos.
- Explique a los alumnos que deben responder a sus compañeros sobre el horario que tienen los fines de semana.
- Invite a un grupo a leer en voz alta los bocadillos de estos personajes. A continuación, el resto de las preguntas.
- Anime a los niños a participar activamente en el grupo.
- Dé un tiempo para realizar la actividad y asegúrese de que la están realizando correctamente.
- Una vez concluida la actividad, pida voluntarios para que salgan a la pizarra y respondan a las preguntas.
- Si desea trabajar la tercera persona, pregunte a varios alumnos por los horarios de sus compañeros de grupo.
- Finalmente, proponga el siguiente juego a los alumnos. En parejas, uno de ellos hace una de las preguntas de la actividad (por ejemplo, *¿A qué hora me ducho?*) y su compañero deberá adivinar la hora. El primer alumno solo puede responder *frío* (si está lejos de acertar) o *caliente* (si se acerca a la hora).

¡Hola, amigos! **Para practicar las acciones cotidianas y los horarios, puede realizar la actividad 3 del Tablero digital.**

NOTAS

8 Lee y relaciona.

POR LAS MAÑANAS

Susana

Ana

Daniel

Sergio

Por la mañana me levanto a las ocho menos cuarto. Desayuno y me ducho a las ocho en punto. Me lavo los dientes y saco al perro. Después voy al colegio. 1

Todos los días me 2 levanto a las siete y media, me ducho y desayuno. Antes de ir al colegio, me lavo los dientes y hago la cama.

Los domingos me levanto a las once, desayuno con mi abuela, me ducho, me visto y me lavo los dientes. Después, voy al parque a patinar. 3

4 De lunes a viernes me levanto a las ocho y cuarto. Desayuno con mis padres y mi hermano. Todos los días hago la cama y me ducho. Voy al colegio a las nueve menos cuarto.

Ahora, escribe qué haces tú.

Todos los días...

9 ¡Así suena! Escucha y repite.

g: a → ga, o → go, u → gu

gu: e → gue, i → gui

A Miguel Guillén le gustan las gafas de goma.

ga, gue, gui, go, gu

quince 15

8. LEE Y RELACIONA.

» Haga usted una primera lectura de los textos invitando a los alumnos a seguirla individualmente.

» Después, pida a algunos de ellos a que realicen la lectura en voz alta.

» Invítelos a relacionar cada uno de los textos con el chico correspondiente. Deles un tiempo para ello.

» Dibuje en la pizarra los relojes con las horas que expresan los textos (Texto 1: 7:45, 8:00; Texto 2: 7:30; Texto 3: 11:00; Texto 4: 8:15, 8:45) y pregúnteles en qué texto aparece y qué pasa a esa hora. Explique a los niños que las horas en punto son muy fáciles de expresar. Ponga estos ejemplos: *Son las dos / Son las dos en punto*.

» Lea nuevamente los textos y haga que los alumnos repitan al unísono.

» A continuación, aproveche para hacerles preguntas de comprensión de los textos: *¿A qué hora se levanta Sergio?* (A las ocho y cuarto); *¿A qué hora se levanta Ana?* (A las siete y media); *¿Qué hace Ana antes de ir al colegio?* (Se lava los dientes y hace la cama); *¿A qué hora entra Susana en el colegio?* (A las nueve menos cuarto); *¿Quién saca a su perro a pasear?* (Sergio); *¿A qué hora se levanta Daniel los domingos?* (A las once); *¿Quién desayuna antes de ducharse?* (Daniel).

AHORA, ESCRIBE QUÉ HACES TÚ.

» Anímelos a expresarse libremente. Para ello, deben escribir y dibujar sobre sus horarios y las distintas actividades que realizan.

» Elija a varios alumnos voluntarios para leer su redacción al resto del grupo. Deje leer a todos aquellos alumnos que quieran expresarse en gran grupo.

17 9. ¡ASÍ SUENA! ESCUCHA Y REPITE.

» Invite a los alumnos a que observen la imagen y preséntelesa Miguel Guillén. Pregúnteles cómo se llama este chico, para ver si lo recuerdan.

» A continuación, divida la pizarra en dos partes y escriba las letras *g* y *gu*, respectivamente. Escriba en cada parte, a tamaño grande, los sonidos: *ga, go, gu, gue, gui*.

» Posiciónese en un lugar u otro, mientras pronuncia las distintas sílabas (*ga, gue, gui, go, gu*), para que los niños observen las diferentes grafías del sonido. Haga que los niños le imiten.

» Escriba debajo de las dos columnas de la pizarra, palabras con ambos sonidos. Haga hincapié en que hay distinta grafía para un mismo sonido. Anime a los niños a que digan más palabras para completar ambas columnas.

» Ponga la pista y pida a los niños que lean.

» Luego, póngala por segunda vez y pida que lean al unísono mientras usted señala las palabras en la pizarra.

» Por último, dígales que memoricen la frase y que la repitan aumentando la velocidad de la producción.

A Miguel Guillén le gustan las gafas de goma.
ga, gue, gui, go, gu.

ACTIVIDADES DE REFUERZO

» Invite a los niños a escribir las frases que practicaron oralmente en la actividad 7.

ACTIVIDADES DE AMPLIACIÓN

» Reparta las tarjetas de vocabulario de las acciones habituales entre los alumnos. En parejas, harán una pregunta a su compañero sobre la acción que le ha tocado. El compañero deberá responder libremente según los modelos estudiados. También, puede ampliarlo a una 3.ª persona. Una variante de la tarea sería escribir las frases practicadas.

COMPETENCIAS

Competencia social y ciudadana. Explique a los niños que en el desarrollo de la vida diaria es muy importante participar con una actitud positiva, expresar las propias ideas y escuchar las ajenas, respetar, resolver los conflictos que surjan y valorar los intereses individuales y de grupo.

Competencia en el conocimiento y la interacción con el mundo físico. El conocimiento y la adecuada percepción del entorno inmediato donde se desarrollan las actividades de la vida diaria, la habilidad para interactuar en él y resolver los problemas favorece el desarrollo de esta competencia.

Sesión 3

OBJETIVOS

» Aprender nuevos verbos para expresar las acciones cotidianas.
» Realizar preguntas para obtener información de esas acciones.
» Aprender a utilizar otros marcadores temporales.
» Consolidar los contenidos aprendidos a lo largo de la unidad.

LENGUAJE

Vocabulario: *vuelvo a casa, como, ordeno la habitación, hago los deberes, meriendo, voy al parque, ceno, me acuesto.*
Estructuras: *¿Qué haces por la tarde?; Por las tardes...*

COMPETENCIAS BÁSICAS

» Aprender a aprender, autonomía e iniciativa personal.

18 10. ESCUCHA Y REPITE. LUEGO, RELACIONA.

» Ponga la **proyección 4** en un lugar bien visible del aula. Invítelos a hablar, en grupo clase, sobre lo que hace María por las tardes.

» Realice preguntas relacionadas con las acciones que aparecen en las imágenes y las horas en las que creen que se realizan. Déjelos que se expresen libremente.

» Ponga la pista y vaya señalando los verbos a medida que los escuchan. Primero, deténgase en repetir los verbos en presente de indicativo y explique lo que significa. Posteriormente, escriba su infinitivo.

» A continuación, distribuya las tarjetas de vocabulario con ilustraciones entre los alumnos y pregunte: *¿Qué hace María?* Ayúdelos a optimizar sus respuestas. Haga grupos de tres o más alumnos para trabajar las tres personas del singular.

» Haga referencia al recuadro de *Recuerda* para presentar las irregularidades de algunos verbos en presente de indicativo.

» Ponga la pista de nuevo y haga que el grupo escuche y repita.

Este es mi horario por las tardes. A las dos vuelvo a casa. A las dos y cuarto como. A las tres ordeno la habitación. A las tres y media hago los deberes. A las cinco menos cuarto meriendo. A las cinco y cuarto voy al parque. A las ocho y media ceno. Y a las nueve y media me acuesto.
Ahora, repite tú: volver a casa, comer, ordenar la habitación, hacer los deberes, merendar, ir al parque, cenar, acostarse.

RESPUESTA: A las dos vuelvo a casa. A las dos y cuarto como. A las tres ordeno la habitación, A las tres y media hago los deberes. A las cinco menos cuarto meriendo. A las cinco y cuarto voy al parque. A las ocho y media ceno y a las nueve y media me acuesto.

11. PRACTICA CON TU COMPAÑERO.

» Anímelos a que lean la pregunta y la respuesta de los chicos de la imagen. Pregunte a algún alumno qué cree que deben hacer en esta actividad. Deje que otros alumnos le ayuden ordenadamente.

AHORA, SIGUE TÚ.

» Ponga las tarjetas de vocabulario con ilustraciones en la pizarra y escriba encima de ellas, con letra muy grande, las siguientes preguntas: *¿A qué hora...? ¿Qué haces...?*

» Pida a los alumnos que observen las acciones y jueguen con su compañero. Deben preguntarse por todas las acciones que aparecen en la pizarra. Anímeles a expresarse libremente.

» Deles un tiempo para trabajar asegurándose de que la actividad se realiza correctamente.

» Finalmente, saque algunos voluntarios para realizar la actividad en gran grupo.

COMPETENCIAS

Competencia para aprender a aprender. Mediante las actividades de recepción, los niños aprenden a escuchar, a prestar atención y a reproducir los modelos aprendidos.

Competencia en autonomía e iniciativa personal. Las actividades en las que los alumnos se expresan libremente los ayuda a expresar emociones, favoreciendo el desarrollo de esta competencia.

NOTAS

12 Escucha y lee. Luego, contesta.

En el recreo.

¿A qué hora comes, Carmen?

A las dos y cuarto. ¿Y tú?

Yo a las dos y media.

¿Qué haces por la tarde?

Hago los deberes a las cuatro, y después voy al parque con la bicicleta. ¿Y tú?

Yo como, ordeno mi habitación, y a las cuatro menos cuarto hago los deberes. A las cinco meriendo, y a las cinco y media voy al parque.

¡Genial! ¡La merienda! ¡Es mi comida favorita! ¡Me encanta merendar!

¿Sí? A mí me gusta la cena. Yo ceno a las ocho y media todos los días.

¿Vamos al parque esta tarde a las seis?

Vale, nos vemos en el parque.

	verdadero	falso
1. Tomás hace los deberes a las cuatro y cuarto.	◯	◯
2. Carmen come a las dos y cuarto.	◯	◯
3. Carmen merienda a las cinco en punto.	◯	◯
4. La comida favorita de Carmen es la cena.	◯	◯
5. Carmen y Tomás van al colegio a las seis de la tarde.	◯	◯

13 ¡Crea tu póster!

Necesitas:

cartulinas

lápices de colores

tijeras

pegamento

fotos

Mi horario

Por la mañana, me levanto a las ocho. Me ducho, desayuno, me lavo los dientes y a las nueve en punto voy al colegio.

Por la tarde, vuelvo a casa a las dos y media. Como con mi familia, ordeno la habitación y a las cinco y cuarto hago los deberes.

Por la noche, ceno a las nueve menos cuarto. Me lavo los dientes y me acuesto a las nueve y media.

Patricia.

diecisiete 17

19 12. ESCUCHA Y LEE. LUEGO, CONTESTA.

» Invite a sus alumnos a escuchar con atención el texto de esta actividad.

» Pida algunos voluntarios para leer el texto en voz alta. Puede hacerlo varias veces hasta asegurarse de que los alumnos entienden todo el contenido. Si no es así, ayude con sus intervenciones a que lo entiendan.

» Sugiera a los alumnos que trabajen por parejas, asumiendo cada uno un rol.

» Deles unos minutos para leer individualmente las afirmaciones.

» Pida a sus alumnos que trabajen por parejas y vayan resolviendo la actividad. Pueden ir alternándose a la hora de leer o contestar verdadero o falso.

» Corrija con toda la clase y aclare cualquier duda de comprensión del texto.

En el recreo.

► ¿A qué hora comes, Carmen?
▷ A las dos y cuarto. ¿Y tú?

► Yo a las dos y media.
▷ ¿Qué haces por la tarde?

► Hago los deberes a las cuatro, y después voy al parque con la bicicleta. ¿Y tú?
▷ Yo como, ordeno mi habitación, y a las cuatro menos cuarto hago los deberes. A las cinco meriendo, y a las cinco y media voy al parque.

► ¡Genial! ¡La merienda! ¡Es mi comida favorita! ¡Me encanta merendar!
▷ ¿Sí? A mí me gusta la cena. Yo ceno a las ocho y media todos los días.

► ¿Vamos al parque esta tarde a las seis?
▷ Vale, nos vemos en el parque.

RESPUESTA:
1. F; 2. V; 3. V; 4. V; 5. F.

13. ¡CREA TU PÓSTER!

» Esta actividad requiere una preparación previa. Los alumnos necesitan una cartulina, lápices de colores, tijeras, pegamento y una foto de ellos que tienen que traer de casa. Si eso es complicado, también pueden dibujarse.

» Explique a sus alumnos que observen detenidamente el póster que ha hecho Patricia y que viene como ejemplo. Centre su atención en dicho póster y lea a la clase su contenido.

» Ahora pida a sus alumnos que, siguiendo el modelo, creen su propio póster. En él deben incluir un pequeño texto y las imágenes que elijan libremente. Anímelos a ilustrarlo con fotografías o dibujos.

» Haga una exposición en clase con todos los pósteres. Los alumnos pueden presentarlos a sus compañeros.

» Al finalizar la actividad, se pueden poner unos días para decorar el aula.

ACTIVIDADES DE REFUERZO

» Plantee un juego de memoria con las tarjetas de vocabulario de ilustraciones de María. Dispóngalas en la pizarra y haga que memoricen la secuencia. Repita con ellos las diferentes acciones. A continuación, deles la vuelta. Después, deberán unir las tarjetas de vocabulario con nombres con las de ilustraciones. Finalmente, combine ambas tarjetas. Esta actividad la podrá realizar con los alumnos que considere necesario, en pequeños grupos.

» Distribuya las tarjetas de vocabulario con ilustraciones a ocho estudiantes y las de vocabulario con nombres a otros ocho estudiantes. Sin hablar, y solo con mímica, se pasean por la clase y deben encontrar a su pareja. Deles un minuto para resolver la tarea.

ACTIVIDADES DE AMPLIACIÓN

» Reparta folios y pida a los niños que realicen ilustraciones del vocabulario aprendido. Por detrás, deben escribir unas frases referentes a lo que han dibujado. Después, lo leerán delante de la clase.

» En parejas, pida que elaboren un diálogo similar al de la actividad 12, pero con su información personal, y que lo representen al resto de compañeros.

¡Hola, amigos!

Para practicar los hábitos cotidianos y las cosas que hacemos solos o acompañados, puede realizar la actividad 4 del Tablero digital.

PRESENTACIÓN

» Coloque el póster del cómic en un lugar visible para toda la clase y pida a sus alumnos que se tomen unos minutos para observar las distintas viñetas.

» Hágales preguntas sencillas sobre aspectos relacionados con la historia: *¿Dónde se desarrolla la historia? ¿Qué personajes aparecen? ¿Qué creen que hacen? ¿Qué ocurre?*

» Con los libros cerrados, trabaje sobre el póster. Invítelos a hacer grupos de cuatro o cinco alumnos y anímelos a inventar libremente la historia del cómic.

» Ponga la pista y pida a los niños que escuchen la historia a la vez que leen en sus libros.

» A continuación, haga una segunda escucha con pausas en cada viñeta. Realice preguntas de comprensión para asegurarse de que siguen el desarrollo de la historia.

» Elija a varios niños para que lean las distintas viñetas.

» Con los libros cerrados, se vuelve a trabajar sobre el póster, pidiéndoles que produzcan frases libremente acerca de cada viñeta.

» Otra opción es descargarse el cómic de la *ELEteca* y recortar los bocadillos. Pida que ordenen la historia y se la cuenten al compañero.

CUADERNO DE ACTIVIDADES

En el ***Cuaderno de actividades*** aparecen ejercicios para cada una de las tres sesiones. Conviene acudir a este cuaderno al finalizar cada sesión del *Libro del alumno*. Las actividades se pueden realizar en clase o en casa. Al finalizar las tres sesiones usted puede evaluar a los alumnos en el apartado *Mi progreso*, o que sean ellos mismos los que se evalúen. Puede descargar el solucionario del *Cuaderno de actividades* en la ELEteca.

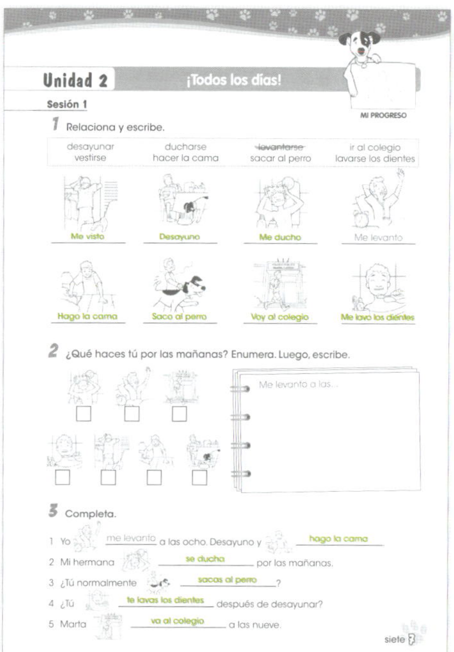

Unidad 2 ¡Todos los días!

MI PROGRESO

Sesión 1

1 Relaciona y escribe.

desayunar / vestirse / ducharse / hacer la cama / ~~levantarse~~ / sacar al perro / ir al colegio / lavarse los dientes

Me visto — Desayuno — Me ducho — Me levanto
Hago la cama — Saco al perro — Voy al colegio — Me lavo los dientes

2 ¿Qué haces tú por las mañanas? Enumera. Luego, escribe.

Me levanto a las...

3 Completa.

1 Yo me levanto a las ocho. Desayuno y hago la cama.
2 Mi hermana se ducha por las mañanas.
3 ¿Tú normalmente sacas al perro?
4 ¿Tú te lavas los dientes después de desayunar?
5 Marta va al colegio a las nueve.

siete 7

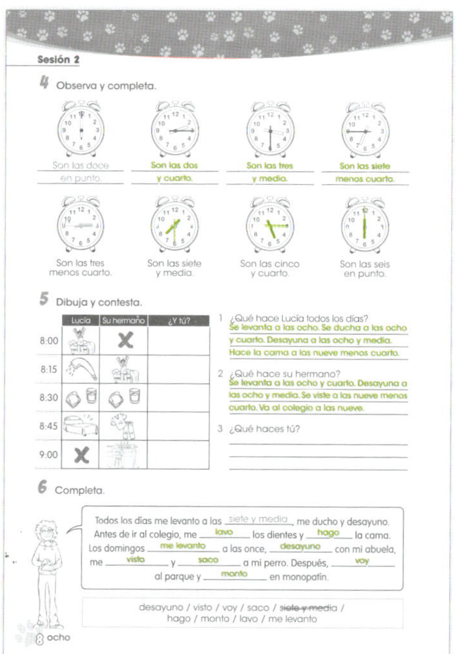

Sesión 2

4 Observa y completa.

Son las doce en punto. — Son las dos y cuarto. — Son las tres y media. — Son las siete menos cuarto.
Son las tres menos cuarto. — Son las siete y media. — Son las cinco y cuarto. — Son las seis en punto.

5 Dibuja y contesta.

	Lucía	Su hermano	¿Y tú?
8:00		X	
8:15			
8:30			
8:45			
9:00	X		

1 ¿Qué hace Lucía todos los días? Se levanta a las ocho. Se ducha a las ocho y cuarto. Desayuna a las ocho y media. Hace la cama a las nueve menos cuarto.
2 ¿Qué hace su hermano? Se levanta a las ocho y cuarto. Desayuna a las ocho y media. Se viste a las nueve menos cuarto. Va al colegio a las nueve.
3 ¿Qué haces tú?

6 Completa.

Todos los días me levanto a las siete y media, me ducho y desayuno. Antes de ir al colegio, me lavo los dientes y hago la cama. Los domingos me levanto a las once, desayuno con mi abuela, me visto y saco a mi perro. Después, voy al parque y monto en monopatín.

desayuno / visto / voy / saco / ~~siete y media~~ / hago / monto / lavo / me levanto

8 ocho

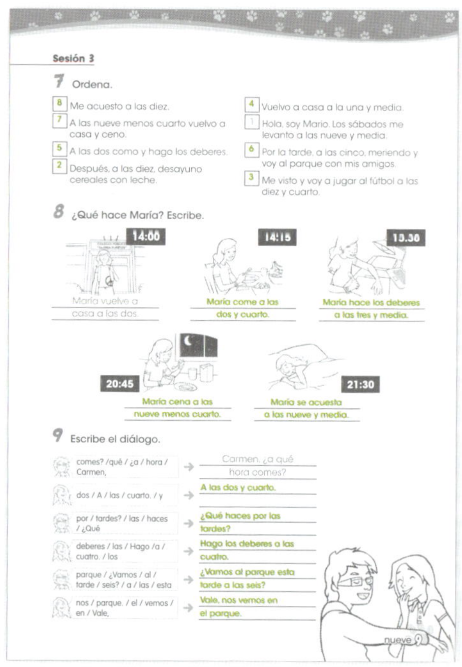

Sesión 3

7 Ordena.

8 Me acuesto a las diez.
7 A las nueve menos cuarto vuelvo a casa y ceno.
5 A las dos como y hago los deberes.
2 Después, a las diez, desayuno cereales con leche.
4 Vuelvo a casa a la una y media.
1 Hola, soy Mario. Los sábados me levanto a las nueve y media.
6 Por la tarde, a las cinco, meriendo y voy al parque con mis amigos.
3 Me visto y voy a jugar al fútbol a las diez y cuarto.

8 ¿Qué hace María? Escribe.

14:00 María vuelve a casa a las dos.
14:15 María come a las dos y cuarto.
15:30 María hace los deberes a las tres y media.
20:45 María cena a las nueve menos cuarto.
21:30 María se acuesta a las nueve y media.

9 Escribe el diálogo.

comes? / qué / ¿a / hora / Carmen, → Carmen, ¿a qué hora comes?
dos / A / las / cuarto. / y → A las dos y cuarto.
por / tardes? / las / haces / ¿Qué → ¿Qué haces por las tardes?
deberes / las / Hago / a / cuatro. / los → Hago los deberes a las cuatro.
parque / ¿Vamos / al / tarde / seis? / a / las / esta → ¿Vamos al parque esta tarde a las seis?
nos / parque. / el / vemos / en / Vale, → Vale, nos vemos en el parque.

nueve 9

ACTIVIDAD 2. UN DÍA EN LA VIDA DE...

Funciones	Vocabulario
• Hablar de acciones cotidianas. • Hablar de horarios.	• Acciones cotidianas. • Horarios.

Gramática	Cultura
• Verbos reflexivos.	• Rutinas y horarios en los países de habla hispana.

ACTIVIDAD 3. LOS HÁBITOS Y EL USO DEL TIEMPO

Funciones	Vocabulario
• Hablar de acciones cotidianas. • Hablar de horarios. • Expresar gustos.	• Actividades al aire libre. • Actividades de ocio. • Hábitos cotidianos. • Conectores causales.

Gramática	Cultura
• Oraciones causales.	• Rutinas y horarios en los países de habla hispana.

ACTIVIDAD 4. ¿QUÉ HACES TÚ SOLO?

Funciones	Vocabulario
• Preguntar e informar sobre hábitos cotidianos. • Hablar de las cosas que hacemos solos y acompañados.	• Tareas de la casa. • Verbos relacionados con el transporte. • Actividades fuera de casa.

Cultura
• El nivel de independencia de los niños en diferentes culturas.

UNIDAD 3 Sesión 1

OBJETIVOS

- Entender y cantar una canción sobre el tema de los alimentos.
- Aprender el vocabulario relacionado con las comidas.
- Expresar preferencias.
- Hablar sobre la frecuencia con la que se toman los diferentes alimentos.
- Aprender y practicar palabras que contienen el sonido /z/ y las correspondiente grafías: *za, zo, zu, ce, ci*.

LENGUAJE

Vocabulario: *ensalada, pasta, lentejas, carne, pescado, guisantes, zanahorias, patatas fritas, plátano, pera, cuchara, tenedor, cuchillo, plato, vaso, servilleta, pan, cereales.*

Estructuras gramaticales: *¿Prefieres... o... ?; Yo prefiero... ; ¿Cuántas veces tomas... ?; Tomo... todos los días/una vez/dos veces/ tres veces a la semana; Tomar... de primer plato/de segundo plato/de postre.*

COMPETENCIAS BÁSICAS

- Comunicación lingüística, cultural y artística, social y ciudadana.

PRESENTACIÓN

- Salude a la clase: *¡Hola, buenos/as días/tardes! ¿Qué tal? ¿Cómo estáis?*
- Explique que esta unidad está dedicada a la comida, que van a aprender a hablar sobre sus preferencias y sobre la frecuencia con la que toman los distintos alimentos. Como motivación inicial, haga una lluvia de ideas para que digan palabras que conocen relacionadas con los alimentos.

21 1. ESCUCHA Y CANTA.

- Con los libros abiertos, explíqueles que van a escuchar una canción en la que aparecen diferentes alimentos. Realice una primera audición para que los alumnos capten y se familiaricen con el ritmo de la canción.
- Prepare las tarjetas de vocabulario con ilustraciones y péguelas en la pizarra. En una segunda escucha, vaya señalando las tarjetas correspondientes a las palabras que vayan sonando.
- Finalmente, vuelva a poner la canción e invite a los alumnos a que la canten a la vez que marcan el ritmo con palmas, golpecitos en la mesa, chasquidos o algún instrumento.

22 2. ESCUCHA Y REPITE.

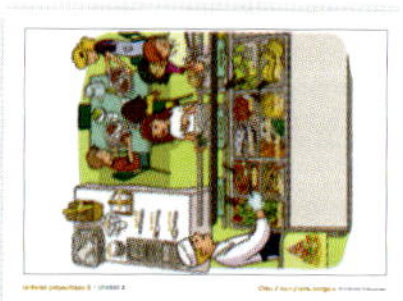

- Al comienzo de la actividad, ponga la **proyección 5** en un lugar bien visible del aula.
- Dirija la atención a la escena que se desarrolla en ella. Pregúnteles dónde creen que está María. María está en el comedor escolar. Luego, haga que observen los distintos alimentos del bufet, así como sus nombres en español.
- Ponga la pista y dígales que observen la proyección mientras la escuchan. Explique la intervención del cocinero y de María.
- Ponga la pista una segunda vez y dígales que señalen en sus libros las palabras que van escuchando. En una tercera escucha, dígales que repitan las palabras.
- Por último, reparta las tarjetas con los nombres de las palabras del vocabulario y dígales que las asocien con las que están pegadas en la pizarra.

¿Prefieres carne o pescado?
Prefiero pescado. ¡Me encanta! Tomo pescado tres veces a la semana.
Pan, vaso, plato, servilleta, cuchara, tenedor, cuchillo, primer plato, ensalada, lentejas, pasta, segundo plato, pescado, carne, zanahorias, guisantes, patatas fritas, postre, peras, plátanos.
Ahora, repite tú: primer plato, segundo plato, postre, carne, peras, ensalada, pasta, guisantes, plátanos, pescado, zanahorias, lentejas, patatas fritas, servilleta, vaso, plato, pan, cuchillo, tenedor, cuchara.

COMPETENCIAS

Competencia en comunicación lingüística. Las actividades presentadas incitan a usar la lengua meta tanto de una forma oral como escrita.

Competencia cultural y artística. El tema de los alimentos favorece la adquisición de la competencia cultural en la lengua meta.

Competencia social y ciudadana. La adquisición de las habilidades para expresarse en otro idioma influye en la formación de ciudadanos capaces de desenvolverse con éxito en diferentes situaciones y favorece el respeto por los demás.

3. ESCUCHA Y OBSERVA.

» Dígales que van a escuchar a dos niños haciéndose preguntas sobre el cuadro que aparece a la izquierda.

» Explique la expresión *¿Cuántas veces...?* e indique cómo responder a la pregunta. Escriba en la pizarra:

¿Cuántas veces...?	Una vez Dos veces Tres veces	al día. a la semana.
	Todos los días.	

» A continuación, ponga la pista e indíqueles que señalen las distintas intervenciones.

» Escriba en la pizarra las preguntas que aparecen en la actividad: *¿Qué hay en D-Verde? ¿Cuántas veces tomas lentejas?* Luego, haga preguntas similares por la clase.

PREGUNTA A TU COMPAÑERO.

» Explíqueles que, en parejas, un alumno debe formular una pregunta señalando las coordenadas de letra-color: *¿Qué hay en...?* El otro debe responder con la palabra correspondiente al dibujo que hay en esa casilla. A continuación, el primero vuelve a preguntar sobre la frecuencia con la que toma ese alimento, y espera la respuesta. Cuando concluya, pida que cambien de roles.

» Para terminar, saque a varias parejas e invite a que hagan el diálogo delante de los demás.

▶ ¿Qué hay en D-Verde?
▷ Lentejas.
▶ ¿Cuántas veces tomas lentejas?
▷ Una vez a la semana.

4. ESCUCHA Y REPITE.

» Invite a un alumno a leer la frase que encabeza la actividad: *Lucía y María están en el comedor.* Ponga la pista y pídales que señalen, a la vez que escuchan, a los distintos personajes. Ponga la pista otra vez y dígales que repitan el diálogo, primero en gran grupo, y luego individualmente.

» Escriba en la pizarra el siguiente cuadro e invite a los alumnos a extraer la información en una tercera audición. Pida voluntarios para corregir esta actividad.

	Primer plato	Segundo plato	Postre
Lucía			
María			

» Divida a los alumnos en grupos de tres para que cada uno represente a uno de los personajes. Para terminar, dígales que preparen un diálogo similar, pero en el que ellos mismos sean los protagonistas.

▶ Chicas, ¿qué coméis hoy?
▷ Yo tomo de primer plato, ensalada, y de segundo, pescado con guisantes y zanahorias.
▶ Yo prefiero de primer plato, lentejas, y de segundo, carne con patatas fritas.
▶ ¿Cuántas veces tomáis verduras?
▷ Tres veces a la semana.
▶ Yo tomo verduras dos veces a la semana.
▶ ¡Muy bien! ¿Y de postre?
▷ Fruta. Un plátano.
▶ Yo prefiero una pera.
▶ ¿Cuántas veces tomáis fruta?
▷ Todos los días.
▶ Yo, también.
▶ ¡Muy bien!

5. ¡ASÍ SUENA! ESCUCHA Y REPITE.

» Invite a los alumnos a mirar las imágenes y ayúdelos a que comprendan que la *z* en español va con esas tres vocales, y la *c*, con las otras dos, si queremos pronunciar el sonido /z/.

» Ponga la pista y pida a los niños que señalen, a la vez que escuchan, las palabras. Luego, pronuncie usted las palabras haciendo hincapié en que el sonido es el mismo, pero la grafía, no.

» Para terminar, ponga estas palabras en la pizarra y que las completen con *z* o *c* : ve_es, _anahoria, _apato, _ona, ca_ar, _orro, _oo, _erca, _enar, _ien, _inco, ca_uela.

Aceite, mazorca, calabaza, ciruela, zumo.

ACTIVIDADES DE REFUERZO

» Utilice las tarjetas de vocabulario para preguntar con qué frecuencia toman los diferentes alimentos. Para practicar la estructura *¿Prefieres... o...? Yo prefiero...*, vaya alumno por alumno mostrándole dos tarjetas de vocabulario con imágenes y preguntándole cuál de las dos prefiere.

ACTIVIDADES DE AMPLIACIÓN

» Pídales que elaboren un gráfico en el que aparezcan los distintos alimentos en el eje vertical y la frecuencia semanal con la que los toman en el eje horizontal. Realice una puesta en común en gran grupo de los distintos gráficos para enriquecer a la clase.

OBJETIVOS

- Practicar el vocabulario en el contexto de un diálogo.
- Hablar del pasado reciente y de acciones terminadas dentro de un periodo de tiempo presente.
- Extraer información de un texto relacionado con el tema desarrollado.

LENGUAJE

Vocabulario: *leche, zumo de naranja, manzana, pollo, pasta, aceite, sopa.*
Estructuras gramaticales: el pretérito perfecto; *¿Qué has/ha desayunado/comido/cenado?; Yo he..., tú has..., él ha...*

COMPETENCIAS BÁSICAS

- Conocimiento e interacción con el mundo físico, aprender a aprender, autonomía e iniciativa personal.

I 26 6. ESCUCHA Y REPITE.

- Pida a los alumnos que observen la escena representada y que hablen sobre ella: *¿Qué hora marca el reloj de la imagen? ¿Cómo se llama la comida que se toma a las ocho de la mañana? ¿Qué suelen tomar para desayunar?...*
- Ponga la pista y pídales que sigan el diálogo. Explique que la escena ocurre en el recreo a las 11:30h y que están hablando de lo que han desayunado en sus casas a las 8:00h de la mañana.
- Vuelva a poner la audición y pídales que repitan.

AHORA, PRACTICA CON TU COMPAÑERO.

- Forme parejas y haga que practiquen el diálogo con el compañero diciendo lo que ellos han desayunado esa mañana. Acérquese a las diferentes parejas por si tienen dudas.
- Remítalos al recuadro de *Recuerda* y explique cómo se forma. Si lo cree conveniente, dígales que este es un nuevo tiempo verbal que se usa para hablar de acciones pasadas terminadas recientemente o no terminadas (*Hoy, esta mañana...*).
- Saque a algunas de esas parejas para realizar el siguiente ejercicio: uno dice lo que ha desayunado esa mañana y el otro dice lo mismo pero utilizando la tercera persona.

Ejemplo:
Niño 1: Yo he desayunado cereales y leche.
Niño 2: Él ha desayunado cereales y leche.

► ¿Qué has desayunado hoy?
▷ He desayunado leche, zumo de naranja y cereales. Y ella ha desayunado solo cereales.
► Yo he desayunado leche y pan con aceite.

I 27 7. ESCUCHA E IDENTIFICA.

- Ponga la pista y pídales que observen a la vez que escuchan las distintas intervenciones.
- Pregunte el nombre de los distintos personajes que aparecen y elija a cuatro niños para que lean los alimentos que aparecen en cada pizarra.
- Recuérdeles que las comidas principales son: el desayuno, la comida y la cena. Escriba estas tres palabras en la pizarra.
- Ponga de nuevo la pista y, esta vez, pare la audición después de cada intervención, para que digan el nombre del personaje correspondiente.
- Vuelva a poner la pista y esta vez pregunte de qué comida del día habla cada uno.
- A continuación, pida que identifiquen a cada personaje con sus comidas.
- Para terminar haga preguntas de comprensión auditiva del tipo: *¿Ha comido Carmen lentejas? ¿Ha desayunado Tomás cereales? ¿Quién ha cenado fruta? ¿Quiénes han comido pescado?...* Pídales que den una respuesta completa del tipo: *Sí, ella ha comido lentejas. No, él no ha desayunado cereales.*
- Concluya revisando de nuevo lo aprendido, haciendo alusión al recuadro de *Recuerda.*

Carmen: Hola, soy Carmen y esta mañana he desayunado una pera, un vaso de leche y pan.
Tomás: Yo soy Tomás y he cenado pollo con patatas, una ensalada y de postre, fruta.
María: ¿Qué tal? Yo soy María, y no he comido patatas fritas, pero he comido pescado y pasta, y de postre, pera.
Pablo: Y yo soy Pablo. Hoy he comido lentejas, un pescado, pero no he comido pera.

RESPUESTA: 1. Carmen: leche, pan y fruta – el desayuno. 2. Tomás: ensalada, pollo con patatas fritas y manzana – la cena. 3. María: pasta, pescado y pera – la comida. 4. Pablo: lentejas, pescado y plátano – la comida.

8 Lee y contesta.

Mi diario: ¿Qué he comido hoy?

Hola, soy Claudia y soy de España.

Hoy **he desayunado** con mi hermano a las ocho y media. Yo tomo cereales y zumo de naranja tres veces a la semana. Hoy **he tomado** leche y pan con aceite.

Yo como en el colegio con mis amigos. Hay carne o pescado y verduras todos los días. Hoy **he comido** pasta, carne y zanahorias. ¡Me encantan las zanahorias!

A las cinco y media siempre tomo fruta. Hoy **he merendado** una manzana.

Ceno a las ocho y media con mi padre, mi madre, mi abuelo y mi hermano. A veces tomamos sopa. Hoy **hemos cenado** pescado y ensalada, y de postre, fruta.

1. ¿De dónde es Claudia?
2. ¿Ha desayunado cereales hoy?
3. ¿Cuántas veces a la semana toma verduras?
4. ¿Toma pescado todos los días?
5. ¿Con quién cena todas las noches?

9 Pregunta y responde.

¿Qué has desayunado?

He desayunado...

¿Cuántas veces a la semana tomas...?

Tomo... a la semana.

¿Qué prefieres...?

Yo prefiero...

veintitrés 23

8. LEE Y CONTESTA.

» Explique a los alumnos que van a leer un fragmento del diario de Claudia, la chica de la foto.

» Pídales que lean el diario individualmente.

» Lea usted luego el texto en voz alta y, a continuación, lea cada frase haciendo que los alumnos repitan.

» Asegúrese de que han comprendido el texto formulándoles algunas preguntas: *¿Qué desayuna Claudia tres veces a la semana? ¿Qué ha desayunado hoy? ¿Qué ha comido? ¿Qué ha merendado? ¿Qué ha cenado?* Anime a comprender aquellas palabras que no entiendan a través del contexto.

» Pida a distintos alumnos que lean las cinco preguntas de comprensión que aparecen en la actividad y dé un tiempo para que piensen las respuestas.

» Pídales que comparen sus respuestas con las de un compañero. Luego, corrija en gran grupo.

RESPUESTA: 1. De España. 2. No, ha desayunado leche y pan con aceite. 3. Todos los días. 4. No. 5. Con el padre, la madre, el abuelo y el hermano.

9. PREGUNTA Y RESPONDE.

» Atraiga la atención de sus alumnos hacia las imágenes de los alimentos e invítelos a nombrarlos.

» A continuación, pida un voluntario y mantenga el diálogo de la actividad con él.

» Aclare posibles dudas.

» Pida a los alumnos que se pongan en parejas y que practiquen el diálogo intercambiando los roles. Anímelos a expresarse libremente y a romper las barreras que el uso de la lengua meta les pueda suponer.

» Para terminar, saque a algunas parejas para que lo hagan frente al resto de los alumnos.

ACTIVIDADES DE REFUERZO

» Prepare varias tarjetas con las siguientes preguntas: *¿Qué has desayunado? ¿Qué ha desayunado tu compañero? ¿Qué has comido? ¿Qué ha comido tu compañero? ¿Qué has cenado? ¿Qué ha cenado tu compañero?* Baraje las tarjetas. Los alumnos, por turnos, cogerán una tarjeta y deberán responder a la pregunta que les haya tocado.

» Invítelos a dibujar en carteles un diccionario visual con todos los alimentos que conocen en español, a fin de mantenerlo en el aula mientras dure esta unidad.

ACTIVIDADES DE AMPLIACIÓN

» Pida a los alumnos que redacten un diario similar al de la actividad 8 respondiendo a la pregunta: *¿Qué he comido hoy?*

» Dígales que escriban en sus cuadernos el diálogo que han mantenido con su compañero en la actividad 9.

COMPETENCIAS

Competencia en el conocimiento y la interacción con el mundo físico. Aproveche el tema para abordar los beneficios que una dieta sana y equilibrada tiene para la salud. Aborde la importancia que tiene hacer un desayuno completo para afrontar el día con energía.

Competencia para aprender a aprender. A través de las actividades en las que se pueden expresar libremente, los alumnos toman conciencia de lo que saben y de lo que no, y se sitúan en el centro de su propio proceso de aprendizaje, del que deben ser los protagonistas. Al incitarlos a comprender a través del contexto, sin conocer todas las palabras, estamos favoreciendo la adquisición de esta competencia.

Competencia en autonomía e iniciativa personal. Al ofrecerles la posibilidad de expresar hechos cotidianos de su vida en otro idioma, el alumno crece en autonomía personal, ya que debe afrontar las dificultades que la adquisición de la lengua meta puede suponerle.

¡Hola, amigos!

Para practicar los hábitos alimentarios, puede realizar las actividades 5 y 6 del Tablero digital.

NOTAS

Sesión 3

OBJETIVOS

- Adquirir el vocabulario y las expresiones para pedir objetos en la mesa y responder a la petición.
- Expresar sensaciones.
- Consolidar los contenidos aprendidos a lo largo de la unidad.

LENGUAJE

Vocabulario: *sal, vinagre, pimienta, hamburguesa.*
Estructuras gramaticales: *Tengo hambre; Tengo sed; Tengo ganas de...; ¿Me pasas..., por favor?; Pásame..., por favor; ¿Me puedes pasar...?; Sí, claro; Sí, por supuesto; Sí, toma.*

COMPETENCIAS BÁSICAS

- Social y ciudadana, conocimiento e interacción con el mundo físico, cultural y artística.

1 28 10. ESCUCHA Y APRENDE.

- Ponga la **proyección 6** en un lugar bien visible del aula.
- Pídales que observen detenidamente la imagen. Pregunte dónde creen que están. Aclare que es el comedor de la casa de Pablo. Pregunte el nombre de los personajes que aparecen en la escena y de los alimentos que ya conocen: *ensalada, pan, agua, patatas fritas* y *hamburguesa*.
- Dígales que abran el libro. Señale y lea las palabras etiquetadas. Pida que las repitan.
- Explique a los niños que van a aprender a pedir y dar objetos en la mesa y a expresar sensaciones en español. Ponga la pista dos veces e invítelos a repetir fijándose en las distintas situaciones que se dan en la mesa.
- Explique con mímica lo que significa: *tengo hambre, tengo sed* y *tengo ganas de...* A continuación, hágales las siguientes preguntas y anote en la pizarra las estructuras para pedir cosas: *¿Quién tiene hambre? ¿Cómo pide el pan? ¿Quién tiene sed? ¿Cómo pide el agua? ¿Quiénes tienen ganas de ensalada? ¿Cómo pide el aceite, la sal y el vinagre?*
- Paséese por la clase pidiéndoles cosas a los niños (por ejemplo, una goma, un lápiz...) y utilizando las estructuras de la cesta verde. Si es posible, lleve objetos reales al aula o invite a los alumnos a llevarlos para trabajar con ellos.
- Distribuya los papeles de Pablo, María, Lucía y Tomás por el aula y pida que representen la escena al tiempo que la escuchan de nuevo. Luego, elija a otros cuatro alumnos para que lean las distintas intervenciones.

► ¡Tengo hambre! Pablo, ¿me pasas el pan, por favor?
► Sí, claro.
► ¡Tengo sed! Lucía, pásame el agua, por favor.
► Sí, por supuesto.
► ¡Mmm...! Tengo ganas de ensalada.
► Yo también. Pásame el aceite, la sal y el vinagre, por favor.
► ¡Me encantan las hamburguesas! Por favor, ¿me puedes pasar la pimienta?
► Sí, toma.

11. PRACTICA CON TU COMPAÑERO.

- Disponga todas las tarjetas de vocabulario con ilustraciones de la actividad anterior en la pizarra y repase con ellos las palabras.
- Pida a los alumnos que se fijen en la escena de la actividad anterior y que vuelvan a leer el diálogo.
- Explique que la actividad consiste en imaginar que están en la mesa del comedor escolar y pedir y dar objetos al tiempo que expresan sus deseos.
- Lea el ejemplo que aparece en la actividad y acompáñelo de mímica: *Tengo hambre. ¿Me pasas el pan, por favor?*
- Divida la clase en equipos de cuatro alumnos y dígales que utilicen las palabras y expresiones de cada cesta o bolsa.
- Pasee por la clase para aclarar dudas.
- Dé tiempo para que se expresen libremente y, a continuación, pida un grupo voluntario para representar la escena delante de los demás.

¡Hola, amigos! **Para pedir objetos y responder a la petición, puede realizar la actividad 8 del Tablero digital.**

NOTAS

12 Lee y aprende.

¡COME DE COLORES!

Come en familia y... ¡Tómate tu tiempo para comer!

Recuerda comer cinco veces al día.

Toma cereales, pasta, pan, arroz, patatas... todos los días.

Fruta y verduras cinco veces al día y, leche, queso y yogur dos veces al día.

Toma pescado, carne, legumbres y huevos, tres o cuatro veces a la semana.

Es buena idea usar el aceite de oliva en las ensaladas. Come el pescado y la carne con verduras, guisantes, zanahorias...

De postre, fruta: peras, plátanos, manzanas, naranjas...

Bebe agua y zumos naturales con frecuencia.

También, practica tu deporte favorito tres veces en semana.

13 Juega con tu compañero.

Necesitas:

cartulinas

fastener

fotocopia

veinticinco 25

12. LEE Y APRENDE.

- Muestre la **proyección 7** de la pirámide alimentaria y pida a los alumnos que la observen detenidamente. Aclare que los alimentos que aparecen en la base son los que debemos consumir con mayor frecuencia y que los de arriba son los que menos debemos consumir.
- Llévelos a observar que los distintos pisos de la pirámide corresponden a distintos grupos de alimentos. Incite a nombrar los distintos alimentos que aparecen en cada grupo y resuelva las posibles dudas.
- Dé tiempo para que hagan una primera lectura individual del texto y anímelos a que comenten su contenido en parejas.
- Explique el significado del título: *¡Come de colores!* Reflexione con ellos sobre la importancia de una dieta variada que incluya alimentos de los distintos grupos. Explique también el significado de *¡Tómate tu tiempo para comer!* Es necesario comer con tranquilidad.
- Lea en voz alta el texto, de forma pausada y clara, y haga las siguientes preguntas para comprobar la comprensión: *¿Qué alimentos hay que comer todos los días? ¿Cuántas veces debemos tomar la leche, el queso y el yogur? ¿Qué alimentos debemos tomar tres o cuatro veces a la semana? ¿Qué debemos beber con frecuencia?...*
- Por último, elija a varios alumnos aleatoriamente para que lean el texto en voz alta.

13. JUEGA CON TU COMPAÑERO.

- Pida a los chicos que observen detenidamente la ilustración y pregúnteles cómo creen que es el juego. Déjeles expresarse y ayúdelos a explicar el juego.
- Reparta la **Ficha fotocopiable 1** y anímelos a colorearla y recortarla. Dígales que peguen la ficha en la cartulina pequeña. Enséñeles a poner el *fastener* uniendo los dos círculos. En la cartulina que sobresale deben escribir preguntas. Dígales que peguen la ficha en la cartulina pequeña.
- Cuando hayan terminado de construir el juego, dígales que van a trabajar en parejas. Uno pregunta moviendo el círculo inferior y gira el círculo superior para que su compañero responda con los nombres de los alimentos de ese grupo.
- Jugarán varias veces. Deje a los alumnos tiempo suficiente para practicar el vocabulario y las expresiones de la unidad.

ACTIVIDADES DE REFUERZO

- Pida a los alumnos que, en parejas, preparen frases con pictogramas de los contenidos vistos en la unidad. Después, saque a varias parejas a la pizarra a presentar sus frases: los compañeros tendrán que leerlas cambiando el dibujo por la palabra correspondiente.

ACTIVIDADES DE AMPLIACIÓN

- Invite a los niños a hacer unas viñetas, a modo de cómic, representando una escena de comedor en la que los protagonistas expresan sus deseos y piden y pasan objetos en la mesa. Después, deben presentarla al resto de los compañeros.
- Pida que elaboren un gran mural con una pirámide alimentaria. En ella deben incorporar fotografías de folletos de supermercados de todos los alimentos que han aprendido en esta unidad con sus nombres en español. Recurra a él en futuras clases para recordarles la importancia de una buena alimentación, sana y equilibrada.

COMPETENCIAS

Competencia social y ciudadana. A través del aprendizaje de las formas de pedir y pasar objetos en la mesa, fomentamos la importancia del cuidado de las formas como una manera de mostrar nuestro respeto por los demás. Las actividades de trabajo en grupo fomentan también el respeto por las diferencias individuales y el dejar de lado intereses propios en beneficio de los del grupo.

Competencia en el conocimiento y la interacción con el mundo físico. La interpretación de una pirámide alimentaria es una actividad imprescindible para los niños de estas edades que les hace reflexionar sobre sus hábitos alimentarios. Aprovéchela para concienciarlos de la necesidad de una dieta variada donde las chucherías, bollos y dulces son productos que hay que tomar solo ocasionalmente.

Competencia cultural y artística. La preparación del juego es un momento idóneo para fomentar la creatividad y el gusto por el trabajo bien hecho. Valore el esfuerzo y anime durante el proceso para fomentar la autoestima.

29 CÓMIC: EL TOMATE ROJO

PRESENTACIÓN

» Coloque el póster del cómic en un lugar visible para toda la clase y pida a sus alumnos que se tomen unos minutos para observar las distintas viñetas.

» Hágales preguntas sencillas sobre aspectos relacionados con la historia: *¿Dónde se desarrolla la historia? ¿Qué personajes aparecen? ¿Qué creen que hacen? ¿Qué ocurre?*

» Con los libros cerrados, trabaje sobre el póster. En grupos de cuatro o cinco alumnos, anímelos a inventar libremente la historia del cómic. Elija un grupo de voluntarios para contar su historia apoyándose en el póster.

» Ponga la pista y pida a los niños que escuchen la historia a la vez que leen en sus libros. Presente y explique el vocabulario nuevo que ha aparecido en el cómic: *gazpacho, tomate, pimiento* y *ajo*. Dígales que el gazpacho es un plato típico español que se suele tomar en verano. Es una sopa fría que tiene como ingredientes el aceite de oliva, el vinagre y hortalizas crudas, generalmente tomates, pimientos, cebollas y ajo.

» A continuación, haga una segunda escucha con pausas en cada viñeta. Realice preguntas de comprensión para asegurarse de que siguen el desarrollo de la historia.

» Prepare una dramatización del cómic. Elija a varios niños para que lean las distintas viñetas y a otros tantos para ir representándolas.

CUADERNO DE ACTIVIDADES

En el ***Cuaderno de actividades*** aparecen ejercicios para cada una de las tres sesiones. Conviene acudir a este cuaderno al finalizar cada sesión del *Libro del alumno*. Las actividades se pueden realizar en clase o en casa. Al finalizar las tres sesiones usted puede evaluar a los alumnos en el apartado *Mi progreso*, o que sean ellos mismos los que se evalúen. Puede descargar el solucionario del *Cuaderno de actividades* en la ELEteca.

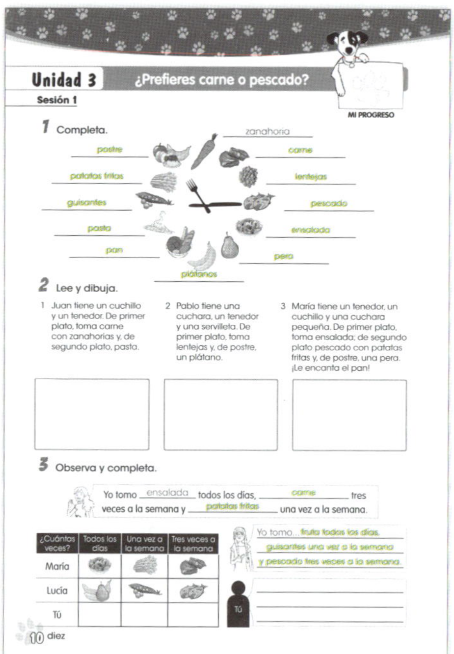

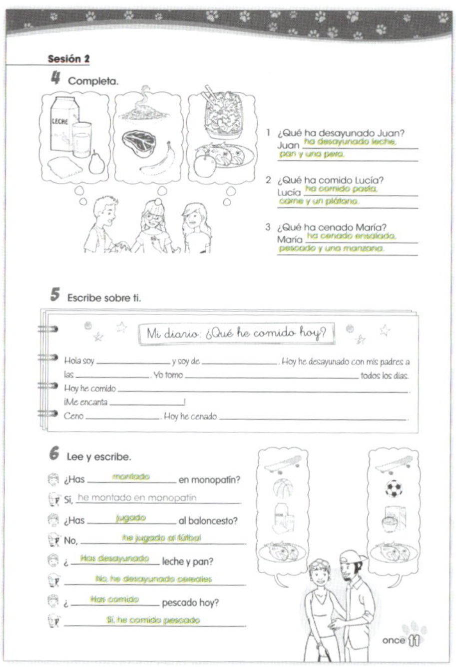

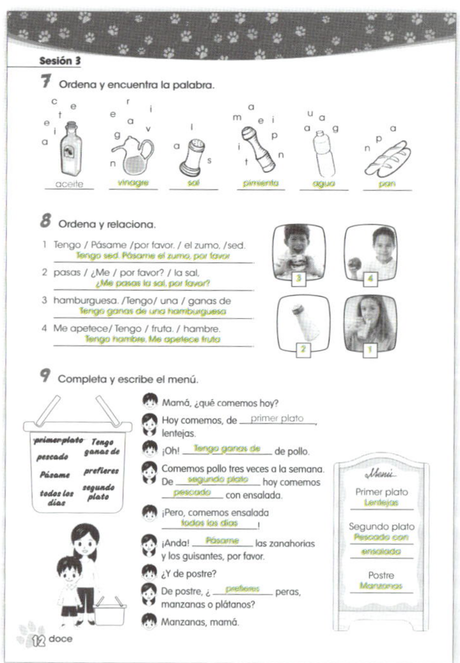

ACTIVIDAD 5. LA AVENTURA: EL FIN DE SEMANA EN CASA DE MANUEL

Es el cumpleaños de Manuel. Los amigos están en el parque y hablan de comprarle un regalo por su cumpleaños. Entonces llega Manuel y los invita a pasar la noche en su casa. La madre de Manuel les ha preparado un pollo, y ellos solo tienen que calentarlo en el microondas. Mientras preparan una ensalada, Kim, el perro de Manuel, se come el pollo. Los amigos discuten qué pueden cenar, y hablan de distintas comidas que saben hacer. Finalmente, deciden encargar una pizza. Al día siguiente, la madre les pregunta por la cena. No quieren decirle que Kim se comió el pollo, pero la madre ha visto la caja de la pizza en la basura. Finalmente, le cuentan a la madre que el perro se comió el pollo y todos se ríen mucho.

Después del visionado de la aventura, realice las siguientes preguntas.

1 ¿Cuándo es el cumpleaños de Manuel?
2 ¿Qué comida hay en la nevera?
3 ¿Qué lleva la ensalada en el país de Gustavo?
4 ¿Qué deciden cenar los chicos?
5 ¿Cuáles son los ingredientes de la pizza mediterránea?
6 ¿Qué pizza piden finalmente? ¿Qué lleva esta pizza?
7 ¿Quién se ha comido el pollo?
8 ¿Qué desayuna Gustavo normalmente?

GUION DE LA AVENTURA

¡Hola, amigos!

Para leer el **Guion de la aventura**, vaya a la **página 116** o descárguelo del **CD-ROM**.

ACTIVIDAD 6. ¿COMES BIEN?

Funciones	Vocabulario	Cultura
• Hablar de los hábitos alimentarios.	• Las comidas del día. • Los alimentos.	• Comidas y hábitos alimentarios en distintos países de habla hispana.

ACTIVIDAD 7. ¿QUÉ SABES SOBRE EL CACAO?

Funciones	Vocabulario	Cultura
• Hablar de alimentos, platos e ingredientes.	• Los alimentos. • Platos típicos de la comida de países de habla hispana.	• Información sobre alimentos habituales de origen americano. • Platos típicos de países de habla hispana.

ACTIVIDAD 8. ¿ME PASAS LOS PLATOS?

Funciones	Vocabulario	Gramática
• Pedir objetos y responder a la petición.	• Utensilios para comer. • Electrodomésticos de la cocina.	• *Poder* + infinitivo. • Objeto indirecto.

ACTIVIDAD 9. UN PLATO TÍPICO

Funciones	Vocabulario	Cultura
• Preguntar por los ingredientes de un plato y describir el plato.	• Ingredientes de las ensaladas. • Ingredientes para platos de arroz. • Verbos relacionados con los platos.	• Platos de ensaladas y arroz en distintos países de habla hispana. • Comparar comidas de diferentes países estableciendo semejanzas y diferencias.

UNIDAD 4 Sesión 1

OBJETIVOS

- Entender y cantar una canción sobre los lugares de una ciudad.
- Aprender el vocabulario relacionado con lugares de una ciudad.
- Preguntar y responder sobre la ubicación o existencia de un lugar.
- Repasar y practicar las letras *g/j* y algunas palabras que las contienen.
- Repasar los números del 1 al 100.

LENGUAJE

Vocabulario: *iglesia, farmacia, panadería, papelería, librería, tienda, comisaría, centro comercial, calle, plaza.*
Estructuras gramaticales: *¿Dónde está...?; Está delante de/detrás de/al lado de...; ¿Dónde hay un/una...?; ¿Hay un/una...?; Hay un/una...*

COMPETENCIAS BÁSICAS

- Social y ciudadana, comunicación lingüística, aprender a aprender.

PRESENTACIÓN

- Salude a la clase: *¡Hola, buenos días!* Haga que ellos respondan: *¡Hola, buenos días!*
- Pregúnteles sobre los lugares que hay en su ciudad: *¿Hay papelería en tu ciudad? ¿Vas a la librería? ¿Hay una iglesia? ¿Has ido alguna vez a la comisaría?...* Anime a los niños a que se expresen libremente en su propia lengua. Explíqueles que van a aprender a describir distintos lugares de una ciudad y a ubicarlos.
- Como actividad inicial, anímelos a que identifiquen y hablen de lo que ven en la imagen de la actividad 1: *¿Qué veis en la imagen? ¿Qué palabras de las que aparecen en la imagen conocéis en español?...* Puede aprovechar para incidir en la similitud de algunas palabras en distintos idiomas. Muestre las tarjetas de vocabulario con ilustraciones y vaya nombrándolas al mismo tiempo.

I 30 1. ESCUCHA Y CANTA.

- Con los libros abiertos, explíqueles que van a escuchar una canción sobre los lugares de una ciudad. Hábleles de ellos.
- Realice una primera audición para que los alumnos capten y se familiaricen con el ritmo de la canción. Pueden dar palmas, dar golpecitos en la mesa, hacer chasquidos, tocar algún instrumento, etc.
- En una segunda escucha, anime a los alumnos a participar haciendo las pausas que considere necesarias.
- Finalmente, vuelva a poner la canción e invite a los alumnos a que la canten a la vez que marcan el ritmo.

I 31 2. ESCUCHA Y REPITE. LUEGO, IDENTIFICA.

- Al comienzo de la actividad, ponga la **proyección 8** en un lugar bien visible del aula.

- Ponga la pista y pida a los niños que miren la ilustración.
- En una segunda escucha, pídales que señalen los lugares según los vayan escuchando. Por último, pídales que repitan las distintas intervenciones.
- Si lo cree necesario, adviértales que *tienda* es el nombre genérico para designar al lugar donde se venden artículos, comida o ropa: *tienda de ropa, de regalos,...*
- Por último, elija a dos chicos para que representen el diálogo en voz alta.

► ¿Dónde está la farmacia?
▷ Está delante de la librería. Es el número 25.

Comisaría, centro comercial, librería, farmacia, papelería, calle, panadería, tienda, iglesia, plaza.

Ahora, repite tú: farmacia, tienda, iglesia, comisaría, calle, papelería, plaza, panadería, centro comercial, librería.

COMPETENCIAS

Competencia social y ciudadana. Aproveche la proyección para que los niños expresen sus gustos y preferencias. Esto favorece el proceso de aprendizaje.

Competencia en comunicación lingüística. En las actividades en que trabajamos en pequeños grupos, exposiciones orales y diálogos, desarrollamos la destreza oral y favorecemos el desarrollo de esta competencia.

Competencia para aprender a aprender. Mediante las actividades de recepción, los niños aprenden a escuchar, prestar atención y reproducir modelos aprendidos. Todas estas estrategias favorecen el desarrollo de esta competencia.

3 Observa y responde.

la papelería
la tienda
la farmacia
el centro comercial
delante de
detrás de
al lado de

¿Dónde está la farmacia?

La farmacia está al lado de la papelería.

4 32 Escucha y repite.

Carmen está en el centro de la ciudad.

¿Qué tal Carmen?

Hola, Tomás. Necesito tu ayuda. ¿Dónde hay una librería?

Hay una detrás de la farmacia. Es el número 81 de la calle Alegrías.

¡Ah, bien! ¿Y dónde está la plaza Bulerías?

Está al lado de la iglesia.

De acuerdo. ¿Hay una papelería cerca?

Sí, hay una delante de la tienda, al lado de la farmacia. Es el número 63.

¡Muchas gracias, Tomás!

¡Hasta mañana!

5 33 ¡Así suena! Escucha y repite.

veintinueve 29

3. OBSERVA Y RESPONDE.

» Escriba en el lado izquierdo de la pizarra la pregunta: *¿Dónde está...?* Junto a ella, coloque las tarjetas de vocabulario con ilustraciones y vaya nombrando cada uno de los lugares.

» Si lo cree conveniente, explique que ***está(n)*** sirve para hablar de la localización de algo y se usa con sustantivos precedidos de *el/la*: *–¿Dónde **está** la farmacia? –La farmacia **está** al lado de la papelería.*

» A continuación, elija a varios alumnos de la clase para explicar los conceptos de: *delante de, detrás de* y *al lado de*. Asegúrese de que los chicos lo han entendido antes de continuar.

» Vuelva a poner la **proyección 8** en un lugar bien visible del aula e invite a los niños a que la observen detenidamente. A continuación, haga que los alumnos realicen la actividad por parejas.

32 4. ESCUCHE Y REPITE.

» Antes de comenzar la actividad, repase los números del 1 al 100. Si dispone de las tarjetas de vocabulario con los números de *Clan 7 nivel 2*, muéstrelas y pida que lo repitan. También puede jugar con ellos a la lotería de números o realizar el juego "Cadenetas" de *Nuestros juegos*.

» A continuación, explíqueles que van a escuchar un diálogo donde se dan indicaciones para llegar a un lugar. Ponga la pista y pida a los alumnos que miren la ilustración y escuchen con atención.

» En una segunda escucha, dígales que lean las distintas intervenciones. Puede hacer dos grupos en el aula, uno lee las intervenciones de Tomás y el otro las de Carmen.

» Si lo cree conveniente, explique que ***hay*** sirve para hablar de la existencia de algo y se usa con sustantivos precedidos de *un/una*: *–¿**Hay** una papelería cerca? –Sí, hay una delante de la tienda.*

» En una tercera escucha, pídales que repitan las distintas intervenciones. Después, elija a dos alumnos para que representen el diálogo en voz alta.

» Por último, invítelos en pequeños grupos a practicar un diálogo similar con datos de su entorno.

Carmen está en el centro de la ciudad.

▶ ¿Qué tal Carmen?
▷ Hola, Tomás. Necesito tu ayuda. ¿Dónde hay una librería?
▶ Hay una detrás de la farmacia. Es el número 81 de la calle Alegrías.
▷ ¡Ah, bien! ¿Y dónde está la plaza Bulerías?
▶ Está al lado de la iglesia.
▷ De acuerdo. ¿Hay una papelería cerca?
▶ Sí, hay una delante de la tienda, al lado de la farmacia. Es el número 63.
▷ ¡Muchas gracias, Tomás!
▶ ¡Hasta mañana!

33 5. ¡ASÍ SUENA! ESCUCHE Y REPITE.

» Escriba en la pizarra *ja, je, ji, jo, ju.* A continuación, debajo de *je, ji* escriba *ge, gi* respectivamente. Incida en el concepto de igual sonido y diferente grafía.

» Ponga la pista y agrupe las palabras en diferentes conjuntos: *je/ge* y *ji/gi*. Añada otros ejemplos, como: *Argentina, mágico, colegio, tijeras, girar, gimnasia, patinaje,...*

» Luego, ponga otra vez la pista y finalice aumentando usted la velocidad de producción de todas las palabras.

gigante, genial, gente, girar, jirafa, viaje, garaje, jinete.

ACTIVIDADES DE REFUERZO

» Reparta las tarjetas de vocabulario con ilustraciones y nombres entre los alumnos. Vaya diciendo el vocabulario y pida a los niños que unan ambas y las escriban en sus cuadernos. Recomiéndeles que junto a cada una de las palabras realicen un dibujo del lugar y lo coloreen, para así recordarlas y memorizarlas mejor.

» Pida que escriban un pequeño diálogo por parejas, similar al que crearon en la actividad 4.

ACTIVIDADES DE AMPLIACIÓN

» Reparta una tarjeta de vocabulario con ilustración por pareja y pida a los alumnos que creen un diálogo con esa palabra. Pueden emplear todos los contenidos dados a lo largo del curso. Vaya pidiendo parejas voluntarias para salir a la pizarra y representar su diálogo.

Sesión 2

OBJETIVOS

- Preguntar y responder sobre la ubicación o existencia de un lugar.
- Uso de los imperativos para dar indicaciones.
- Extraer información de un texto relacionado con el tema desarrollado.

LENGUAJE

Vocabulario: *oficina de correos, bar, parada de autobús, medicinas.*
Estructuras gramaticales: *¿Hay un/a (lugar) cerca?; Sigue recto; Gira a la izquierda/derecha; Cruza (la calle); Gira en la primera/segunda calle.*

COMPETENCIAS BÁSICAS

- Cultural y artística, conocimiento e interacción con el mundo físico.

1 34 6. ESCUCHA Y REPITE.

- Elija a varios alumnos y ponga varios ejemplos de su ubicación con respecto a ellos. Practique: *gira a la derecha, gira a la izquierda, cruza* y *sigue recto*. Apóyese en las tarjetas de vocabulario.
- Pida a los alumnos que observen la ilustración detenidamente y comente con ellos en su propia lengua lo que está representado en ellas. Hágalos reflexionar sobre estos conceptos que se van a introducir y déjelos expresarse.
- Ponga la pista y dígales que escuchen con atención.
- Si lo desea, recuérdeles que hay una forma de preguntar sobre la ubicación de un lugar (*¿Dónde está el/la...?*) y otra sobre la existencia de un lugar (*¿Hay un/a...?*). Haga referencia al recuadro *Recuerda* para trabajar estas estructuras.
- Utilice las tarjetas de vocabulario con ilustraciones. Saque una tarjeta de indicaciones e invite a un niño a realizar una frase libremente. Repita este ejercicio tantas veces como considere necesario.
- Ponga la pista de nuevo y anime a los niños a que sigan la lectura.

AHORA, PRACTICA CON TU COMPAÑERO.

- Por último, invite a los alumnos a practicar con su compañero creando un diálogo similar al de la actividad.

► Buenas tardes, ¿hay una farmacia cerca de aquí?
▷ Sí, hay una a cien metros.
► Y, ¿dónde está?
▷ Sigue todo recto y, en la librería, gira a la derecha.
► ¡Muchas gracias!

1 35 7. JUEGA CON TU COMPAÑERO.

- Invite a los alumnos a ponerse libremente en grupos de tres o cuatro y lea con ellos el diálogo.
- Explíqueles que van a jugar en grupo a un juego muy divertido. El juego consiste en lo siguiente: cada alumno tendrá

que anotar en un papel, sin que lo vea su compañero, un lugar y dar las indicaciones de cómo llegar a ese lugar. El compañero deberá decir rápidamente de qué lugar se trata. El alumno que no acierte, tendrá que seguir contestando.

- Ponga la pista, pídales que la escuchen atentamente, fijándose en las nuevas expresiones.
- En una segunda escucha, pida a algún alumno voluntario que vaya realizando con mímica las indicaciones del audio.

AHORA, SIGUE TÚ.

- Póngalos a jugar y paséese por el aula para comprobar la realización del juego.
- Si lo ve necesario, ponga usted otro ejemplo como: *Gira a la derecha, sigue recto, gira a la izquierda en la primera calle. Sigue recto. Está a la derecha, cerca del parque. ¿Dónde estoy?* (En el centro comercial).

► ¿Dónde estoy?
▷ Sigue recto y gira a la izquierda en la segunda calle. ¿Dónde estoy?
► ¡Ah! Estás en el bar.
▷ Gira a la derecha y luego gira a la izquierda en la primera calle. ¿Dónde estoy?
► Estás en la farmacia.

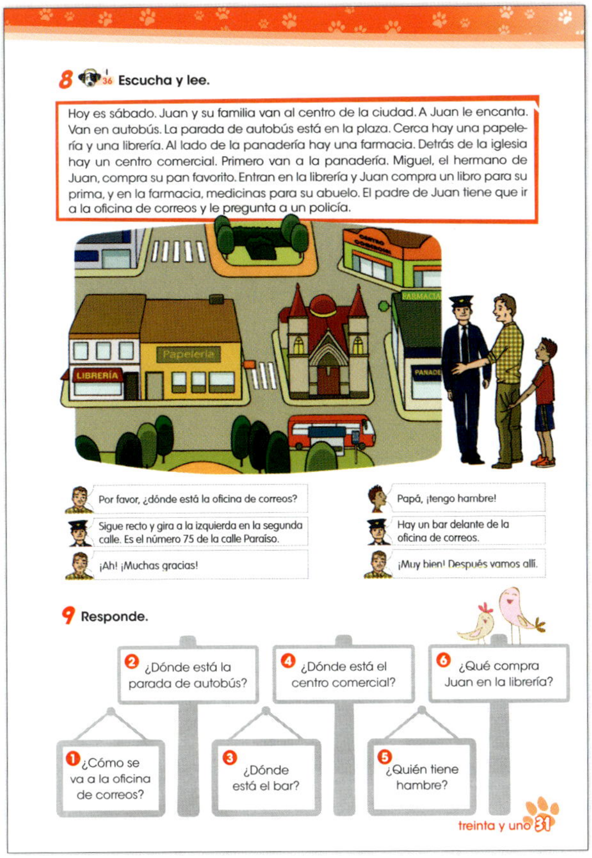

8 36 Escucha y lee.

Hoy es sábado. Juan y su familia van al centro de la ciudad. A Juan le encanta. Van en autobús. La parada de autobús está en la plaza. Cerca hay una papelería y una librería. Al lado de la panadería hay una farmacia. Detrás de la iglesia hay un centro comercial. Primero van a la panadería. Miguel, el hermano de Juan, compra su pan favorito. Entran en la librería y Juan compra un libro para su prima, y en la farmacia, medicinas para su abuelo. El padre de Juan tiene que ir a la oficina de correos y le pregunta a un policía.

Por favor, ¿dónde está la oficina de correos?
Sigue recto y gira a la izquierda en la segunda calle. Es el número 75 de la calle Paraíso.
¡Ah! ¡Muchas gracias!
Papá, ¡tengo hambre!
Hay un bar delante de la oficina de correos.
¡Muy bien! Después vamos allí.

9 Responde.

1 ¿Cómo se va a la oficina de correos?
2 ¿Dónde está la parada de autobús?
3 ¿Dónde está el bar?
4 ¿Dónde está el centro comercial?
5 ¿Quién tiene hambre?
6 ¿Qué compra Juan en la librería?

treinta y uno 31

36 8. ESCUCHA Y LEE.

» Pregunte a los niños qué ven en la imagen.

» Ponga la pista y pídales que la escuchen atentamente sin mirar el texto, solo la imagen. Pare la pista antes del diálogo. Haga una primera lectura del texto en gran grupo y aclare las dudas de vocabulario que les puedan surgir.

» Ponga la pista por segunda vez, pero esta vez completa, e invítelos a seguir la lectura individualmente. A continuación, puede hacer una lectura del diálogo con toda la clase, repartiendo por filas o grupos de alumnos las intervenciones de los distintos personajes.

» Asegúrese de que han entendido el texto realizando algunas preguntas de comprensión, por ejemplo: *¿Qué le gusta a Juan? ¿Cómo va Juan y su familia a la ciudad? ¿Qué compra el hermano de Juan? ¿Dónde tiene que ir el padre de Juan? ¿Qué compran en la farmacia?...*

» Por último, vuelva a poner la pista con los libros cerradas para comprobar sus respuestas.

Hoy es sábado. Juan y su familia van al centro de la ciudad. A Juan le encanta. Van en autobús. La parada de autobús está en la plaza. Cerca hay una papelería y una librería. Al lado de la panadería hay una farmacia. Detrás de la iglesia hay un centro comercial. Primero van a la panadería. Miguel, el hermano de Juan, compra su pan favorito. Entran en la librería y Juan compra un libro para su prima, y en la farmacia, medicinas para su abuelo.
El padre de Juan tiene que ir a la oficina de correos y le pregunta a un policía:
▶ Por favor, ¿dónde está la oficina de correos?
▷ Sigue recto y gira a la izquierda en la segunda calle. Es el número 75 de la calle Paraíso.
▶ ¡Ah! ¡Muchas gracias!
▶ ¡Papá, tengo hambre!
▷ Hay un bar delante de la oficina de correos.
▶ ¡Muy bien! Después vamos allí.

9. RESPONDE.

» Explique a los niños que tienen que escribir en sus cuadernos las respuestas a las siguientes preguntas de comprensión del texto anterior.

» Lea la primera pregunta, a modo de ejemplo, para que vean la dinámica de la actividad.

» Dé un tiempo para leer y contestar a todas las preguntas individualmente. Después, pida que contrasten su respuesta con su compañero. Finalmente, resuelva con el grupo clase.

RESPUESTA: 1. La oficina de correos está en la calle Paraíso, número 75. Sigue recto y gira a la izquierda en la segunda calle. 2. La parada de autobús está en una plaza. 3. El bar está delante de la oficina de correos. 4. Está detrás de la iglesia. 5. Miguel tiene hambre. 6. Juan compra en la librería un libro para su prima.

ACTIVIDADES DE REFUERZO

» Realice con todo el grupo clase un plano en la clase. Los pasillos del aula serán las calles de la ciudad. Asigne a cada alumno un edificio con la tarjeta con ilustración correspondiente. En parejas, preguntarán por la ubicación de uno de ellos, y con la respuesta tendrán que hacer lo indicado. Si es posible, realice esta actividad en un lugar amplio y exterior.

ACTIVIDADES DE AMPLIACIÓN

» Los alumnos, por grupos, pueden hacer un mural con un plano de su ciudad ideal, etiquetando los lugares que han estudiado.

COMPETENCIAS

Competencia cultural y artística. Explique a los niños que cuando viajamos, necesitamos utilizar planos, conocemos otras culturas, y con ello, se activan habilidades para pensar, relacionar, imaginar y expresar sentimientos, tanto propios como ajenos.

Competencia en el conocimiento y la interacción con el mundo físico. El conocimiento del vocabulario básico para desenvolvernos en un país donde se hable el español favorece el desarrollo de esta competencia, ayudándolos a desarrollar habilidades para desenvolverse adecuadamente en los ámbitos de la vida y para interpretar el mundo. También puede aprovechar la ocasión para hablar de la educación vial.

¡Hola, amigos! **Para describir un lugar y su ubicación, puede realizar las actividades 10 y 11 del Tablero digital.**

Sesión 3

OBJETIVOS

- Aprender el vocabulario relacionado con los tipos de edificios de una ciudad.
- Conocer los números del 100 al 1.000.
- Introducir aspectos culturales de España.
- Consolidar los contenidos aprendidos a lo largo de la unidad.

LENGUAJE

Vocabulario: *biblioteca, museo, de piedra, de madera, de ladrillo, antiguo/a, viejo/a, moderno/a, gris, rojo/a, morado/a; castillo, iglú, de colores, redondo/a;* los números del 100 al 1.000.
Estructuras gramaticales: *¿Cómo es...?; Es un edificio...; Está a... metros de...*

COMPETENCIAS BÁSICAS

- Cultural y artística, social y ciudadana, matemática.

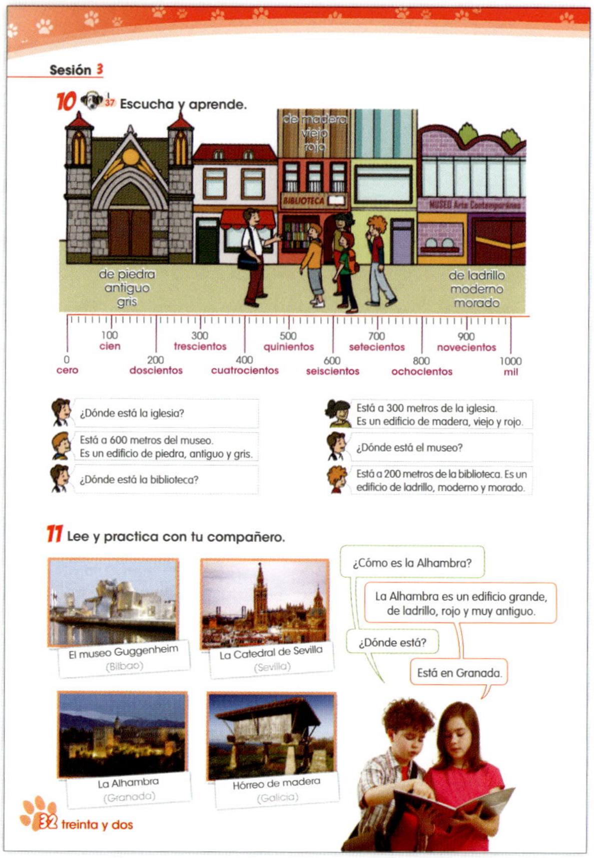

37 10. ESCUCHA Y APRENDE.

- Aproveche la ocasión para hablarles de los distintos edificios que hay en las ciudades. Hay edificios de interés histórico, como iglesias y museos, y otros más modernos y funcionales, como bibliotecas. Explíqueles que van a aprender a describir los diferentes tipos de edificios.
- Ponga la **proyección 9** en un lugar bien visible del aula.

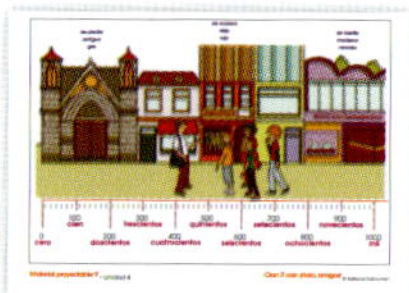

- Pídales que observen detenidamente la imagen. Dígales que un profesor ha llevado a sus alumnos a conocer los edificios de la ciudad. Háblele de los distintos edificios que aparecen (iglesia, biblioteca y museo). Lea las características de cada uno de ellos y aclare los conceptos.
- Preste ahora especial atención al metro que aparece en la imagen para presentar los números del 100 al 1.000. Léalos y pida que los repitan.
- Ponga la pista hasta el diálogo y pida a los niños que, individualmente, identifiquen el edificio del que están hablando. A continuación, vuelva a ponerla y vaya señalando cada frase a medida que se escucha.
- Finalmente, ponga la pista completa para que repitan el vocabulario nuevo y los números.
- Para terminar, reparta las tarjetas de vocabulario de los números entre los alumnos e invite a levantarse y a buscar a su pareja.

► ¿Dónde está la iglesia?
▷ Está a 600 metros del museo. Es un edificio de piedra, antiguo y gris.
► ¿Dónde está la biblioteca?
▷ Está a 300 metros de la iglesia. Es un edificio de madera, viejo y rojo.
► ¿Dónde está el museo?
▷ Está a 200 metros de la biblioteca. Es un edificio de ladrillo, moderno y morado.

Ahora, repite tú: de piedra, antiguo, gris, de madera, viejo, rojo, de ladrillo, moderno, morado, cero, cien, doscientos, trescientos, cuatrocientos, quinientos, seiscientos, setecientos, ochocientos, novecientos, mil.

11. LEE Y PRACTICA CON TU COMPAÑERO.

- Si tiene la oportunidad, lleve a clase un mapa de España y sitúe en él las distintas ciudades que aparecen en las imágenes. Hábleles de algunas características culturales de España y de los rasgos que considere más importante del país: su turismo, su maravilloso clima, su rica gastronomía, la amabilidad de su gente...
- Explíqueles que los edificios que están viendo son edificios emblemáticos de Sevilla (la Catedral y la Giralda), de Granada (la Alhambra), de Bilbao (el museo Guggenheim) y de Galicia (los hórreos). Puede invitarlos a buscar en Internet información de cada uno de los edificios y después realizar una puesta en común en gran grupo.
- Lea las intervenciones que aparecen en el libro e invítelos a trabajar las descripciones del resto de edificios.
- Paséese por el aula y vaya comprobando cómo han asimilado los contenidos. Saque varias parejas de voluntarios para describir los edificios.
- Finalmente, puede practicar las descripciones con edificios de su ciudad o país.

¡Hola, amigos!
Para conocer algunas ciudades hispanas, puede realizar la actividad 12 del Tablero digital.

12 38 Escucha e identifica. Luego, lee.

a. Las **casas** son edificios bajos. En ellas viven familias y a veces tienen jardín. Son modernas y de ladrillo. Son blancas o de colores.

b. En las montañas o en los bosques hay **casas de madera**. Son casas pequeñas, pero muy bonitas.

c. En el Polo Norte hay **casas de hielo** para protegerse del frío. Se llaman **iglús**. Son blancas y redondas.

d. Los **bloques de pisos** son edificios muy altos y en ellos viven muchas familias. Son modernos y tienen ¡muchas ventanas!

e. Los **castillos** son edificios muy antiguos y normalmente de piedra. Hay muchos castillos en las montañas o lejos de la ciudad. Algunos están al lado de las iglesias.

13 Juega con tu compañero.

Necesitas:

Instrucciones:

treinta y tres 33

38 12. ESCUCHA E IDENTIFICA. LUEGO, LEE.

» Pida a los niños que presten atención a las imágenes. Dígales que son lugares donde la gente puede vivir. Lea con ellos estos lugares: *casas, bloque de pisos, castillos, casas de madera, iglús*.

» Ponga la pista y pídales que escuchen atentamente los textos para después relacionarlos con una imagen.

» Invite a los niños a leer individualmente los textos e intentar relacionarlos.

» Vuelva a poner la pista y párela en cada texto. Pida algún voluntario para relacionarlo con su imagen correspondiente. Continúe así hasta que finalice los cinco textos.

» Invítelos a hablar sobre las distintas imágenes libremente.

a. Las casas son edificios bajos. En ellas viven familias y a veces tienen jardín. Son modernas y de ladrillo. Son blancas o de colores.

b. En las montañas o en los bosques hay casas de madera. Son casas pequeñas, pero muy bonitas.

c. En el Polo Norte hay casas de hielo para protegerse del frío. Se llaman iglús. Son blancas y redondas.

d. Los bloques de pisos son edificios muy altos y en ellos viven muchas familias. Son modernos y tienen ¡muchas ventanas!

e. Los castillos son edificios muy antiguos y normalmente de piedra. Hay muchos castillos en las montañas o lejos de la ciudad. Algunos están al lado de las iglesias.

RESPUESTA: 1. e, 2. b, 3. c, 4. d, 5. a.

13. JUEGA CON TU COMPAÑERO.

» Explique el juego a toda la clase. Consiste en ir desplazándose por la tabla en función de lo que nos indique el dado. Cuando caigan en una casilla, deben decir rápidamente lo que corresponda: *¿Qué es?* (para repasar los edificios), *¿Cómo se va?* (para consolidar las indicaciones) y *¿Qué número es?* (para practicar los números).

ACTIVIDADES DE REFUERZO

» Invite a los alumnos a que dibujen en sus cuadernos el mapa de España y aquellas características y ciudades que más les gustan.

» Divida a la clase en dos grupos. Invite a un grupo de niños a escribir frases sobre los distintos tipos de edificios. Deberán hacer dibujos a modo de pictograma. El otro grupo, deberá escribir frases sobre lugares que visitar y sus correspondientes dibujos. Para corregir la actividad, vaya sacando a niños voluntariamente usando la pizarra y pidiéndoles que escriban las frases completas del otro grupo.

ACTIVIDADES DE AMPLIACIÓN

» Invite a los niños a usar sus ordenadores para buscar en Internet otros países en los que se habla español. Deben elegir una ciudad y los edificios importantes de ese lugar. Pueden hacer una presentación o un mural con el mapa del país, las ciudades y sus edificios.

» Para seguir trabajando los números, anote en la pizarra varias cifras y explique cómo se escriben, por ejemplo, 742 – setecientos cuarenta y dos (*setecientos + cuarenta y dos*). A continuación, escriba en un papel una lista con diez números. Divida la clase en dos equipos y pida un voluntario para cada uno. Cada voluntario debe mirar un número de la lista y dictárselo a su grupo que deberá escribirlo en una hoja. Gana el equipo que antes acabe la lista y haya escrito correctamente más números.

COMPETENCIAS

Competencia cultural y artística. Adquirir información sobre aspectos culturales de una segunda lengua fomenta el desarrollo de una actitud positiva hacia otras culturas y sus lenguas. Al ponerlos en contacto con edificios y obras de pintores relevantes de países hispanos, estamos favoreciendo el desarrollo de esta competencia.

Competencia social y ciudadana. Enséñeles a participar activamente en las actividades lúdicas, que construyan y acepten normas de convivencia para el disfrute de las mismas. Hable con ellos de la importancia de saber respetar las opiniones de los demás aunque sean diferentes, y de ser personas tolerantes para vivir en sociedad.

Competencia matemática. Aproveche todas las ocasiones que pueda para favorecer el uso de las matemáticas fuera del aula. En esta ocasión, al trabajar con los planos de las ciudades y las distancias entre los edificios estamos favoreciendo su uso en la vida cotidiana y el desarrollo de esta competencia.

PRESENTACIÓN

» Coloque el póster del cómic en un lugar visible para toda la clase y pida a sus alumnos que se tomen unos minutos para observar las distintas viñetas.

» Hágales preguntas sencillas sobre aspectos relacionados con la historia: *¿Dónde se desarrolla la historia? ¿Qué le pasa a Juan? ¿Quién/es de nuestros amigos está/n preocupado/s?*

» Déjeles que expresen y hablen sobre la situación.

» Ponga la pista y pida a los niños que solo escuchen la historia.

» Dígales que Antonio López es un pintor y escultor español en cuyas obras se reflejan los aspectos cotidianos de la realidad que le rodea, rozando lo fotográfico. Sus preferencias van desde las vistas de Madrid hasta los retratos de sus familiares, pasando por los objetos más cotidianos y cercanos.

» A continuación, haremos una segunda escucha con pausas en cada viñeta. Haga preguntas de comprensión para asegurarse de que siguen el desarrollo de la historia.

» Elija a varios niños para que lean las distintas viñetas.

» Con los libros cerrados, vuelva a trabajar sobre el póster. Pida a sus alumnos que produzcan frases libremente acerca de cada viñeta.

» Puede hacer una tercera audición opcional sobre el póster, a la vez que usted va señalando las viñetas sin texto.

» Prepare una dramatización del cómic. Elija a varios niños para que lean las distintas viñetas y a otros tantos para ir representándolas.

CUADERNO DE ACTIVIDADES

En el ***Cuaderno de actividades*** aparecen ejercicios para cada una de las tres sesiones. Conviene acudir a este cuaderno al finalizar cada sesión del *Libro del alumno*. Las actividades se pueden realizar en clase o en casa. Al finalizar las tres sesiones usted puede evaluar a los alumnos en el apartado *Mi progreso*, o que sean ellos mismos los que se evalúen. Puede descargar el solucionario del *Cuaderno de actividades* en la ELEteca.

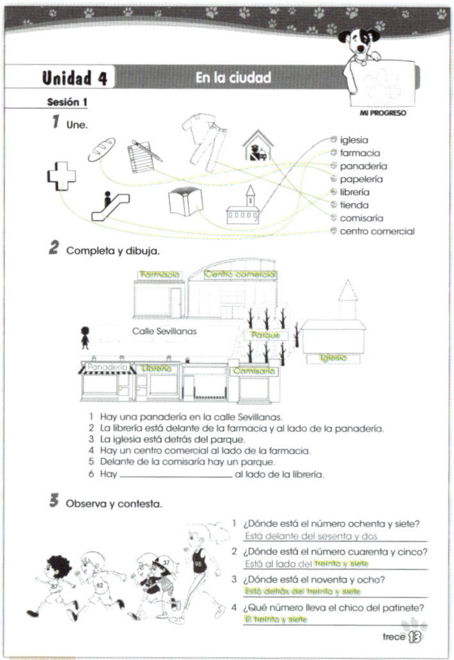

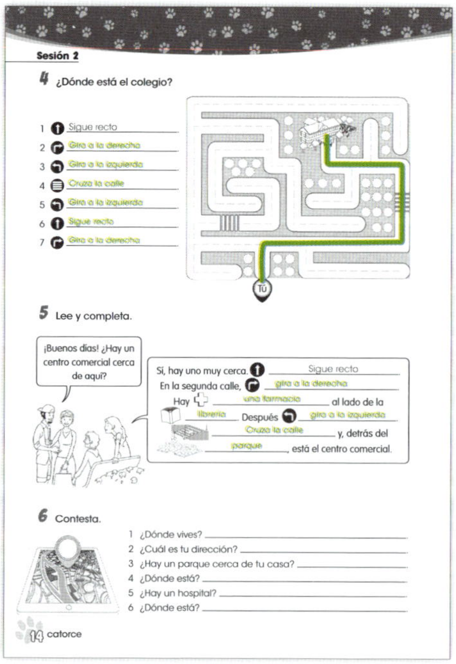

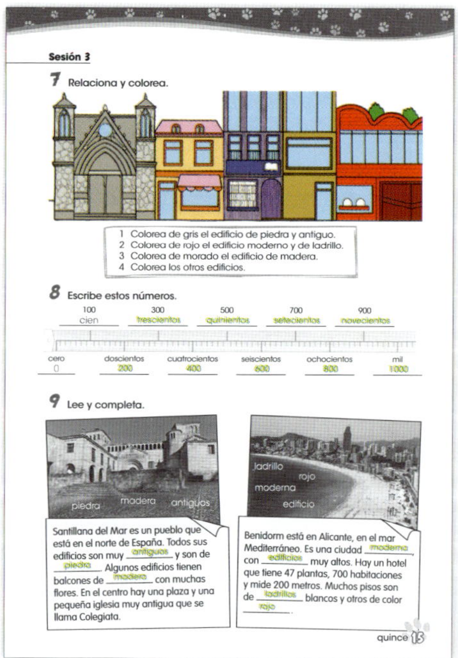

ACTIVIDAD 10. DESCUBRE LA CIUDAD

Funciones	Vocabulario
• Describir un lugar y su ubicación. • Describir edificios.	• Establecimientos y lugares de una ciudad. • Adverbios de lugar. • Materiales de los edificios.

Gramática	Cultura
• Oraciones de relativo.	• Espacios habituales de una ciudad española. • Alcalá de Henares.

ACTIVIDAD 11. ¿DÓNDE ESTÁ TU CASA?

Funciones	Vocabulario	Gramática
• Dar indicaciones para llegar a un lugar.	• Verbos para dar indicaciones. • Números ordinales. • Indicaciones de lugar.	• Imperativos afirmativos de forma *tú*.

ACTIVIDAD 12. CIUDADES HISPANAS

Funciones	Vocabulario
• Describir un lugar y su ubicación.	• Ubicación geográfica. • Léxico habitual en las visitas turísticas.

Gramática	Cultura
• Pasiva.	• Guanajuato (México).

ACTIVIDAD 13. LAS CASAS RURALES

Funciones	Vocabulario	Cultura
• Describir una casa.	• Partes de la vivienda. • Características de las viviendas.	• Casas rurales en España.

UNIDAD 5 — Sesión 1

OBJETIVOS

- Aprender vocabulario relacionado con actividades lúdicas y deportivas.
- Preguntar y expresar gustos y deseos.
- Presentar y practicar el uso de las grafías *ca, que, qui, co, cu,* y conocer algunas palabras que las contienen.

LENGUAJE

Vocabulario: *ir al cine, ir al teatro, ir a la playa, ir al campo, jugar al tenis, jugar al balonmano, jugar a los videojuegos, jugar a las cartas, bailar, hacer gimnasia, hacer atletismo, correr, hacer natación, nadar.*

Estructuras gramaticales: *¿Qué te apetece?; Me apetece... ; ¿Te apetece... ?; Sí, me apetece... /No, no me apetece... ; ¿Te gusta... ?; Sí, me gusta... /No, no me gusta...*

COMPETENCIAS BÁSICAS

- Comunicación lingüística, autonomía e iniciativa personal, social y ciudadana.

PRESENTACIÓN

- Salude a la clase: *¡Hola, buenos días! ¿Qué tal? ¿Cómo estáis?* Incite a responder con el mismo saludo que ha empleado o con otro, primero en gran grupo y luego individualmente. Muévase por el aula para los saludos individuales.
- Explique que esta unidad está dedicada a las actividades de tiempo libre y deportivas, que van a aprender a hablar sobre sus preferencias y a mantener una conversación por teléfono para quedar con alguien.
- Como motivación inicial, escriba en la pizarra *Actividades de ocio y Deportes* y realice una lluvia de ideas para que digan palabras que ya saben en español relacionadas con el tema.

I 40 1. ESCUCHA Y CANTA.

- Con los libros abiertos, explíqueles que van a escuchar una canción en la que aparecen diferentes deportes y actividades de tiempo libre. Realice una primera audición para que los alumnos capten y se familiaricen con el ritmo de la canción.
- Prepare las tarjetas de vocabulario con ilustraciones y péguelas en la pizarra. En una segunda escucha, vaya señalando las tarjetas correspondientes a las palabras que vayan sonando y anime a los alumnos a participar haciendo las pausas que considere necesarias.
- Finalmente, vuelva a poner la canción e invite a los alumnos a que la canten a la vez que marcan el ritmo con palmas, golpes o chasquidos.

I 41 2. ESCUCHA E IDENTIFICA.

- Al comienzo de la actividad, ponga la **proyección 10** en un lugar bien visible del aula.
- Dirija la atención a la escena que se desarrolla en ella y pregúnteles dónde está Lucía y qué hace. Luego, haga que observen los pensamientos de cada niño.

- Ponga la pista y pídales que observen la proyección mientras la escuchan y que vayan señalando a los personajes.
- Ponga la pista una segunda vez y dígales que miren su libro y que señalen las palabras que van escuchando.
- En una tercera escucha, incite a que repitan las palabras a la vez que marcan el ritmo con palmadas entre cada una de ellas.
- Para la correcta adquisición del vocabulario, haga una actividad de respuesta física ante un estímulo oral: pídales que representen con mímica lo que usted diga y, luego, al revés, haga la mímica, y que ellos digan la palabra en español.
- Por último, reparta las tarjetas de vocabulario con nombres entre los alumnos y dígales que se levanten y las asocien con las tarjetas de ilustraciones que están pegadas en la pizarra.

▶ Tomás, ¿te apetece jugar a los videojuegos?
▷ No, gracias. Me apetece jugar al tenis.
▶ Vale, vamos a jugar al tenis.
▶ Lucía, ¿te gusta el atletismo?
▷ ¡Sí! ¡Me gusta mucho correr!
▶ ¿Qué te apetece hacer esta tarde?
▷ Me apetece ir al cine.

Jugar a las cartas, ir al campo, hacer gimnasia, ir al teatro, ir a la playa, ir al cine, bailar, jugar a los videojuegos, jugar al tenis, jugar al balonmano, hacer natación, nadar, hacer atletismo, correr.

Ahora, repite tú: ir al teatro, ir al cine, ir al campo, ir a la playa, jugar al tenis, jugar al balonmano, jugar a los videojuegos, jugar a las cartas, hacer gimnasia, hacer natación, hacer atletismo, nadar, bailar, correr.

42 3. ESCUCHA Y OBSERVA.

- Dígales que van a escuchar a dos niños haciéndose preguntas sobre sus gustos y expresando sus deseos. Ponga la pista e indíqueles que señalen las distintas intervenciones.
- Escriba en la pizarra las preguntas del diálogo: *¿Te gusta...? ¿Te apetece...?* y, si lo desea, explique la diferencia entre el verbo *gustar* (se utiliza para preguntar y expresar gustos e intereses) y el verbo *apetecer* (para preguntar y expresar deseos). Recuérdeles que para expresar deseos también se puede decir: *¿Quieres...?; ¿Te gustaría...?*
- Ponga de nuevo la pista para reforzar la comprensión y haga preguntas similares por la clase.

AHORA, PRACTICA CON TU COMPAÑERO.

- Cuando compruebe que todos han entendido la actividad, invítelos a hacer diálogos parecidos en parejas.

▶ ¿Te gusta jugar al tenis?
▷ Sí, me gusta mucho.
▶ ¿Te apetece jugar al tenis?
▷ No, gracias. Me apetece ir al cine.
▶ ¿Te gusta...? ¿Te apetece...?
▷ Sí,... / No, gracias.

43 4. ESCUCHA Y RELACIONA.

- Invite a los alumnos a mirar las ilustraciones y sus diferentes escenas, y a reconocer a los personajes. Haga que presten atención a las actividades que están haciendo y que las digan en español. Explique que la actividad consiste en identificar al personaje al que se refiere la audición.
- Ponga la pista y pídales que observen las escenas mientras intentan comprender la audición. Luego, póngala otra vez parando después de cada descripción. Deje un minuto para comentar con el compañero de quién se trata y pregunte a cuatro o cinco alumnos el nombre del personaje.

RESPUESTA: 1. c, 2. a, 3. b, 4. f, 5. e, 6. d.
Descripciones: 1. Pablo. 2. Carmen. 3. Juan. 4. Tomás. 5. María. 6. Lucía.

Él va al campo los domingos. También le gusta mucho ir al teatro. ¡A ella le encantan los deportes! Le gusta mucho correr y jugar al balonmano. La natación y el tenis son sus deportes favoritos. Hoy a él no le apetece hacer deporte. Le apetece jugar a las cartas y a los videojuegos. A ella le gusta mucho bailar y le apetece ir al cine los sábados por la tarde. A ella le gusta mucho hacer gimnasia. En verano le apetece ir a la playa.

44 5. ¡ASÍ SUENA! ESCUCHA Y REPITE.

- Escriba en la pizarra:

C+A/O/U	QU+E/I
CA, CO, CU	QUE, QUI

- Lea las sílabas varias veces en voz alta y haga que los niños las repitan. Incida en que el sonido es el mismo pero que, dependiendo de la vocal, la grafía cambia.
- Dígales que van a escuchar una rima con palabras que tienen este sonido. Enseñe la palabra *caqui*. Tras una segunda escucha, invite a leer todos juntos, cada vez a mayor velocidad. Saque a varios alumnos a la pizarra para que clasifiquen las palabras de la rima en una de las dos columnas.
- Para terminar, divida a la clase en dos grupos. Dé una cartulina a cada grupo y asigne a uno la grafía *c* y a otro la *qu*. Invítelos a escribir y dibujar palabras que lleven esa grafía.

Cuca y Quique corren con una camiseta caqui. La camiseta de Cuca es la catorce y la camiseta de Quique la quince.

ACTIVIDADES DE REFUERZO

- Saque a un alumno y enséñele una de las tarjetas, sin que los demás la vean. Reparta las tarjetas con las palabras entre el resto de los niños. Aquel debe hacer la mímica de la imagen y el que tenga la tarjeta con la palabra debe levantarla y pronunciarla.

ACTIVIDADES DE AMPLIACIÓN

- Pídales que elaboren un gráfico con las actividades favoritas entre los compañeros, como hicieron en la unidad 1

COMPETENCIAS

Competencia en comunicación lingüística. Las actividades presentadas incitan a usar la lengua meta, tanto de una forma oral como escrita.

Competencia en autonomía e iniciativa personal. Favorezca el tratamiento del error como parte integrante del proceso de enseñanza-aprendizaje.

Competencia social y ciudadana. Hable con ellos de la importancia de aprender a usar el tiempo libre con actividades que les enriquezcan y la importancia del deporte para la salud.

Sesión 2

OBJETIVOS
» Practicar el vocabulario en el contexto de un diálogo.
» Aprender a expresar opiniones personales.
» Extraer información de un texto relacionado con el tema desarrollado.

LENGUAJE
Vocabulario: *emocionante, divertido, aburrido, hip-hop, rock, pop.*
Estructuras gramaticales: *¿Le gusta... ?; Le gusta... /No le gusta... ; Yo pienso/creo que es... ; Tú piensas/crees que es... ; Él/ella piensa/cree que es...*

COMPETENCIAS BÁSICAS
» Conocimiento e interacción con el mundo físico, social y ciudadana, aprender a aprender.

45 6. ESCUCHA Y ELIGE.

» Empiece la sesión diciendo a los alumnos que van a aprender a expresar su opinión sobre las actividades de tiempo libre y los deportes.

» Atraiga su atención sobre las preguntas que aparecen en las raquetas de tenis. Léalas en voz alta y exprese su opinión sobre el tema. Luego, pídales que miren los emoticonos. Pregúnteles a qué adjetivos corresponden en su idioma.

» Ponga la pista y dígales que señalen a los personajes que hablan.

» A continuación, ponga la pista de nuevo y dele a la pausa después de cada intervención para que los niños repitan.

» Escriba en la pizarra: *Yo pienso que es...* y *Yo creo que es...* Pregunte a varios chicos: *¿Te gusta jugar al tenis?* Dígales que deben responder a su pregunta utilizando las fórmulas de la pizarra y los adjetivos aprendidos. Luego, cambie el tenis por otra de las actividades vistas en esta unidad. Practique hasta asegurarse de que lo han asimilado correctamente.

» Para terminar, pida a los alumnos que trabajen el diálogo en grupos de tres. Aclare el uso de la tercera persona.

» Elija a tres grupos para que lean en voz alta la conversación.

» Para practicar la tercera persona, pregunte a un alumno por los gustos de sus compañeros.

▶ ¿Te gusta jugar al tenis? ¿Le gusta jugar al tenis?
▷ Sí. Yo pienso que es divertido. A Tomás también le gusta jugar al tenis.
▶ ¡Me encanta! Creo que es emocionante. Ella cree que es aburrido.
▷ Sí, yo pienso que el tenis es muy aburrido.

46 7. ADIVINA. ¿QUIÉN ES?

» Pida a los alumnos que observen la tabla en la que aparecen los emoticonos correspondientes a la opinión que Juan, María, Lucía y Pablo tienen sobre las distintas actividades y deportes.

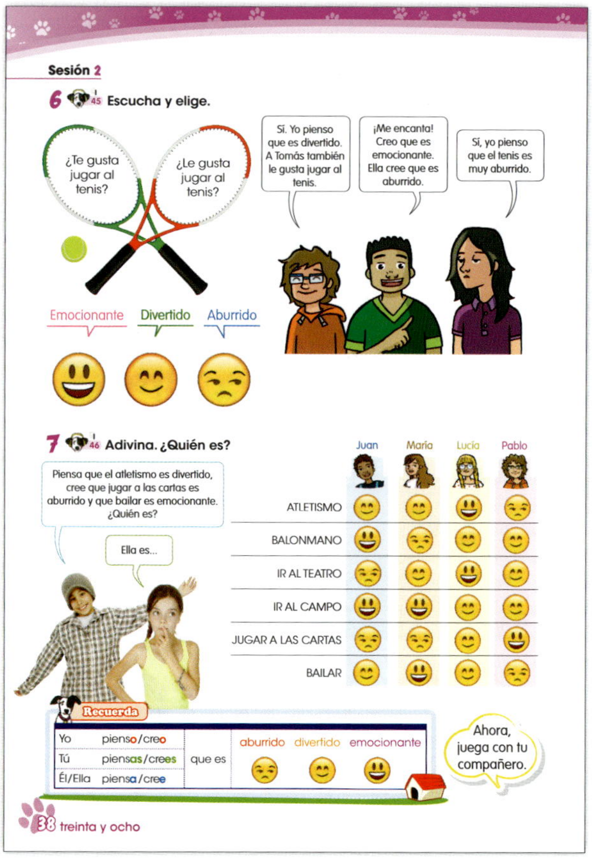

» Explique que van a participar en un juego en el que deben adivinar el personaje a partir de sus opiniones. Ponga el siguiente ejemplo: *Cree que el atletismo es aburrido. ¿Quién es?*

» Ponga la pista y pídales que piensen de qué personaje se trata. Dé un tiempo para que piensen la respuesta. Si es necesario, ponga de nuevo la audición.

RESPUESTA: María.

▶ Piensa que el atletismo es divertido, cree que jugar a las cartas es aburrido y que bailar es emocionante. ¿Quién es?
▷ Ella es...

AHORA, JUEGA CON TU COMPAÑERO.

» Divida a los alumnos en parejas para comenzar a jugar. Dígales que cambien los roles después de cada intervención para que ambos participen de la misma manera.

» Pasee por la clase para observar cómo realizan la actividad y aclarar posibles dudas.

» Concluya revisando lo aprendido haciendo alusión al recuadro de *Recuerda*.

NOTAS

8 Lee y relaciona.

a
Hola, me llamo Sara.
Me gusta mucho hacer gimnasia. Creo que es emocionante. Todos los días voy al polideportivo de cinco y media a siete de la tarde.
Los fines de semana me gusta ir al campo. Pienso que es divertido.
Mi hermana juega al tenis, pero yo creo que el tenis es aburrido.

b
Hola, me llamo Pedro.
La natación es mi deporte favorito. Voy a la piscina los lunes, miércoles y viernes.
También me gusta ir a la playa. Creo que nadar en la playa es emocionante.
No me gusta jugar a los videojuegos. Pienso que es muy aburrido.

c
Soy Ana.
Creo que ir al teatro es muy divertido. Voy mucho al teatro con mi amiga Patricia. Ella piensa que es emocionante. A ella también le gusta jugar al balonmano. A mí, no. Creo que es aburrido.

d
Mi nombre es Ignacio.
Bailar es ¡emocionante! Me gusta mucho. Después de hacer los deberes voy a bailar con mis amigos.
Bailamos *hip-hop* en el parque. Es divertido. No me gusta bailar *rock*. Creo que es aburrido.
Mi amigo Felipe prefiere hacer deporte. El tenis y el balonmano son sus deportes favoritos.

1 2 3 4

9 ¿Verdadero o falso?

1. El deporte favorito de Sara es el tenis. Cree que es emocionante.
2. La hermana de Sara piensa que el tenis es aburrido.
3. Pedro va a la piscina los fines de semana.
4. A Pedro le gusta la natación. Cree que nadar en la playa es divertido.
5. A Ana no le gusta jugar al balonmano.
6. Patricia piensa que el teatro es aburrido.
7. Los deportes favoritos de Felipe son el balonmano y el tenis.
8. A Ignacio le gusta bailar pop.

treinta y nueve 39

8. LEE Y RELACIONA.

- Atraiga la atención de los alumnos hacia los chicos de las fotografías. Pregúnteles qué están haciendo y cuáles creen que son sus actividades favoritas. Incítelos a dar sus opiniones sobre estas actividades.
- Explíqueles que van a leer unos textos en los que los niños de las fotos expresan sus gustos y preferencias para el tiempo libre, y que deben decir cuál corresponde a cada uno.
- Dé tiempo para una primera lectura individual de los cuatro textos y para que los comenten con el compañero.
- A continuación, lea usted el primer texto en voz alta y despacio. Pregunte a cuatro alumnos aleatoriamente a qué foto corresponde. Haga lo mismo con el resto de los textos.
- Durante el proceso recuerde a los alumnos que es muy importante intentar comprender por el contexto aquellas palabras y expresiones que no entiendan. Coménteles que *hip-hop*, *rock* y *pop* son estilos de música.
- Cuando haya terminado, aproveche los textos para practicar una lectura guiada: lea frase a frase y que los alumnos vayan repitiendo. Pídales que presten atención a las estructuras para expresar gustos y preferencias, y a cómo expresan sus opiniones.

RESPUESTA: a. 3, b. 4, c. 1, d. 2.

9. ¿VERDADERO O FALSO?

- Pida a distintos alumnos que lean las frases que aparecen en la actividad sobre los textos anteriores.
- Deles un tiempo para que decidan si son verdaderas o falsas.
- Pídales que corrijan, primero, por parejas y, luego, todo el grupo junto.

RESPUESTA: 1. F, 2. F, 3. F, 4. V, 5. V, 6. F, 7. V, 8. F.

ACTIVIDADES DE REFUERZO

- Escriba en la pizarra los adjetivos: *emocionante*, *divertido* y *aburrido*. Pida que vayan saliendo a la pizarra y escriban actividades que crean o piensen son así.
- Forme grupos de cuatro alumnos e invítelos a preparar tablas similares a la de la actividad 7, con sus opiniones sobre las diferentes actividades. Cuando hayan terminado, pueden utilizarlas para jugar, intercambiándolas con otros equipos.

ACTIVIDADES DE AMPLIACIÓN

- Pida a los alumnos que redacten un texto similar al de la actividad 8, expresando sus gustos y preferencias para el tiempo libre. Si lo desea, puede pedir que los escriban y lo cuelguen en la pizarra sin poner sus nombres. Los alumnos deben adivinar a quién pertenecen los textos.

COMPETENCIAS

Competencia en el conocimiento y la interacción con el mundo físico. Aproveche el tema para abordar los beneficios que la práctica deportiva tiene para la salud.

Competencia social y ciudadana. Al escuchar opiniones diferentes a las propias, relacionadas con las actividades lúdicas y deportivas, estamos favoreciendo la formación de ciudadanos con actitudes de respeto hacia los demás.

Competencia para aprender a aprender. A través de las actividades en las que se pueden expresar libremente, los alumnos toman conciencia de lo que saben y de lo que no, y se sitúan en el centro de su propio proceso de aprendizaje, del que deben ser los protagonistas. Al incitarlos a comprender a través del contexto, sin conocer todas las palabras, estamos favoreciendo la adquisición de esta competencia.

Para practicar la expresión de una opinión, puede realizar la actividad 16 del Tablero digital.

NOTAS

OBJETIVOS

» Adquirir las expresiones necesarias para mantener una conversación telefónica o para chatear, proponer una actividad y establecer una cita.
» Participar en diálogos simulando hablar con un amigo por teléfono para concertar una cita.
» Consolidar los contenidos aprendidos a lo largo de la unidad.

LENGUAJE

Vocabulario: *esta tarde, este fin de semana.*
Estructuras gramaticales: *¿Diga?; ¿Dígame?; ¿Está...?; ¿Qué haces...?; ¿Vamos a...?; ¿Quedamos...?; ¿A qué hora?; Venga, vale, de acuerdo; Lo siento, pero...*

COMPETENCIAS BÁSICAS

» Lingüística, cultural y artística, tratamiento de la información y competencia digital.

47 10. ESCUCHA Y REPITE.

» Para crear el contexto, entre en clase hablando, manteniendo una conversación por teléfono similar a la de esta actividad.

» Ponga la **proyección 11** en un lugar bien visible del aula. Explique que en esta sesión van a aprender las expresiones que necesitan para establecer una cita por teléfono con un amigo.

» Ponga la pista y pídales que escuchen con atención. A continuación, vuelva a ponerla y señale en la proyección las distintas intervenciones. Después de una tercera vez, dígales que repitan, primero en gran grupo y luego individualmente.

» Señale en la proyección las siguientes frases y explique sus usos. Añada las nuevas estructuras:

- Contestar al teléfono: *¿Diga? ¿Dígame?*
- Proponer un plan o una actividad: *¿Qué haces esta tarde? ¿Qué haces este fin de semana? ¿Vamos a...?*
- Preguntar por alguien: *¿Está...?*
- Establecer una cita: *¿Quedamos? ¿A qué hora? ¿Quedamos a las...?*

» Ponga a los niños en parejas e invítelos a practicar un diálogo similar, pero cambiando la actividad que van a hacer y la hora.

» Saque a varias parejas a representar el diálogo frente a los demás.

▶ ¿Diga?
▷ ¿Está Pepe?
▶ Sí, soy yo, Laura.
▷ Hola, Pepe. ¿Qué haces esta tarde?
▶ Vamos a la playa. ¿Quedamos?
▷ Venga, vale. ¡De acuerdo! ¿A qué hora?
▶ A las cuatro y media.
▷ Lo siento, pero no puedo a esa hora. ¿Quedamos a las cinco?
▶ Perfecto.

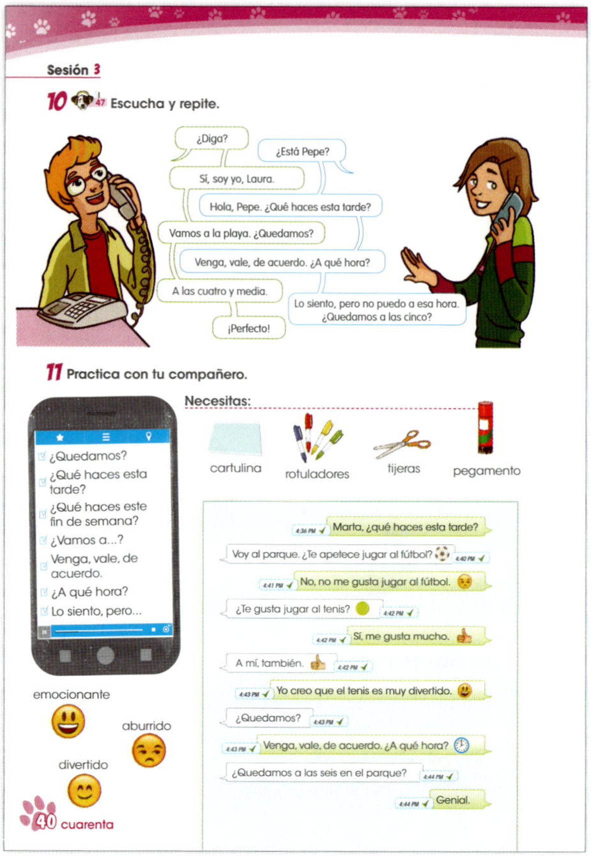

11. PRACTICA CON TU COMPAÑERO.

» Disponga todas las tarjetas de vocabulario con ilustraciones en la pizarra y repase el vocabulario de las actividades de tiempo libre.

» Pida un voluntario para leer con usted la conversación que aparece en la actividad: cada uno hará un papel. Preste especial atención a la entonación de las frases.

» Lleve preparados a la clase carteles con las estructuras gramaticales de la sesión y expóngalas en las paredes a medida que las va explicando con ejemplos. Haga que tomen conciencia de que esas mismas expresiones las tienen en la conversación de chat de la actividad. Pídales que se fijen en las frases que aparecen recogidas en el móvil.

» Cuando compruebe que saben usarlas, pídales que se pongan en parejas (evite que sean siempre las mismas), y que preparen una conversación similar a la de la actividad: dos amigos establecen una cita para una actividad de tiempo libre. Explíqueles lo que es un chat y sus diferencias con una conversación telefónica.

» A continuación, fabricarán móviles y escribirán las conversaciones en las pantallas. Invítelos a usar los emoticonos para expresar sus opiniones.

» Cuando hayan terminado, invite a todas las parejas a representar su conversación telefónica frente a los demás y a exponer sus móviles en las paredes del aula.

12. JUEGA A LA OCA CON TU COMPAÑERO.

» Pida a los chicos que observen detenidamente la ilustración y pregúnteles cómo creen que es el juego. Déjeles expresarse y ayúdelos a explicarlo. Deben tirar el dado por turnos e ir avanzando por el tablero, resolviendo las situaciones de las diferentes casillas. Gana el jugador que antes llegue a la oca final.

» Las casillas especiales son:

- **Casilla con una oca.** El jugador que caiga en una casilla con una oca, dirá: *De oca a oca y tiro porque me toca*, avanzará hasta la siguiente casilla con una oca y podrá tirar de nuevo el dado.
- **Casilla con la calavera.** El jugador que caiga en la casilla 16, deberá empezar de nuevo.
- **Casilla de la cárcel.** El jugador que caiga en la casilla 21, permanecerá dos turnos sin jugar.
- En las **casillas de situaciones**, el jugador va a:
  - Expresar la opinión de los chicos: casillas 2, 6, 10, 15, 17 y 27.
  - Expresar sus propias opiniones: casillas 7, 12, 13 y 19.
  - Practicar las expresiones de una conversación telefónica: 3, 8, 18, 22 y 24.
  - Reconocer actividades de tiempo libre y deportes: 4, 11, 23, 25, 28 y 29.

» El alumno que desconozca la expresión correspondiente, perderá un turno o retrocederá un puesto.

» Forme equipos de tres o cuatro jugadores. Recuerde la importancia de respetar las reglas de los juegos y de establecer un ambiente cordial: lo importante es divertirse y no, competir.

» Confirme que han comprendido lo que tienen que hacer, haciendo un par de tiradas de ejemplo.

» Acérquese a los distintos equipos durante el juego para observar directamente el proceso y resolver posibles dudas.

ACTIVIDADES DE REFUERZO

» Ponga a los alumnos en parejas y haga que dramaticen una situación en la que dos amigos contactan por teléfono para quedar.

» Pida a los alumnos que intercambien los móviles preparados en la actividad 11, y que lean las conversaciones frente a los demás.

ACTIVIDADES DE AMPLIACIÓN

» Invite a los chicos a buscar información en Internet sobre las actividades de tiempo libre favoritas de los personajes famosos que más les gusten. Pídales que elaboren una presentación sobre dichos personajes adaptada a su nivel de conocimientos.

COMPETENCIAS

Competencia en comunicación lingüística. La competencia para establecer una conversación telefónica o por chat es una muestra de la adquisición de la competencia comunicativa en una lengua, por sus características. No olvidemos que posee expresiones propias y que no cuenta con el apoyo de gestos y otros elementos de una conversación cara a cara.

Competencia cultural y artística. La utilización del juego en el proceso de enseñanza-aprendizaje aumenta las posibilidades de éxito, ya que contamos como punto de partida con la motivación inicial del niño hacia este. En el momento del juego, el niño es cuando se muestra más relajado y creativo.

Competencia en el tratamiento de la información y competencia digital. A través del uso de Internet los niños mejoran la capacidad de aprendizaje y se preparan para la sociedad de la información.

¡Hola, amigos!

Para practicar la conversación telefónica y establecer una cita, puede realizar las actividades 17 y 18 del Tablero digital.

NOTAS

PRESENTACIÓN

» Coloque el póster del cómic en un lugar visible para toda la clase y pida a sus alumnos que se tomen unos minutos para observar las distintas viñetas.

» Hágales preguntas sencillas sobre aspectos relacionados con la historia: *¿Dónde se desarrolla la historia? ¿Qué personajes aparecen? ¿Qué creen que hacen? ¿Qué ocurre?*

» Ponga la pista y pida a los niños que escuchen la historia a la vez que leen en sus libros.

» A continuación, haga una segunda escucha con pausas en cada viñeta. Haga preguntas de comprensión para asegurarse de que siguen el desarrollo de la historia.

» Elija varios niños para que lean las distintas viñetas.

» Con los libros cerrados, vuelva a trabajar sobre el póster, pidiéndoles que produzcan frases acerca de cada viñeta.

» Puede hacer una tercera audición opcional sobre el póster, a la vez que va señalando las viñetas sin texto.

» Para terminar, pídales que inventen un final diferente para la historia.

CUADERNO DE ACTIVIDADES

En el ***Cuaderno de actividades*** aparecen ejercicios para cada una de las tres sesiones. Conviene acudir a este cuaderno al finalizar cada sesión del *Libro del alumno*. Las actividades se pueden realizar en clase o en casa. Al finalizar las tres sesiones usted puede evaluar a los alumnos en el apartado *Mi progreso*, o que sean ellos mismos los que se evalúen. Puede descargar el solucionario del *Cuaderno de actividades* en la ELEteca.

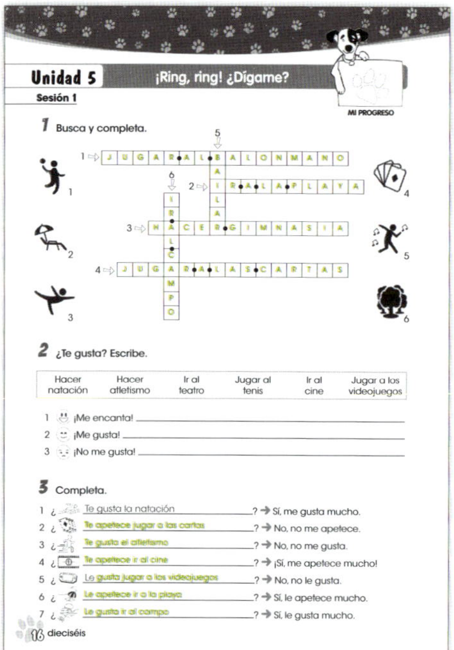

Unidad 5 ¡Ring, ring! ¿Dígame?

Sesión 1

MI PROGRESO

1 Busca y completa.

1 JUGAR AL BALONMANO
2 IR A LA PLAYA
3 HACER GIMNASIA
4 JUGAR A LAS CARTAS
5 BAILAR
6 IR AL CAMPO

2 ¿Te gusta? Escribe.

Hacer natación	Hacer atletismo	Ir al teatro	Jugar al tenis	Ir al cine	Jugar a los videojuegos

1 ¡Me encanta! ______
2 ¡Me gusta! ______
3 ¡No me gusta! ______

3 Completa.

1 ¿Te gusta la natación? → Sí, me gusta mucho.
2 ¿Te apetece jugar a las cartas? → No, no me apetece.
3 ¿Te gusta el atletismo? → No, no me gusta.
4 ¿Te apetece ir al cine? → ¡Sí, me apetece mucho!
5 ¿Le gusta jugar a los videojuegos? → No, no le gusta.
6 ¿Le apetece ir a la playa? → Sí, le apetece mucho.
7 ¿Le gusta ir al campo? → Sí, le gusta mucho.

16 dieciséis

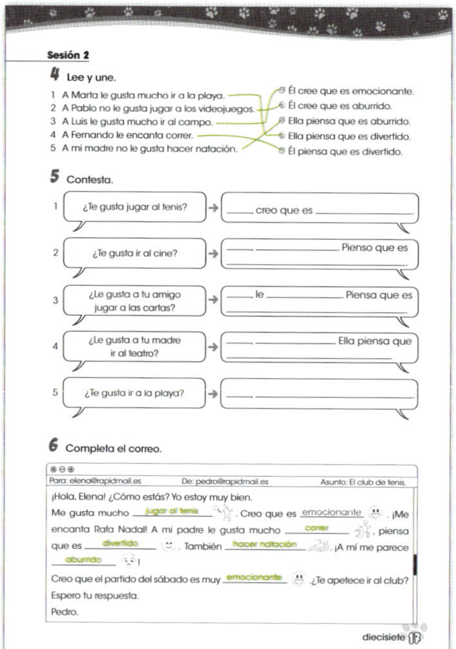

Sesión 2

4 Lee y une.

1 A Marta le gusta mucho ir a la playa.
2 A Pablo no le gusta jugar a los videojuegos.
3 A Luis le gusta mucho ir al campo.
4 A Fernando le encanta correr.
5 A mi madre no le gusta hacer natación.

Él cree que es emocionante.
Él cree que es aburrido.
Ella piensa que es aburrido.
Ella piensa que es divertido.
Él piensa que es divertido.

5 Contesta.

1 ¿Te gusta jugar al tenis? → ______, creo que es ______.
2 ¿Te gusta ir al cine? → ______, ______. Pienso que es ______.
3 ¿Le gusta a tu amigo jugar a las cartas? → ______, le ______. Piensa que es ______.
4 ¿Le gusta a tu madre ir al teatro? → ______, ______. Ella piensa que ______.
5 ¿Te gusta ir a la playa? → ______, ______.

6 Completa el correo.

Para: elena@rapidmail.es De: pedro@rapidmail.es Asunto: El club de tenis.

¡Hola, Elena! ¿Cómo estás? Yo estoy muy bien.
Me gusta mucho jugar al tenis. Creo que es emocionante. ¡Me encanta Rafa Nadal! A mi padre le gusta mucho correr, piensa que es divertido. También hacer natación. ¡A mí me parece aburrido!
Creo que el partido del sábado es muy emocionante. ¿Te apetece ir al club?
Espero tu respuesta.
Pedro.

diecisiete 17

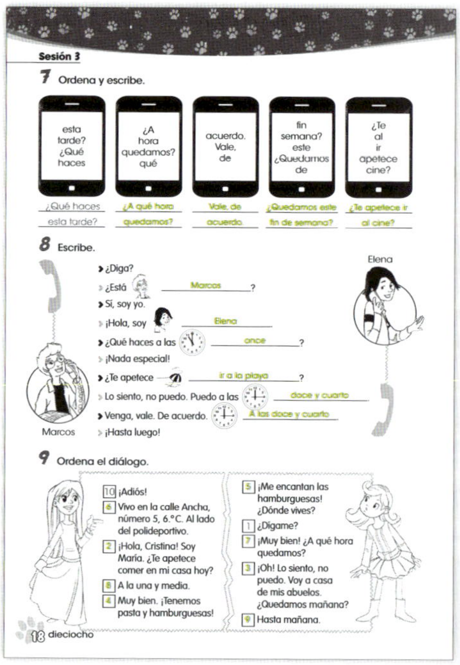

Sesión 3

7 Ordena y escribe.

esta tarde? ¿Qué haces — ¿Qué haces esta tarde?
¿A hora quedamos? qué — ¿A qué hora quedamos?
acuerdo. Vale, de — Vale, de acuerdo.
fin semana? este ¿Quedamos de — ¿Quedamos este fin de semana?
¿Te al ir apetece cine? — ¿Te apetece ir al cine?

8 Escribe.

Elena

› ¿Diga?
› ¿Está Marcos?
› Sí, soy yo.
› ¡Hola, soy Elena
› ¿Qué haces a las once?
› ¡Nada especial!
› ¿Te apetece ir a la playa?
› Lo siento, no puedo. Puedo a las doce y cuarto
› Venga, vale. De acuerdo. A las doce y cuarto
› ¡Hasta luego!

Marcos

9 Ordena el diálogo.

10 ¡Adiós!
6 Vivo en la calle Ancha, número 5, 6.°C. Al lado del polideportivo.
2 ¡Hola, Cristina! Soy María. ¿Te apetece comer en mi casa hoy?
8 A la una y media.
4 Muy bien. ¡Tenemos pasta y hamburguesas!
5 ¡Me encantan las hamburguesas! ¿Dónde vives?
1 ¿Dígame?
7 ¡Muy bien! ¿A qué hora quedamos?
3 ¡Oh! Lo siento, no puedo. Voy a casa de mis abuelos. ¿Quedamos mañana?
9 Hasta mañana.

18 dieciocho

ACTIVIDAD 14. LA AVENTURA: LA PRUEBA FINAL

Gustavo ve en la página web de la búsqueda del tesoro que su equipo va el segundo. Habla con Manuel y Valeria y quedan en encontrarse los cinco en el chat esa noche. Sin embargo, Tenoch no acude a la cita en el chat porque está enfermo. Al día siguiente, los cinco se encuentran en la cafetería y cuando están hablando, ven una nueva pista. Como no saben interpretarla, piden ayuda a Clopina. Tienen que ir al Planetario, donde trabaja el padre de Manuel. Cogen el metro hasta el Planetario. Allí, el padre de Manuel les indica que tienen que hablar con el profesor Tepalt. El profesor Tepalt les dice que la clave está en un jeroglífico maya. Claudia pasa la mano sobre el jeroglífico en relieve y descifra la clave. Los amigos ganan la búsqueda y su premio es un pequeño calendario azteca.

Después del visionado de la aventura, realice las siguientes preguntas.

1. ¿En qué posición va nuestro equipo?
2. ¿Quién llama por teléfono a Claudia?
3. ¿Dónde quedan los chicos? ¿A qué hora?
4. ¿Qué es «el gran ojo»?
5. ¿Quién trabaja en el Observatorio Copérnico?
6. ¿Quién es «el sabio»?
7. ¿Qué fecha es la solución del tesoro?
8. ¿Cuál es el tesoro?

GUION DE LA AVENTURA

Para leer el **Guion de la aventura**, vaya a la **página 112** o descárguelo del **CD-ROM**.

ACTIVIDAD 15. ¡ANDA, DALE!

Funciones	Vocabulario
• Entonación de frases para animar a alguien a hacer algo.	• Expresiones para animar a alguien a hacer algo.

ACTIVIDAD 16. ¿Y QUÉ CREES TÚ?

Funciones	Vocabulario
• Expresar una opinión. • Expresar la causa de algo.	• Verbos de opinión. • Conector de causa. • Estados físicos y de ánimo.

ACTIVIDAD 17. ¡AL TELÉFONO!

Funciones	Vocabulario
• Hablar por teléfono. • Establecer una cita.	• Léxico habitual en las conversaciones telefónicas. • Léxico relacionado con las citas.

ACTIVIDAD 18. ¿CÓMO QUEDAMOS?

Funciones	Vocabulario
• Proponer una actividad. • Aceptar y rechazar una propuesta.	• Actividades de ocio.

UNIDAD 6 Sesión 1

OBJETIVOS

» Entender y cantar una canción sobre animales.
» Describir animales salvajes.
» Mejorar la articulación de los fonemas y la fluidez verbal a través de un trabalenguas.

LENGUAJE

Vocabulario: *tigre, león, jirafa, elefante, camello, cocodrilo, ballena, delfín, ardilla, cigüeña, pingüino, cola, aletas, pluma, alas, joroba, pico, rayas, melena, colmillo, trompa, grande, pequeño/a, alto/a, bajo/a.*

Estructuras gramaticales: *Tiene...* + sustantivo; *Es...* + adjetivo.

COMPETENCIAS BÁSICAS

» Comunicación lingüística, conocimiento e interacción con el mundo físico, autonomía e iniciativa personal.

PRESENTACIÓN

» Salude a la clase y haga preguntas sobre qué les sugiere el título *Animales del mundo.* Pregúnteles sobre sus animales favoritos: *¿Cómo se llaman? ¿Dónde viven? ¿Qué características tienen?* Anote en la pizarra el vocabulario nuevo que vaya surgiendo.

» Como actividad inicial, anime a los alumnos a que se fijen en la ilustración. Dígales que Pablo y Carmen están estudiando los animales salvajes y dónde viven con un globo terráqueo. Repase otros animales que conocen de niveles anteriores, mediante una lluvia de ideas.

» Vaya mostrando las tarjetas de vocabulario con ilustraciones de todos los animales y colóquelas en la pizarra. Reparta las tarjetas de vocabulario con nombre entre los alumnos y pida que vayan pegándolas en la pizarra junto a su pareja. Escriba el artículo definido (*el/la*) junto a cada animal.

1. ESCUCHA Y CANTA.

» Con los libros abiertos, explíqueles que van a escuchar una canción sobre los animales. Puede aprovechar para hacer referencia a los continentes donde suelen vivir principalmente.

En Europa: la ardilla, la cigüeña y el delfín. En África: la cigüeña, el león, la jirafa, el cocodrilo y el camello. En Asia: el tigre, el elefante, el camello y el cocodrilo. En Oceanía: el cocodrilo. En América: la ballena, la ardilla y el delfín.

» Realice una primera audición para que los alumnos capten y se familiaricen con el ritmo de la canción. Pueden dar palmas, dar golpecitos en la mesa, dar chasquidos, tocar algún instrumento, etc.

» En otras escuchas, anime a los alumnos a participar cantando, a la vez que marcan el ritmo.

2. ESCUCHA E IDENTIFICA.

» Ponga la **proyección 12** en un lugar bien visible del aula. Invítelos a que observen detenidamente la proyección y pregúnteles qué animales recuerdan.

» Escriba en la pizarra sus nombres y las características de estos animales. Vaya nombrando una a una y pídales que las repitan. Use la mímica para explicar su significado.

» Ponga la pista y pida a los niños que repitan al mismo tiempo que observan la proyección.

» En una segunda escucha, pídales que señalen en sus libros los animales y sus características según vayan escuchando.

» Juegue con ellos al zoológico. Pida que los estudiantes se coloquen en un extremo del aula. Colóquese usted en el otro extremo de la clase y diga uno de estos animales. En ese momento los niños deben moverse hacia donde está usted caminando como lo haría ese animal mencionado. Si un niño se mueve de manera incorrecta, regresará de nuevo al extremo del aula. El alumno que llegue primero al otro lado de la sala, gana el juego.

► ¿Qué animal tiene trompa y colmillos?
▷ El elefante.
► ¡Bien!
▷ ¿Qué animal tiene pico, plumas y alas?
► La cigüeña.
▷ ¡Genial!

La ardilla tiene cola. El delfín tiene aletas. La cigüeña tiene pico, plumas y alas. El camello tiene joroba. El león tiene melena. El elefante tiene trompa y colmillos. El tigre tiene rayas. También tenemos el cocodrilo, la ballena, el pingüino y la jirafa.

Ahora, repite tú: ardilla, delfín, ballena, cigüeña, camello, jirafa, león, tigre, elefante, cocodrilo, pingüino, cola, aleta, pluma, ala, melena, joroba, pico, rayas, colmillo, trompa.

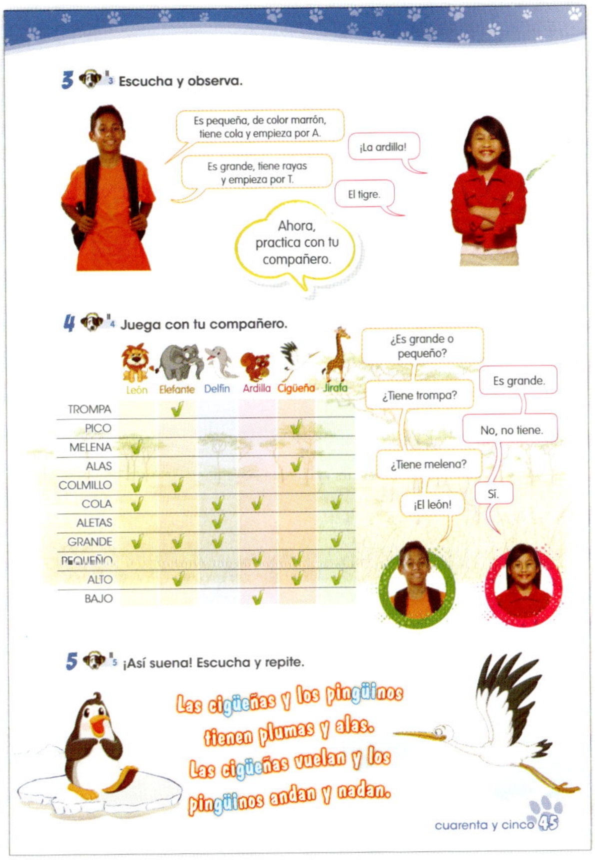

3. ESCUCHA Y OBSERVA.

» Dígales que van a escuchar a dos niños haciéndose preguntas para adivinar algunos animales según las características que poseen.

» Antes de comenzar, vuelva a la **proyección 12** y repase con ella los colores y el abecedario. A continuación, ponga la pista.

» Escriba en la pizarra el vocabulario para describir a los animales en dos grupos. En el lado izquierdo escriba: *Es...* y los adjetivos para describirlos (*grande, pequeño, alto, bajo*); y en lado derecho: *Tiene...* y las características de estos (*melena, trompa, pico, alas...*).

» En una segunda escucha, divida la clase en dos grupos y pida que repitan las distintas intervenciones.

▶ Es pequeña, de color marrón, tiene cola y empieza por A.
▷ ¡La ardilla!
▶ Es grande, tiene rayas y empieza por T.
▷ El tigre.

AHORA, PRACTICA CON TU COMPAÑERO.

» Invite a los alumnos a que practiquen este juego en parejas. Pasee por la clase y observe mientras lo hacen.

4. JUEGA CON TU COMPAÑERO.

» Explique a sus alumnos que van a jugar en parejas a otro juego de adivinanzas.

» Pídales que observen el cuadro detenidamente, donde aparecen las características de cada animal, y elija a dos voluntarios para que lean las intervenciones.

» Ponga la pista e invite a sus alumnos a repetir con usted.

» Invite a sus alumnos a ponerse en parejas libremente. Explique la dinámica del juego: un alumno piensa en un animal y debe escribirlo en un papel que no podrá ver su pareja. El compañero tiene que adivinar de qué animal se trata preguntándole por sus características.

Niño: ¿Es grande o pequeño?
Niña: Es grande.
Niña: ¿Tiene trompa?
Niño: No, no tiene.
Niña: ¿Tiene melena?
Niño: Sí.
Niña: ¡El león!

5. ¡ASÍ SUENA! ESCUCHA Y REPITE.

» Explique a los alumnos que van a aprender un trabalenguas en español.

» Escriba en la pizarra las palabras *cigüeña* y *pingüino*, y rodee las sílabas *güe, güi*. Indique que los dos puntos sobre la *u* significan que tiene que ser pronunciada. Compárelas con otras palabras (*guepardo, guitarra*), para que vean las diferencias.

» Ponga la pista y pida a los alumnos que la escuchen con atención. Luego, póngala por segunda vez e invítelos a que memoricen el trabalenguas.

Las cigüeñas y los pingüinos tienen plumas y alas.
Las cigüeñas vuelan y los pingüinos andan y nadan.

ACTIVIDADES DE REFUERZO

» Ponga las tarjetas de vocabulario con ilustraciones y con nombres bocabajo. Explique a sus alumnos que van a realizar un juego de memoria. Tienen que ir levantando por turnos dos tarjetas con la finalidad de encontrar parejas (ilustración-nombre).

» Pida a sus alumnos que dibujen un animal en una tarjeta y lo coloquen, con una cinta adhesiva, en la frente de su compañero. Dígales que solo podrán hacer preguntas que se respondan con *sí* o *no* para descubrir qué animal tienen.

ACTIVIDADES DE AMPLIACIÓN

» Proponga a sus alumnos que elaboren un mapamundi en una cartulina y sitúen en cada continente los animales junto con una pequeña descripción de cada uno de ellos.

COMPETENCIAS

Competencia en comunicación lingüística. Los intercambios comunicativos que se proponen favorecen la adquisición de esta competencia.

Competencia en el conocimiento y la interacción con el mundo físico. El conocimiento del mundo animal influye en la creación de una conciencia de respeto medioambiental.

Competencia en autonomía e iniciativa personal. La participación en juegos implica unas estrategias (respeto de reglas, saber perder...) que les ayudan en la construcción de una personalidad en la que la capacidad para resolver situaciones de forma autónoma se desarrolle convenientemente.

Sesión 2

OBJETIVOS

- Practicar el vocabulario en el contexto de un diálogo.
- Describir acciones que están ocurriendo en el presente.
- Usar las formas de *estar* + gerundio en tercera persona del singular y del plural.
- Extraer información de un texto relacionado con el tema desarrollado.

LENGUAJE

Vocabulario: *bebiendo, andando, saltando, volando, nadando, corriendo, comiendo, rápido/a, simpático/a, nueces, reptil, dientes afilados, inteligente, sabana.*
Estructuras gramaticales: *¿Qué está/están haciendo?; Él/Ella está... / Ellos/Ellas están...* + gerundio.

COMPETENCIAS BÁSICAS

- Social y ciudadana, aprender a aprender, comunicación lingüística.

6. ESCUCHA Y SEÑALA.

- Diga a los alumnos que el chico está mirando en su Tablet una web sobre animales. Pídales que observen las distintas escenas de animales y que hablen sobre ella: *¿Qué animales aparecen? ¿Dónde están? ¿Qué están haciendo?* Anímelos a que se expresen libremente.
- Explíqueles que van a aprender a hablar de acciones que están ocurriendo en este momento. Ponga algunos ejemplos: pida a un niño que camine por la clase, y diga: *Él/Ella está andando.* Pida a otros dos que salten y diga: *Ellos/Ellas están saltando.*
- Escriba en un lugar bien visible de la pizarra la estructura que va a presentar: *Él/Ella está..., Ellos/Ellas están...* Coloque a la derecha las tarjetas de vocabulario con ilustraciones y con nombres de los verbos en gerundio. Realice algunas frases para explicar la estructura haciendo hincapié en la diferencia entre el singular y el plural.
- Ponga la pista y pida a los chicos que señalen en su libro al tiempo que van escuchando.
- Ponga la pista por segunda vez, y dele a pausa después de cada intervención, para que los niños repitan y, a la vez, representen con mímica las diferentes acciones.
- A continuación, para asegurarse de que lo han comprendido, haga una actividad de respuesta física ante estímulo oral: diga frases y pida que las dramaticen y viceversa.
- Por último, haga referencia al recuadro *Recuerda* si es necesario.

¿Qué está haciendo el elefante? Está comiendo.
¿Qué están haciendo los delfines? Están saltando.
¿Qué está haciendo la ballena? Está nadando.
¿Qué están haciendo las cigüeñas? Están volando.
¿Qué está haciendo el camello? Está andando.
¿Qué están haciendo las jirafas? Están bebiendo.
¿Qué está haciendo el tigre? Está corriendo.
Ahora, repite tú: ¿Qué está haciendo?, ¿Qué están haciendo?, está andando, está nadando, está corriendo, está comiendo, están bebiendo, están saltando, están volando.

7. OBSERVA Y PRACTICA CON TU COMPAÑERO.

- Con los libros abiertos, anime a los alumnos a observar las ilustraciones durante unos minutos y a pensar qué están haciendo.
- Elija a dos voluntarios para que lean las intervenciones. Seguidamente haga otra pregunta a la clase: *¿Qué están haciendo los elefantes?*
- Divida la clase en parejas y pídales que continúen con el resto de ilustraciones. Pasee por la clase para comprobar que lo están haciendo correctamente.

COMPETENCIAS

Competencia social y ciudadana. En una sociedad en la que continuamente tenemos noticias de deterioro medioambiental, nos vemos obligado a usar todos los recursos en nuestras manos para formar ciudadanos que tengan conciencia de su obligación con el medioambiente, que es, sin duda, una de las facetas en las que debemos mostrar nuestra responsabilidad social.

Aprender a aprender. El trabajo sobre textos en la lengua meta implica que el niño utilice estrategias de comprensión a través del contexto que favorecen el desarrollo de esta competencia.

Competencia en comunicación lingüística. Con el tema de los animales estamos favoreciendo que el niño transfiera sus conocimientos y experiencias previos al aprendizaje de la lengua meta. Al mismo tiempo, con la información relacionada con el mundo animal, que le damos en la lengua meta, implicamos el uso de estrategias de relación de conocimientos entre ambas lenguas.

8 Lee y aprende.

¿SABÍAS QUE...?

LA ARDILLA

Su cuerpo mide entre 19 y 24 centímetros y la cola de 15 a 20. Vive en los cinco continentes y es un animal muy simpático. Es normal verla en parques y es muy rápida. En la foto está comiendo nueces. ¡Es muy rápida comiendo también!

nueces

EL COCODRILO

Es un reptil. Vive en África, en Asia, en América y en Australia. Come peces y otros animales. Los dientes de un cocodrilo son muy afilados. Nada muy bien. Es un animal muy inteligente. ¡El cocodrilo del Nilo mide 5 metros! En la foto, los cocodrilos están nadando.

dientes afilados

EL LEÓN

Vive en África, en Europa, en Irán y en la India. Tiene el pelo amarillo y rojo. Su cabeza es grande y tiene dientes y uñas fuertes. El león tiene una gran melena, pero la leona no. Vive hasta los 15 años. ¡Come entre 5 y 7 kilos de carne cada día! En la foto, el león está andando por la sabana.

sabana

9 Ahora, responde.

1. ¿Dónde viven las ardillas?
2. ¿Qué comen las ardillas?
3. ¿Hay cocodrilos en Europa?
4. ¿Cómo son los dientes de los cocodrilos?
5. ¿Las leonas tienen melena?
6. ¿Cuántos kilos de carne comen los leones?

cuarenta y siete 47

8. LEE Y APRENDE.

» Para empezar, diga a sus alumnos que van a leer unos textos con información interesante sobre algunos animales. Pida que observen las fotografías y pregunte qué saben de dichos animales. Déjelos que se expresen libremente.

» Invítelos a leer los textos individualmente y a comentar con un compañero sobre lo leído. Ponga atención en las palabras nuevas que aparecen con las imágenes: *nueces*, *dientes afilados* y *sabana*.

» A continuación, lea el texto sobre la ardilla en voz alta y asegúrese de que siguen la lectura. Para comprobar que lo han entendido haga algunas preguntas de comprensión: *¿Cómo es el animal? ¿Dónde vive?*, etc. Proceda de igual manera con el resto de los textos.

» Para terminar, pida voluntarios para leer los textos en voz alta. Deberá crear un ambiente de confianza para que no tengan miedo a la lectura en español.

9. AHORA, RESPONDE.

» Pida a los alumnos que lean las preguntas sobre los animales individualmente y deje tiempo para que piensen en las respuestas.

» A continuación, elija a un alumno para que lea la pregunta y diga cuál de sus compañeros dará la respuesta. Continúe de este modo con todas las preguntas.

» Si lo considera oportuno, continúe haciendo más preguntas, como por ejemplo: *¿Cuántos años vive un león? ¿Dónde viven los cocodrilos? ¿Cuánto miden las ardillas? ¿Y los cocodrilos del Nilo? ¿Qué están haciendo los cocodrilos de la imagen?*, etc. Vaya corrigiendo oralmente.

» Para concluir, anímelos a que les cuenten a sus compañeros cuál de los tres animales les gusta más y por qué.

RESPUESTA:

1. Las ardillas viven en los parques y en los cinco continentes.
2. Las ardillas comen nueces.
3. No, los cocodrilos viven en África, Asia, América y Australia.
4. Los dientes de los cocodrilos son muy afilados.
5. Las leonas no tienen melena, solo los leones.
6. Comen entre 5 y 7 kilos de carne cada día.

»

ACTIVIDADES DE REFUERZO

» Explique a los niños que van a crear un minidiccionario. Reparta folios o cartulinas de colores a cada uno de ellos y pídales que los dividan en cuatro partes. Anímelos a dibujar cuatro animales y sus características con el vocabulario de la unidad. Pídales que escriban sus nombres y que los ordenen alfabéticamente. Por último, taládrelos y únalos con una cinta o lazo. Pueden ir ampliando este minidiccionario con el vocabulario de otras unidades y hacer así un diccionario temático.

» Lleve a clase algunas revistas de animales y vaya mostrándoles las páginas interiores al mismo tiempo que les va haciendo preguntas como: *¿Qué animal es? ¿Qué está haciendo?...*

ACTIVIDADES DE AMPLIACIÓN

» Pida a los alumnos que elaboren, en parejas, fichas con los datos principales de los animales de la unidad: *¿Dónde viven? ¿Qué comen? ¿Vuelan? ¿Cuánto miden?...* Anímelos a que dibujen un plano de un zoo, y que vayan pegando las fichas con los datos junto a un dibujo del animal en distintos lugares del plano. Expóngalos en el aula.

» Para practicar la estructura *estar* + gerundio con verbos de unidades anteriores, propóngales un juego de mímica. Pida un voluntario y dígale que haga una acción, como por ejemplo: *ducharse, jugar al tenis...* El resto de la clase tiene que adivinar qué está haciendo. Elija en alguna ocasión a dos alumnos para practicar la tercera persona del plural.

¡Hola, amigos!

Para practicar sobre la vida de otros animales, puede realizar la actividad 21 del Tablero digital.

NOTAS

Sesión 3

OBJETIVOS

- » Aprender el vocabulario sobre adjetivos que se pueden atribuir a los animales.
- » Conocer algunos animales en peligro de extinción.
- » Aprender a expresar gustos y preferencias usando las oraciones causales.
- » Consolidar los contenidos aprendidos a lo largo de la unidad.
- » Aplicar los contenidos adquiridos a la comprensión de una rima.

LENGUAJE

Vocabulario: *fuerte, débil, rápido/a, lento/a, largo/a, conejo, manchas.*

Estructuras gramaticales: *Me gusta porque es... ; No me gusta porque es...*

COMPETENCIAS BÁSICAS

- » Conocimiento e interacción con el mundo físico, social y ciudadana, cultural y artística.

7 10. ESCUCHA Y REPITE.

- Ponga la **proyección 13** en un lugar bien visible del aula.
- Pregunte el nombre de las dos chicas que están mirando un libro sobre animales y pida que lean individualmente la conversación que ambas mantienen. Acláreles que están dando su opinión sobre los distintos animales.
- Atraiga la atención hacia los adjetivos que acompañan a cada animal. Dígalos en voz alta y, con mímica, aclare su significado.
- Ponga la pista y vaya señalando en la proyección a medida que se escuchan los adjetivos. Ponga la pista de nuevo y haga que repitan.
- Distribuya la clase en dos o varios grupos y anímelos a representar un adjetivo mediante mímica. El otro grupo deberá adivinar cuál es. Haga lo mismo con los demás adjetivos.
- Finalmente, diga aleatoriamente los nombres de los animales estudiados en la unidad y pídales que digan el adjetivo que mejor les viene a cada uno. Preste especial atención a la utilización correcta del género de los adjetivos.

María: Me gusta mucho el tigre.
Lucía: ¿Por qué?
María: Me gusta porque es rápido.
Lucía: A mí me encanta la jirafa porque es alta. No me gusta el camello porque es lento.
María: A mí no me gusta la ardilla porque es pequeña y débil.

11. PRACTICA CON TU COMPAÑERO.

- Diga a los alumnos que van a utilizar los adjetivos que se han presentado anteriormente para expresar su opinión o preferencia. Recuérdeles también el adjetivo *largo.*
- Pegue las tarjetas de vocabulario con los adjetivos en la parte derecha de la pizarra. Escriba en la parte izquierda de la pizarra: *Me gusta... porque es.../ No me gusta... porque es...*

- Haga la pregunta oralmente al grupo clase: *¿Te gusta el león?* Elija un alumno para que dé la respuesta con los adjetivos que tiene en la parte derecha de la pizarra: *Me gusta el león porque es fuerte.* Haga que varios alumnos den su respuesta.

AHORA, PREGUNTA A TU COMPAÑERO.

- Distribuya la clase en parejas y explíqueles que van a hacer lo mismo con el resto de palabras.
- Puede hacer una versión del juego "Los disparates", que puedes encontrar en *Nuestros juegos.*

COMPETENCIAS

Competencia en el conocimiento y la interacción con el mundo físico. La reflexión crítica sobre los animales en peligro de extinción favorece la conciencia de respeto por la diversidad natural y el cuidado del medioambiente.

Competencia social y ciudadana. Los intercambios comunicativos en los que los niños deben expresar sus gustos y preferencias favorecen el desarrollo de esta competencia, porque implican el respeto por gustos diferentes a los propios.

Competencia cultural y artística. Aproveche la comprensión de la rima para desarrollar la capacidad creativa del niño. Al mismo tiempo, puede dar pinceladas culturales sobre la autora de dicha rima.

12 Lee y ¡crea tu póster!

Necesitas:

cartulinas

lápices de colores

tijeras

pegamento

fotos

El lince ibérico. ¡Naya gatito!

El lince es de la familia de los gatos, tigres, leones, etc.

Tiene los colmillos muy grandes y come otros animales. Su comida favorita es el conejo. Ve muy bien de día y de noche. Es muy rápido, y siempre está corriendo y saltando. Tiene las patas largas y la cola corta. Tiene el pelo marrón claro, con manchas negras.

Los pequeños van con su madre y después viven solos. Su casa se llama *madriguera*.

No le gusta el calor. En verano duerme de día y sale de noche.

Vive en zonas de España y Portugal, pero hay muy pocos. ¡Están en peligro de extinción!

lince

conejo

madriguera

13 8 Escucha y lee. Luego, dibuja.

CÓMO SE DIBUJA UN ELEFANTE

¡VAMOS A EMPEZAR!
EL ELEFANTE
ES MUY INTERESANTE
PARA DIBUJAR.
SU CUERPO ES GRANDE COMO
UN CAMIÓN;
GRANDES LAS PATAS Y
OREJAS,
CUATRO PELOS EN LAS CEJAS.
LA TROMPA, ¡QUÉ TROMPAZO!
GRANDES COLMILLOS,
COMO CUCHILLOS.
TODO ES GRANDE,
SOLO TIENE PEQUEÑOS
LOS OJOS Y EL RABO.

EL ELEFANTE
ELEGANTE,
MÚSICO
BRILLANTE,
TOCA LA TROMPA
AL INSTANTE.

EL ELEGANTE ELEFANTE,
LENTO,
YA ESTÁ DIBUJADO.
¡SOLO LE FALTA QUE CANTE!
¡EL ELEFANTE!

(Texto adaptado de GLORIA FUERTES)

cuarenta y nueve 49

12. LEE Y ¡CREA TU PÓSTER!

» Explique a los alumnos que van a leer un texto sobre un animal en peligro de extinción, el lince ibérico. Pregunte si conocen a este animal y hábleles sobre el concepto: *en peligro de extinción*.

» Pida a los chicos que hagan una primera lectura individual. A continuación, haga una lectura pausada y expresiva del texto completo.

» Posteriormente, elija a varios alumnos para que lo lean en voz alta. Anime a los chicos a que pregunten lo que no hayan entendido, por ejemplo: *manchas, conejo* o *madriguera*.

» Haga las siguientes preguntas de comprensión sobre el texto: *¿Cómo se llama este animal? ¿Cuáles son sus características? ¿Cómo son sus patas, su pelo,...? ¿Tiene cola, colmillos...? ¿Tiene...? ¿Es...?*

» Pregunte si conocen algún animal en peligro de extinción en su país y pídales que creen un póster de ese animal siguiendo la misma estructura. Para que la actividad esté más elaborada, pídales que traigan información y fotos de sus casas o, si el centro dispone de ordenadores, que la busquen en la red.

» Paséese por el aula por si necesitan su ayuda y, una vez que hayan terminado los pósteres, haga una exposición con ellos.

8 13. ESCUCHA Y LEE. LUEGO, DIBUJA.

» Presente a los alumnos esta actividad diciéndoles que van a disfrutar escuchando y trabajando con un poema de una escritora española llamada Gloria Fuertes. Recuerde que el colegio de los protagonistas del libro se llama Gloria Fuertes, en honor a ella.

» Con los libros cerrados, ponga la pista y pídales a los alumnos que cierren los ojos, para que se imaginen al elefante y se familiaricen con el ritmo. Pida a los alumnos que abran los libros y observen el dibujo que se ha imaginado un alumno. ¿Coinciden con su dibujo mental?

» En una segunda escucha, anímelos a que sigan la lectura. Asegúrese de que la han entendido haciéndoles algunas preguntas de comprensión. Acláreles algunas dudas de vocabulario, como: *camión, rabo* o *brillante*. Ponga la pista por tercera vez, haciendo las pausas necesarias para que repitan.

» Reparta un folio en blanco a cada alumno. Explíqueles que ahora, con el libro abierto, tienen que dibujar un elefante con las características que se mencionan en la poesía. Deje a los alumnos tiempo suficiente para colorear. Finalmente, recoja los dibujos y haga una exposición en un corcho con todos los trabajos de los alumnos.

Cómo se dibuja un elefante.
¡Vamos a empezar! El elefante es muy interesante para dibujar. Su cuerpo es grande como un camión; grandes las patas y orejas, cuatro pelos en las cejas. La trompa, ¡qué trompazo! Grandes colmillos, como cuchillos. Todo es grande, solo tiene pequeños los ojos y el rabo. El elefante elegante, músico brillante, toca la trompa al instante. El elegante elefante, lento, ya está dibujado. ¡Solo le falta que cante! ¡El elefante!

ACTIVIDADES DE REFUERZO

» Invite a los alumnos a que dibujen distintas parejas de animales con sus adjetivos y sus contrarios.

» Diga a sus alumnos que, en parejas, busquen palabras de la unidad que empiecen por *t* (tigre, trompa, etc.), por *c* (camello, corriendo, cocodrilo, etc.) u otras letras, y que las anoten en sus cuadernos.

ACTIVIDADES DE AMPLIACIÓN

» Diga a los alumnos que elaboren un póster para la clase con emoticonos de *Me gusta* y *No me gusta*. Pida que escriban debajo de cada emoticono las frases que han estado practicando en el ejercicio 11: *Me gusta/No me gusta... porque...*

» Pida a los alumnos que realicen un mural con fotografías y las características de su mascota. A continuación, dígales que cuenten a sus compañeros cómo se llama, cuál es su hábitat, qué características tienen, cómo lo cuidan y qué come.

» Invite a aprender el poema y a crear uno similar con otro animal.

¡Hola, amigos!

Para conocer otros animales en peligro de extinción, puede realizar la actividad 20 del Tablero digital.

PRESENTACIÓN

» Coloque el póster del cómic en un lugar visible para toda la clase y pida a sus alumnos que se tomen unos minutos para observar las distintas viñetas.

» Hágales preguntas sencillas sobre aspectos relacionados con la historia: *¿Dónde se desarrolla la historia? ¿Qué personajes aparecen? ¿Qué creen que hacen? ¿Qué ocurre?*

» Con los libros cerrados, trabaje sobre el póster. Invítelos a hacer grupos de cuatro o cinco alumnos y anímelos a inventar libremente la historia del cómic.

» Elija un grupo de voluntarios para contar su historia apoyándose en el póster.

» Ponga la pista y pida a los niños que escuchen la historia a la vez que leen en sus libros.

» A continuación, haga una segunda escucha con pausas en cada viñeta. Haga preguntas de comprensión para asegurarse de que siguen el desarrollo de la historia.

» Prepare una dramatización del cómic. Elija a varios niños para que lean las distintas viñetas y a otros tantos para ir representándolas.

CUADERNO DE ACTIVIDADES

En el ***Cuaderno de actividades*** aparecen ejercicios para cada una de las tres sesiones. Conviene acudir a este cuaderno al finalizar cada sesión del *Libro del alumno*. Las actividades se pueden realizar en clase o en casa. Al finalizar las tres sesiones usted puede evaluar a los alumnos en el apartado *Mi progreso*, o que sean ellos mismos los que se evalúen. Puede descargar el solucionario del *Cuaderno de actividades* en la ELEteca.

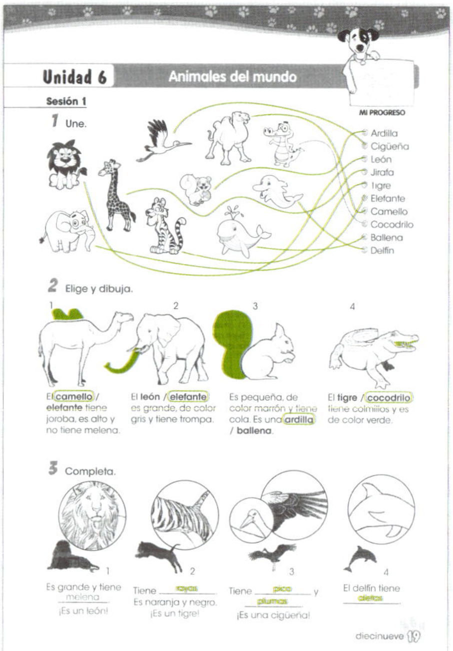

Unidad 6 Animales del mundo

Sesión 1

MI PROGRESO

1 Une.

Ardilla, Cigüeña, León, Jirafa, Tigre, Elefante, Camello, Cocodrilo, Ballena, Delfín

2 Elige y dibuja.

1. El camello / elefante tiene joroba, es alto y no tiene melena.
2. El león / elefante es grande, de color gris y tiene trompa.
3. Es pequeña, de color marrón y tiene cola. Es una ardilla / ballena.
4. El tigre / cocodrilo tiene colmillos y es de color verde.

3 Completa.

1. Es grande y tiene melena. ¡Es un león!
2. Tiene rayas. Es naranja y negro. ¡Es un tigre!
3. Tiene pico y plumas. ¡Es una cigüeña!
4. El delfín tiene aletas.

diecinueve 19

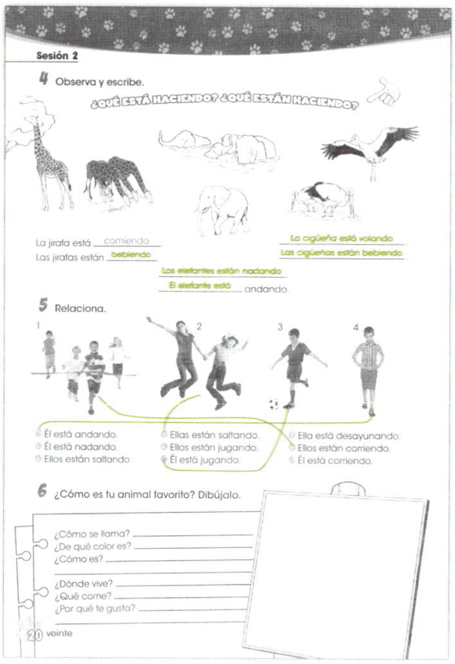

Sesión 2

4 Observa y escribe.

¿QUÉ ESTÁ HACIENDO? ¿QUÉ ESTÁN HACIENDO?

La jirafa está comiendo.
Las jirafas están bebiendo.
Los elefantes están nadando.
El elefante está andando.
La cigüeña está volando.
Las cigüeñas están bebiendo.

5 Relaciona.

Él está andando. / Él está nadando. / Ellos están saltando.
Ellas están saltando. / Ellos están jugando. / Él está jugando.
Ella está desayunando. / Ellos están corriendo. / Él está corriendo.

6 ¿Cómo es tu animal favorito? Dibújalo.

¿Cómo se llama?
¿De qué color es?
¿Cómo es?
¿Dónde vive?
¿Qué come?
¿Por qué te gusta?

20 veinte

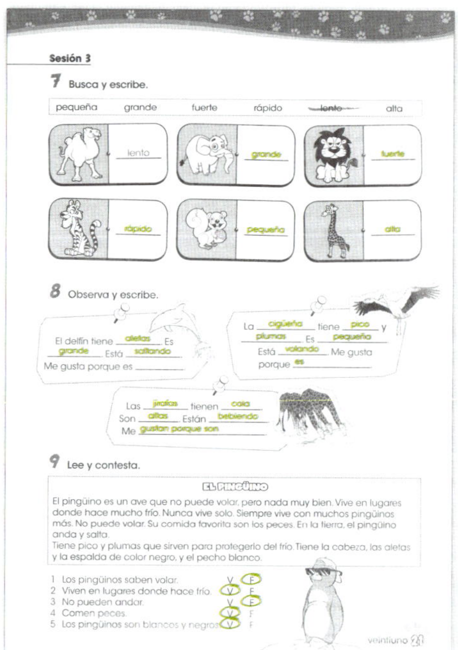

Sesión 3

7 Busca y escribe.

pequeña — grande — fuerte — rápido — ~~lento~~ — alta

lento / grande / fuerte / rápido / pequeña / alta

8 Observa y escribe.

El delfín tiene aletas. Es grande. Está saltando. Me gusta porque es

La cigüeña tiene pico y plumas. Es pequeña. Está volando. Me gusta porque es

Las jirafas tienen cola. Son altas. Están bebiendo. Me gustan porque son

9 Lee y contesta.

EL PINGÜINO

El pingüino es un ave que no puede volar, pero nada muy bien. Vive en lugares donde hace mucho frío. Nunca vive solo. Siempre vive con muchos pingüinos más. No puede volar. Su comida favorita son los peces. En la tierra, el pingüino anda y salta.
Tiene pico y plumas que sirven para protegerlo del frío. Tiene la cabeza, las aletas y la espalda de color negro, y el pecho blanco.

1. Los pingüinos saben volar. V F
2. Viven en lugares donde hace frío. V F
3. No pueden andar. V F
4. Comen peces. V F
5. Los pingüinos son blancos y negros. V F

veintiuno 21

ACTIVIDAD 19. LA AVENTURA: UNA EXCURSIÓN

Los amigos ven un cartel que anuncia una excursión al Parque Nacional de Ordesa, y comentan que les gusta el campo y los animales. Cada uno habla de los animales que tiene en casa. A continuación, vemos a los amigos en el autobús que les lleva de excursión, donde el guía les habla de los animales que hay en Ordesa: águilas, jabalíes, osos..., y les explica que los osos pardos son animales en peligro de extinción. Ya en el parque, los chicos hablan de los sitios que quieren visitar en el futuro, y cada uno comenta su viaje soñado. Por la noche ven una marmota y Gustavo les explica qué comen, dónde viven y cómo son.

Después del visionado de la aventura, realice las siguientes preguntas.

1 ¿Qué animales tiene Gustavo en casa?
2 ¿Dónde van a ir los chicos?
3 ¿Quién tiene que pedirle permiso a sus padres?
4 ¿Qué es lo primero que van a hacer en el parque?
5 ¿Qué animales viven en esa zona?
6 ¿A qué lugar le gustaría ir a Gustavo?
7 ¿Qué animal escuchan por la noche?
8 ¿Qué características tiene ese animal?

GUION DE LA AVENTURA

Para leer el **Guion de la aventura**, vaya a la **página 118** o descárguelo del **CD-ROM**.

ACTIVIDAD 20. ANIMALES EN PELIGRO

Funciones	Vocabulario
• Informar sobre la vida de animales.	• Rasgos descriptivos de un animal. • Accidentes geográficos. • Verbos para la descripción de animales. • Adjetivos de carácter. • Alimentos de animales.

Cultura
• El oso pardo de España.

ACTIVIDAD 21. ¿QUÉ SABES SOBRE EL PARQUE DE DOÑANA?

Funciones	Vocabulario
• Preguntar e informar sobre la vida de los animales. • Preguntar por conocimientos.	• Léxico relacionado con la morfología, hábitat y costumbres de animales. • Clases de animales. • Léxico relacionado con el medioambiente y su cuidado o deterioro.

Cultura
• El Parque Nacional de Doñana (España).

UNIDAD 7 Sesión 1

OBJETIVOS

» Aprender el vocabulario relacionado con el reciclaje.
» Reconocer y usar el léxico y las estructuras relacionados con el comportamiento responsable con el medioambiente.
» Tomar conciencia de que la letra *h* no tiene ningún sonido.

LENGUAJE

Vocabulario: *bolsas, botellas, cajas, envases, periódicos, latas, vidrio, papel, plástico, contenedor amarillo, contenedor verde, contenedor azul, basura, reciclar, apagar la luz, cerrar el grifo, ahorrar agua, ahorrar energía.*
Estructuras gramaticales: el imperativo afirmativo y negativo: *recicla, no tires, apaga, cierra, ahorra*; el presente de indicativo de los verbos: *reciclar, apagar, cerrar, tirar, ahorrar.*

COMPETENCIAS BÁSICAS

» Comunicación lingüística, aprender a aprender, social y ciudadana.

PRESENTACIÓN

» Salude a la clase: *¡Hola, buenos días! ¿Qué tal? ¿Cómo estáis?* Diríjase a varios alumnos y establezca un pequeño diálogo con ellos como rompehielos inicial: *Hola, Matthew, ¿cómo te sientes hoy? ¿Cómo va tu español? ¿Qué día es hoy? ¿Qué tiempo hace?*

» Explique que esta unidad está dedicada a conocer cómo expresar en español las actividades que debemos llevar a cabo para ser respetuosos con el medioambiente.

» Como motivación inicial, haga un sondeo sobre los hábitos de reciclaje que practican en sus casas. Presente los tres contenedores, sus colores y pregúnteles: *¿Qué basura recicláis en cada uno de ellos?* Anote sus respuestas en la pizarra.

10 1. ESCUCHA Y CANTA.

» Con los libros abiertos, explíqueles que van a escuchar una canción en la que aparecen objetos que podemos reciclar y los lugares donde debemos colocarlos.

» Realice una primera audición para que los alumnos capten y se familiaricen con el ritmo de la canción.

» Ponga la pista una segunda vez y pida a sus alumnos que canten. Repita la canción hasta que los niños se sientan cómodos cantándola. Entonces, divida la clase en grupos y pídales que cada grupo cante una estrofa.

11 2. ESCUCHA E IDENTIFICA.

» Al comienzo de la actividad, ponga la **proyección 14** en un lugar bien visible del aula.

» Pídales que observen la escena que se desarrolla en ella. Diríja la atención hacia Pablo y Tomás. Aclare que también aparecen los padres de Pablo. Invítelos a comentar la escena con un compañero.

» Ponga la pista y dígales que observen la proyección mientras la escuchan y que señalen a los personajes.

» Ponga la pista una segunda vez y dígales que lean el diálogo en sus libros y que señalen las palabras que van escuchando.

» Pegue las tarjetas de vocabulario con ilustraciones en la pizarra. Explique los conceptos: *cerrar el grifo para ahorrar agua* y *apagar la luz para ahorrar energía*. Tras una tercera escucha, dígales que repitan las palabras a la vez que señalan la tarjeta adecuada.

» Lleve preparados tres contenedores grandes de cartulina (azul, amarillo y verde) y colóquelos en un lugar visible. Entregue aleatoriamente tarjetas de vocabulario con ilustraciones a los niños y dígales que deben pegarlas en el contenedor adecuado. Por último, reparta las tarjetas con nombres entre los alumnos y dígales que se levanten y las asocien con las tarjetas de ilustraciones.

▷ No, Tomás, no tires ahí la lata.
► En casa reciclamos las latas, las botellas y los periódicos.
▷ Tenemos tres contenedores: amarillo para el plástico, verde para el vidrio y azul para el papel.
► Cerramos los grifos para ahorrar agua y apagamos la luz para ahorrar energía.
► ¡Nosotros reciclamos! ¿Y tú?

Bolsas, apagar la luz, ahorrar energía, reciclar, basura, vidrio, papel, envases, periódicos, plástico, botellas, cajas, latas, ahorrar agua, cerrar el grifo, contenedor amarillo, contenedor verde, contenedor azul.

Ahora, repite tú: apagar la luz, ahorrar energía, cerrar el grifo, ahorrar agua, reciclar, basura, contenedor amarillo, bolsas, plástico, envases, latas, contenedor verde, vidrio, botellas, contenedor azul, periódicos, papel, cajas.

3. ESCUCHA Y RELACIONA. LUEGO, REPITE.

- Pida a los chicos que observen las imágenes y que digan todas aquellas palabras que reconozcan en ellas. Lea en voz alta la pregunta: *¿Qué hacen?* Explique que van a escuchar las respuestas a esa pregunta y que deben decir a qué imagen corresponden.
- Ponga la pista completa una vez para que adquieran una idea global y, a continuación, póngala una segunda vez parando después de cada intervención.
- Deje un minuto para comentar con el compañero y pregunte a cuatro o cinco alumnos a qué imagen corresponde. Repita el proceso con las seis situaciones.
- Para terminar, ponga de nuevo la pista para reforzar la comprensión.

¿Qué hacen?
Ellas cierran el grifo para ahorrar agua.
Él apaga la luz para ahorrar energía.
Él recicla los periódicos.
Ella recicla las botellas.
Ellos reciclan los envases.
Ella no tira las bolsas.

RESPUESTA: 5, 4, 1, 3, 2, 6.

4. OBSERVA Y PRACTICA CON TU COMPAÑERO.

- Dígales que observen a los chicos que aparecen en la actividad y las imágenes que hay alrededor de ellos. Pregúnteles qué ven e incite a nombrar los distintos objetos. Los objetos que aparecen son: una lata, envases de yogur, un grifo abierto, una bolsa de plástico, unas cajas de cereales, papeles, la luz encendida y unas botellas de vidrio. Elija a dos niños para que lean el diálogo.
- Ponga a los alumnos en parejas y explique que deben hacer intercambios comunicativos similares a los del ejemplo para preguntar al compañero por sus hábitos de reciclaje y cuidado medioambiental. Deje tiempo suficiente para que se sientan cómodos con la práctica. Cuando concluyan, pida que cambien de roles. Camine por la clase mientras lo hacen.
- Finalmente, saque a varias parejas y pídales que representen el diálogo delante de los demás.

5. ¡ASÍ SUENA! ESCUCHA Y REPITE.

- Comience pidiendo a los chicos que observen la actividad y que digan de qué letra trata la rima. Explique que la *h* en español no suena, pero que no deben olvidar escribirla.
- Ponga la pista una vez completa y luego vaya parando para que repitan. Pida a algunos alumnos que lean la rima en voz alta.
- Luego, nombre los distintos elementos de la imagen para que ellos señalen: *hipopótamo, helado, hormiga...*
- Finalmente, haga el *Juego de la casa* (también conocido como *El ahorcado*). Divida a la clase en tres equipos. Por turnos, deben ir diciendo letras del alfabeto hasta averiguar la palabra. Posibles palabras: *hoy, hielo, hacer, ahora, hambre, habitación, horno,...*

La hormiga y el hipopótamo han ido a comprar un helado.
¡Hola, Héctor! Dos helados de huevo.
El hombre, helado se ha quedado.

ACTIVIDADES DE REFUERZO

- Invite a los chicos a dibujar en su cuaderno los tres contenedores y que dentro dibujen aquellos objetos que deben ser reciclados en cada uno, poniéndoles etiquetas con los nombres en español.

ACTIVIDADES DE AMPLIACIÓN

- Pida a aquellos alumnos más aventajados que busquen en un diccionario bilingüe el vocabulario de objetos que pueden ser reciclados y que entre todos elaboren más tarjetas con imágenes y sus nombres.

COMPETENCIAS

Competencia en comunicación lingüística. Fomente el uso del español en las actividades del aula para que la exposición al idioma sea la mayor posible.

Competencia en aprender a aprender. A estas alturas del aprendizaje de la lengua meta, el alumno debe haber adquirido estrategias de inferencias de la lengua materna en la adquisición de la segunda lengua. Las actividades programadas ayudan en este proceso, puesto que parten de un enfoque comunicativo para la adquisición de aprendizajes significativos que partan de los intereses y conocimientos previos de los alumnos.

Competencia social y ciudadana. Aproveche el tema del reciclaje para trabajar el tema de la responsabilidad que con respecto al medioambiente todos tenemos.

Sesión 2

OBJETIVOS

- Expresar obligación o necesidad y dar consejos en relación al cuidado del medioambiente.
- Interpretar y valorar mensajes orales y escritos.
- Proponer soluciones para "salvar el planeta".
- Extraer información de un texto relacionado con el tema.

LENGUAJE

Vocabulario: *salvar el planeta.*

Estructuras gramaticales: *Hay que… ; Debes… ; Tienes que… ;* el imperativo afirmativo y negativo.

COMPETENCIAS BÁSICAS

- Conocimiento e interacción con el mundo físico, tratamiento de la información y digital, autonomía e iniciativa personal.

14 6. ESCUCHA Y OBSERVA. LUEGO, REPITE.

- Empiece la sesión diciendo a los alumnos que van a aprender a dar consejos y a proponer soluciones para salvar el planeta. Como punto de partida, pregúnteles si creen que el planeta necesita ayuda y qué creen que pueden ellos hacer para ayudarlo.
- A continuación, pídales que observen la imagen del libro. Pregunte quiénes son los personajes y qué están haciendo. Dígales que Pablo y Tomás están haciendo una exposición en clase sobre el medioambiente y lo que se debe hacer para cuidar la Tierra.
- Ponga la pista y dígales que señalen a los distintos personajes que intervienen y que observen las imágenes que los acompañan.
- Después, escriba en la pizarra: *Hay que…, Tienes que…* y *Debes…* Explique que las dos primeras se usan para "expresar obligación o necesidad", una en forma impersonal y la otra en forma personal, y la última se usa para "dar consejos". Ponga varios ejemplos hasta asegurarse de que lo han comprendido. Apóyese en los dibujos y vaya repitiendo las frases que aparecen en la pizarra digital.
- Ponga de nuevo la pista, parando después de cada intervención, y dígales que repitan en gran grupo.
- Elija a tres alumnos para que lean el pequeño diálogo.

> ▶ Para salvar el planeta hay que reciclar el vidrio, el papel y los envases.
> ▷ Debes ahorrar agua. ¡No te bañes! Dúchate.
> ▶ Y tienes que ahorrar energía.
>
> Ahora, repite: para salvar el planeta hay que reciclar, debes cerrar el grifo, debes ahorrar agua, tienes que apagar la luz, debes ahorrar energía.

7. OBSERVA Y PRACTICA CON TU COMPAÑERO.

- Ponga a los alumnos en parejas y pídales que comenten entre ellos en qué creen que consiste la actividad.
- Dígales que lean las intervenciones de cada chico y asegúrese de que entienden las expresiones que aparecen en sus carteles: *Hay que salvar el planeta* y *Piensa en verde.*

- Antes de empezar con la actividad, compruebe que entienden qué es lo erróneo en cada una de las situaciones de la actividad. Para ello pregunte por qué creen que cada dibujo lleva un aspa roja.
- Dígales que deben expresar obligación o dar consejos al compañero, por turnos, para contribuir a salvar el planeta y para ser ecológicos, siguiendo los ejemplos que aparecen en el libro.
- Déjeles tiempo para que hagan intercambios comunicativos en parejas.
- Pasee por la clase para observar cómo realizan la actividad y aclarar posibles dudas.
- Para terminar, escenifique la actividad: elija a varios alumnos para que uno de ellos exprese con mímica una situación de perjuicio para el medioambiente, y el otro exprese la obligación o el consejo apropiado.
- Concluya revisando lo aprendido haciendo alusión al recuadro de *Recuerda.*

¡Hola, amigos! **Para conocer el proceso de reciclaje, puede realizar la actividad 22 del Tablero digital.**

NOTAS

8 Escucha y lee.

MI BLOG EN VERDE

12 de noviembre

He visto esta fotografía en el periódico: una cigüeña atrapada en una bolsa. ¡Pobre cigüeña! No debemos tirar las bolsas. Hay que proteger a los animales. Recicla las bolsas de plástico. ¡Piensa en las pobres cigüeñas!

10 de octubre

Mirad dónde acaban las latas, las botellas y los envases que no reciclamos. ¡Es horrible! Tenemos que reciclar. Debemos usar los contenedores. Recordad: el contenedor verde es para el vidrio, el amarillo para los envases y el azul para el papel. ¡Salvemos nuestro planeta!

25 de septiembre

Mira la foto. ¿Cierras el grifo cuando te lavas los dientes? ¿Te bañas o te duchas? El agua es muy importante para el planeta. Recuerda: cierra el grifo. Los animales y las plantas necesitan agua.

29 de agosto

¿Qué ocurre cuando no apagas la luz? El planeta se calienta. El clima cambia. El hielo se derrite. Debes ahorrar energía, apagar el ordenador, el televisor y la luz. Ayuda al planeta Tierra. Tu ayuda es muy importante. ¡No lo olvides!

Fecha

Ahora, tú.

cincuenta y cinco 55

15 8. ESCUCHA Y LEE.

- Para comenzar, dé un tiempo de lectura y observación personal de la página.
- Pregunte si alguno de ellos sigue o conoce algún blog y si es así, de qué trata. A continuación, pregunte por el blog que aparece en sus libros: *¿Quién es la autora? ¿Cuál es el título? ¿De qué tema trata este blog? ¿Cuáles son las fechas de las entradas? ¿Qué tema trata cada entrada si observan solo las imágenes?* Incite a comentar las situaciones que reflejan las distintas imágenes y a valorar el hecho de que estas situaciones se produzcan.
- Ponga la pista y pida que sigan la lectura en sus libros al mismo tiempo que la escuchan.
- Ponga de nuevo la pista y, esta vez, pare después de cada entrada para hacerles algunas preguntas de comprensión del texto. Recuérdeles que deben intentar comprender por el contexto y apoyarse en las imágenes.
- Escriba en la pizarra las fechas que aparecen en el blog. Explíqueles que en un blog las primeras entradas son las más recientes. Pídales que den un consejo o propongan una solución a la situación que se describe en cada entrada. Anote, debajo de cada fecha, las aportaciones que vayan haciendo, intentando que dichas aportaciones estén expresadas con un imperativo afirmativo o negativo, o bien, con algunas de las estructuras gramaticales de esta sesión.
- Cuando haya terminado, aproveche los textos para practicar una lectura guiada: lea frase a frase y que los alumnos vayan repitiendo.

AHORA TÚ.

- Anime a sus alumnos a escribir una entrada para el blog relacionada con la imagen que se les da. Aparece una playa con mucha basura. Incite a expresarse libremente.
- Cuando finalicen, pida voluntarios para leer sus redacciones. Exponga los trabajos realizados en el aula.

Mi blog en verde.

12 de noviembre. He visto esta fotografía en el periódico: una cigüeña atrapada en una bolsa. ¡Pobre cigüeña! No debemos tirar las bolsas. Hay que proteger a los animales. Recicla las bolsas de plástico. ¡Piensa en las pobres cigüeñas!

10 de octubre. Mirad dónde acaban las latas, las botellas y los envases que no reciclamos. ¡Es horrible! Tenemos que reciclar. Debemos usar los contenedores. Recordad: el contenedor verde es para el vidrio, el amarillo para los envases y el azul para el papel. ¡Salvemos nuestro planeta!

25 de septiembre. Mira la foto. ¿Cierras el grifo cuando te lavas los dientes? ¿Te bañas o te duchas? El agua es muy importante para el planeta. Recuerda: cierra el grifo. Los animales y las plantas necesitan agua.

29 de agosto. ¿Qué ocurre cuando no apagas la luz? El planeta se calienta. El clima cambia. El hielo se derrite. Debes ahorrar energía, apagar el ordenador, el televisor y la luz. Ayuda al planeta Tierra. Tu ayuda es muy importante. ¡No lo olvides!

ACTIVIDADES DE REFUERZO

- Divida a la clase en parejas. Dé a cada niño cuatro tarjetas con ilustraciones. Por turnos, cada uno debe hacer una frase con la tarjeta que le muestre su pareja.

ACTIVIDADES DE AMPLIACIÓN

- Pida a los alumnos que traigan fotos de periódicos o revistas en las que se vean situaciones de deterioro medioambiental. Anímelos a elaborar consejos para evitar dichas situaciones. También pueden obtener imágenes de Internet. Con las imágenes y los textos pueden elaborar murales para la clase.

COMPETENCIAS

Competencia en el conocimiento y la interacción con el mundo físico. Aproveche el tema para abordar las graves consecuencias que tiene para el planeta el exceso de residuos.

Competencia en el tratamiento de la información y digital. El blog es una herramienta muy habitual en la red por la capacidad de mantener actualizada la información que tiene. Al trabajar con sus alumnos actividades con forma de blog, además de fomentar la adquisición de esta competencia, contará con un elemento motivador para ellos, por el interés que muestran por las nuevas tecnologías.

Competencia en autonomía e iniciativa personal. Aproveche cualquier actividad del aula para fomentar esta competencia. Cuando dejamos que nuestros alumnos sean autónomos y se impliquen en su propio proceso de enseñanza-aprendizaje les estamos preparando para seguir aprendiendo solos.

Sesión 3

OBJETIVOS

- Aprender el vocabulario nuevo relacionado con la casa y repasar el aprendido en otros niveles.
- Realizar intercambios comunicativos sobre hábitos de consumo responsable en el hogar.
- Responder e interpretar un cuestionario sobre comportamientos responsables con el medioambiente.
- Consolidar los contenidos aprendidos a lo largo de la unidad.

LENGUAJE

Vocabulario: *dormitorio, salón, cocina, cuarto de baño, jardín, ordenador, televisor, lavabo, grifo, lámpara.*
Estructuras gramaticales: *Tenemos que...*; *Debemos...*

COMPETENCIAS BÁSICAS

- Social y ciudadana, cultural y artística, tratamiento de la información y competencia digital.

16 9. ESCUCHA Y REPITE.

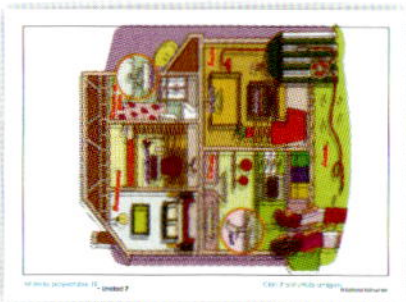

- Ponga la **proyección 15** en un lugar bien visible del aula. Explique que en esta sesión van a trabajar las partes de una casa y lo que pueden hacer en cada una de ellas para "pensar en verde".
- Ponga la pista y pídales que escuchen con atención.
- A continuación, vuelva a ponerla y señale en la proyección las palabras según las distintas intervenciones.
- Después de una tercera vez, dígales que repitan, primero en gran grupo y, luego, individualmente.
- Ponga a los niños en parejas e invítelos a practicar el diálogo para luego, salir a hacerlo frente a los demás.

¡Mira la casa! Vamos a ayudar al planeta.
Hay que ahorrar energía en los dormitorios.
Tenemos que apagar el ordenador.
En el cuarto de baño, debemos ahorrar agua.
Hay que cerrar el grifo mientras nos cepillamos los dientes.
También, debemos ahorrar agua en el jardín.
En la cocina, hay que reciclar.
En el salón, tenemos que apagar el televisor y la luz cuando estamos fuera.

10. PRACTICA CON TU COMPAÑERO.

- Repase el vocabulario. Para ello disponga las tarjetas con ilustraciones bocabajo en la parte izquierda de la pizarra y las tarjetas con los nombres, también bocabajo, en la parte derecha.
- Divida a la clase en dos grupos. Pida a un alumno del primer grupo que salga y destape una tarjeta de la izquierda y otra de la derecha al mismo tiempo que la lee. Si coinciden (la imagen con su nombre), el equipo gana la pareja de tarjetas. Si la pareja no coincide, las vuelve bocabajo de nuevo y pasa el turno al otro equipo. Gana el equipo que más parejas haya conseguido.

Sesión 3

9 16 Escucha y repite.

¡Mira la casa! Vamos a ayudar al planeta.
Hay que ahorrar energía en los dormitorios.
Tenemos que apagar el ordenador.
En el cuarto de baño, debemos ahorrar agua.
Hay que cerrar el grifo mientras nos cepillamos los dientes.
También, debemos ahorrar agua en el jardín.
En la cocina, hay que reciclar.
En el salón, tenemos que apagar el televisor y la luz cuando estamos fuera.

10 Practica con tu compañero.

56 cincuenta y seis

- Recuerde las expresiones gramaticales: *hay que..., tienes que..., debes...*, y añada: *tenemos que...* y *debemos...*, representando el pronombre *nosotros* mediante mímica.
- Pida un voluntario para leer con usted el diálogo que aparece en la actividad: cada uno hará un papel.
- Escriba en la pizarra: *¿Cómo ayudas a salvar el planeta?* Ponga a los niños en parejas y anímelos a hacer intercambios comunicativos con el compañero para responder a la pregunta que usted ha escrito en la pizarra, usando los verbos que aparecen en los contenedores y el vocabulario de la casa. Incite a expresarse con libertad y sin miedo al error. Muéstrese cercano a ellos para resolver cualquier duda.

NOTAS

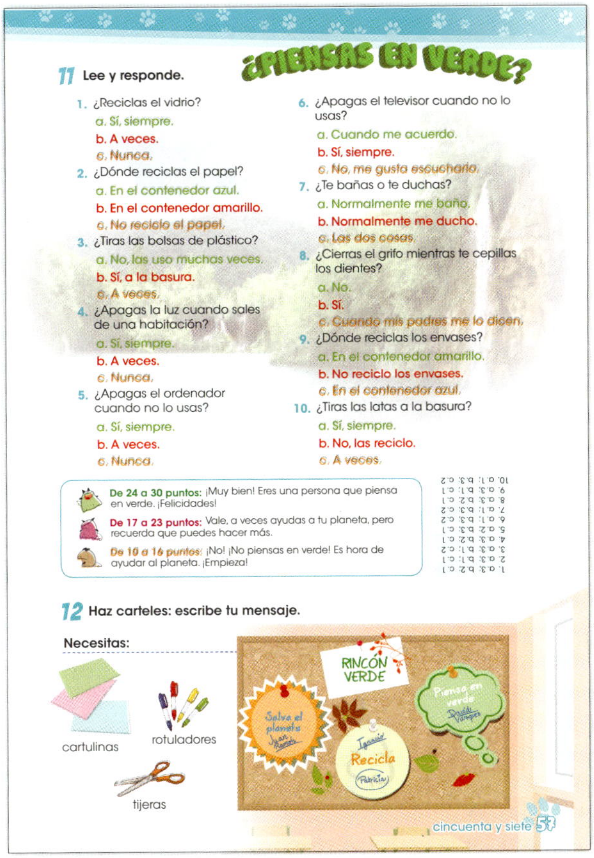

¿PIENSAS EN VERDE?

11 Lee y responde.

1. ¿Reciclas el vidrio?
   a. Sí, siempre.
   b. A veces.
   c. Nunca.
2. ¿Dónde reciclas el papel?
   a. En el contenedor azul.
   b. En el contenedor amarillo.
   c. No reciclo el papel.
3. ¿Tiras las bolsas de plástico?
   a. No, las uso muchas veces.
   b. Sí, a la basura.
   c. A veces.
4. ¿Apagas la luz cuando sales de una habitación?
   a. Sí, siempre.
   b. A veces.
   c. Nunca.
5. ¿Apagas el ordenador cuando no lo usas?
   a. Sí, siempre.
   b. A veces.
   c. Nunca.
6. ¿Apagas el televisor cuando no lo usas?
   a. Cuando me acuerdo.
   b. Sí, siempre.
   c. No, me gusta escucharlo.
7. ¿Te bañas o te duchas?
   a. Normalmente me baño.
   b. Normalmente me ducho.
   c. Las dos cosas.
8. ¿Cierras el grifo mientras te cepillas los dientes?
   a. No.
   b. Sí.
   c. Cuando mis padres me lo dicen.
9. ¿Dónde reciclas los envases?
   a. En el contenedor amarillo.
   b. No reciclo los envases.
   c. En el contenedor azul.
10. ¿Tiras las latas a la basura?
   a. Sí, siempre.
   b. No, las reciclo.
   c. A veces.

De 24 a 30 puntos: ¡Muy bien! Eres una persona que piensa en verde. ¡Felicidades!

De 17 a 23 puntos: Vale, a veces ayudas a tu planeta, pero recuerda que puedes hacer más.

De 10 a 16 puntos: ¡No! ¡No piensas en verde! Es hora de ayudar al planeta. ¡Empieza!

1. a.3; b.2; c.1
2. a.3; b.1; c.1
3. a.3; b.1; c.2
4. a.3; b.2; c.1
5. a.2; b.3; c.1
6. a.1; b.3; c.2
7. a.1; b.3; c.2
8. a.3; b.2; c.1
9. a.3; b.1; c.1
10. a.1; b.3; c.2

12 Haz carteles: escribe tu mensaje.

Necesitas:

cartulinas

rotuladores

tijeras

cincuenta y siete 57

11. LEE Y RESPONDE.

» Pida a los alumnos que observen detenidamente la actividad y pregúnteles qué creen que deben hacer. Motívelos diciéndoles que ha llegado el momento de saber cómo es cada uno de ellos en relación al cuidado del medioambiente.

» Invítelos a leer, individualmente, el test una primera vez, intentando comprender todas las preguntas a través del contexto. A continuación, lea usted todas las preguntas con gran entonación, escenificando aquellas que le pueda parecer que representen más dificultad para ellos.

» Al finalizar, pregunte si tienen alguna duda o si alguna de las preguntas no la han entendido bien. Utilice el español o la mímica para resolver dichas dudas.

» Dígales que van a responder el test individualmente y que anoten sus respuestas en el cuaderno. Anime a responder con sinceridad.

» Cuando hayan terminado, pídales que usen la tabla de corrección que tienen en la página y que sumen todos los puntos.

» Vaya leyendo la interpretación al mismo tiempo que pregunta quién está en cada una de las franjas de puntos. Felicite a los que más puntos han obtenido y anime, a los que menos tengan, a adoptar posturas más cuidadosas con el medioambiente.

» Finalmente, incite a elaborar una lista de hábitos que deben mejorar.

» Amplíe la actividad invitando a sus alumnos a levantarse y a preguntar aleatoriamente por la clase, a distintos niños, las cuestiones que aparecen en el test.

12. HAZ CARTELES: ESCRIBE TU MENSAJE.

» Como actividad final, haga equipos de cuatro personas para que elaboren carteles con mensajes ecológicos para exponerlos por la clase.

» Invítelos a repasar la unidad para usar el vocabulario y las expresiones estudiadas. Para ello, puede utilizar el juego "Cajas sorpresas" de *Nuestros juegos*.

» Anímelos a ser creativos y a emplear distintas técnicas y materiales.

» Con los carteles elaborados, haga el *Rincón verde* en el aula para destinar este espacio a actividades relacionadas con la conservación del medioambiente.

ACTIVIDADES DE REFUERZO

» Escriba frases en la pizarra en las que falten los verbos que se trabajan en la actividad 10. Los alumnos tienen que completarlas con dichos verbos. Por ejemplo: *Hay que* ___________ *el papel* o *Tienes que* __________ *el grifo cuando te lavas los dientes.*

ACTIVIDADES DE AMPLIACIÓN

» Invite a los chicos a elaborar algunas diapositivas de PowerPoint relacionadas con el tema. Anímelos a ponerles música. Si no disponen de ordenador, pueden hacerlas en cartulina con imágenes.

COMPETENCIAS

Competencia social y ciudadana. Aproveche la tercera sesión de esta unidad para hacer conscientes a sus alumnos de que el cuidado del medioambiente empieza en el hogar de cada uno y que, a su edad, pueden contribuir con pequeños gestos cotidianos.

Competencia cultural y artística. Al crear los carteles para exponer en el *Rincón verde*, los niños estarán desarrollando esta competencia.

Competencia en el tratamiento de la información y competencia digital. Es importante preparar a los alumnos para interpretar distintos tipos de texto. Al trabajar con ellos el test, estará favoreciendo la adquisición de esta competencia.

NOTAS

PRESENTACIÓN

- Coloque el póster del cómic en un lugar visible para toda la clase y pida a sus alumnos que se tomen unos minutos para observar las distintas viñetas.
- Hágales preguntas sencillas sobre aspectos relacionados con la historia: *¿Dónde se desarrolla la historia? ¿Qué personajes aparecen? ¿Dónde creen que van? ¿Qué creen que hacen? ¿Qué ocurre?*
- Ponga la pista y pida a los niños que escuchen la historia a la vez que leen en sus libros.
- A continuación, haga una segunda escucha con pausas en cada viñeta. Haga preguntas de comprensión para asegurarse de que siguen el desarrollo de la trama.
- Elija varios niños para que lean las distintas viñetas.
- Cuando terminen, puede hacer la siguiente actividad: diga una frase del cómic pero cambie algún elemento. El niño que sepa cuál es el error que usted ha cometido, levantará la mano, lo dirá y pasará a ser él el que ocupe ahora su lugar.

CUADERNO DE ACTIVIDADES

En el ***Cuaderno de actividades*** aparecen ejercicios para cada una de las tres sesiones. Conviene acudir a este cuaderno al finalizar cada sesión del *Libro del alumno*. Las actividades se pueden realizar en clase o en casa. Al finalizar las tres sesiones usted puede evaluar a los alumnos en el apartado *Mi progreso*, o que sean ellos mismos los que se evalúen. Puede descargar el solucionario del *Cuaderno de actividades* en la ELEteca.

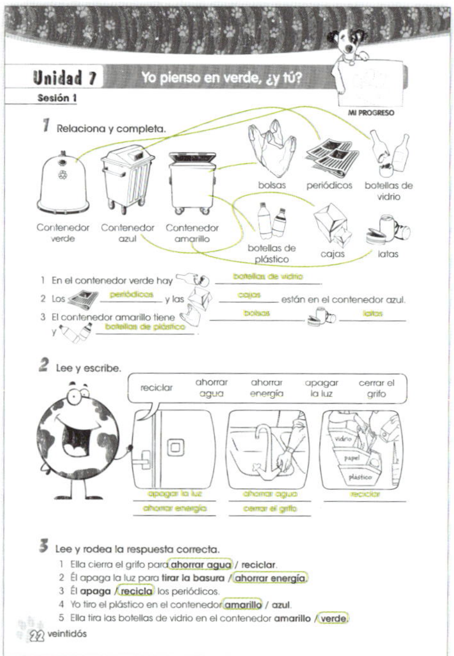

Unidad 7 Yo pienso en verde, ¿y tú?

Sesión 1

MI PROGRESO

1 Relaciona y completa.

Contenedor verde · Contenedor azul · Contenedor amarillo · bolsas · periódicos · botellas de vidrio · botellas de plástico · cajas · latas

1 En el contenedor verde hay botellas de vidrio.
2 Los periódicos y las cajas están en el contenedor azul.
3 El contenedor amarillo tiene bolsas, latas y botellas de plástico.

2 Lee y escribe.

reciclar · ahorrar agua · ahorrar energía · apagar la luz · cerrar el grifo

vidrio · papel · plástico

apagar la luz / ahorrar energía · ahorrar agua / cerrar el grifo · reciclar

3 Lee y rodea la respuesta correcta.

1 Ella cierra el grifo para **ahorrar agua** / **reciclar**.
2 Él apaga la luz para **tirar la basura** / **ahorrar energía**.
3 Él **apaga** / **recicla** los periódicos.
4 Yo tiro el plástico en el contenedor **amarillo** / **azul**.
5 Ella tira las botellas de vidrio en el contenedor **amarillo** / **verde**.

22 veintidós

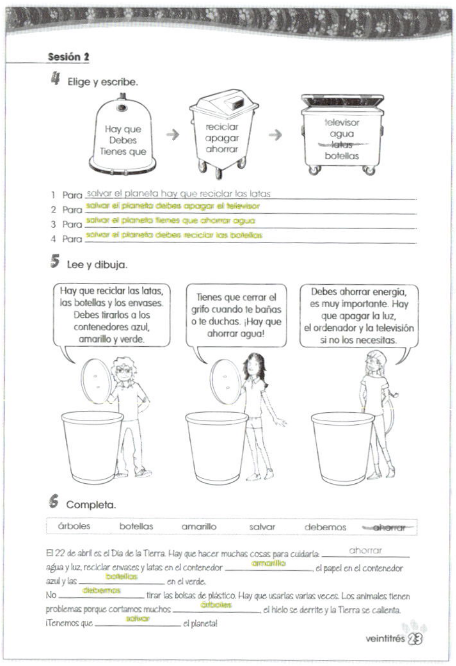

Sesión 2

4 Elige y escribe.

Hay que · Debes · Tienes que → reciclar · apagar · ahorrar → televisor · agua · ~~latas~~ · botellas

1 Para salvar el planeta hay que reciclar las latas
2 Para salvar el planeta debes apagar el televisor
3 Para salvar el planeta tienes que ahorrar agua
4 Para salvar el planeta debes reciclar las botellas

5 Lee y dibuja.

Hay que reciclar las latas, las botellas y los envases. Debes tirarlos a los contenedores azul, amarillo y verde.

Tienes que cerrar el grifo cuando te bañas o te duchas. ¡Hay que ahorrar agua!

Debes ahorrar energía, es muy importante. Hay que apagar la luz, el ordenador y la televisión si no los necesitas.

6 Completa.

árboles · botellas · amarillo · salvar · debemos · ~~ahorrar~~

El 22 de abril es el Día de la Tierra. Hay que hacer muchas cosas para cuidarla: ahorrar agua y luz, reciclar envases y latas en el contenedor amarillo, el papel en el contenedor azul y las botellas en el verde.
No debemos tirar las bolsas de plástico. Hay que usarlas varias veces. Los animales tienen problemas porque cortamos muchos árboles, el hielo se derrite y la Tierra se calienta. ¡Tenemos que salvar el planeta!

veintitrés 23

Sesión 3

7 Adivina. Luego, escribe.

1 ¿Dónde hacemos la comida?
2 ¿Dónde está el televisor?
3 ¿Dónde dormimos?
4 ¿Dónde escribimos correos?
5 ¿Dónde nos duchamos?

salón · ordenador · cuarto de baño · cocina · dormitorio

8 Elige.

1 Te gusta ver el campo y la playa limpios. No hay contenedores. Debes:
a) llevar la basura a casa. b) dejarla allí. c) no ir al campo.

2 Sales de tu estudio para jugar un partido. Tienes que:
a) encender el ordenador. b) apagar el ordenador. c) cerrar el grifo.

3 Encuentras un periódico en el parque. Tienes que:
a) tirarlo en el contenedor azul.
b) dejarlo allí.
c) tirarlo en el contenedor amarillo.

4 Para ahorrar agua:
a) debes cerrar el grifo cuando te lavas los dientes.
b) no te lavas los dientes.
c) te bañas.

5 Si quieres salvar el planeta:
a) no debes hacer nada.
b) debes encender la luz.
c) tienes que reciclar.

9 Contesta y escribe.

1 ¿Dónde reciclas el papel? Yo reciclo el papel en el contenedor azul.
2 Para ahorrar energía... hay que apagar la luz
3 ¿Dónde reciclas el vidrio? En el contenedor verde
4 ¿Qué haces para ahorrar agua? Cierro el grifo
5 Apago el ordenador cuando... salgo de mi dormitorio

24 veinticuatro

ACTIVIDAD 22. RECICLANDO

Funciones	Dinámica
• Sensibilizar a los alumnos y ciudadanos para que adquieran actitudes y comportamientos positivos hacia el respeto y la mejora del medioambiente. • Aprender a seleccionar y reducir los residuos que generamos en la vida diaria, ya sea en los centros educativos, nuestro hogar o la calle. • Promover actitudes y comportamientos para reciclar.	• Actividad colaborativa para trabajar el proceso de reciclaje de determinados materiales. • Reparta los cuatro textos de la **Ficha fotocopiable 2** entre sus alumnos. Pida que los lean y respondan a las preguntas individualmente. • Posteriormente, establezca grupos de cuatro alumnos, que han trabajado textos diferentes, para que hablen entre ellos del material con el que han trabajado. • Finalmente, pida voluntarios para que expongan sus conclusiones al resto de la clase.

SOY UNA BOTELLA DE PLÁSTICO

Soy una botella de agua. La gente me usa en verano, cuando hace mucho calor. Siempre estoy en el supermercado, de pie junto a otras botellas de plástico azul igualitas a mí: mis hermanas.

Nos llevan de agua fresca y clara y nos ponen un divertido sombrero azul para que el agua no se escape. Luego nos visten con unas etiquetas de colores. Salimos en grandes cajas hacia un lugar lleno de ruido y gente llamado supermercado y allí tu mamá me coge con cariño y me pone en su cesta.

Ahora estoy en tus manos. ¿A que soy suave? Y blandita...

Ser una botella de plástico es genial porque eres transparente, ligera y difícil de romper. Para volver es a estar contigo pronto, tienes que ponerme en el contenedor amarillo. Es la entrada secreta a un parque de atracciones para botellas, donde nos separan, nos limpian y... otro día de verano voy a estar contigo en el supermercado.

¡Gracias por ayudarme a volver!

- ¿Por qué crees tú que la botella dice que la gente la usa en verano?
- ¿Sabes cómo se hace el plástico?
- ¿Has tocado el plástico alguna vez? ¿Tiene razón la botella?
- ¿Es blandito? ¿Es transparente? ¿Es indestructible?
- ¿Qué piensas que ocurre cuando depositamos envases en el contenedor amarillo? ¿Sabes qué significa la palabra "reciclaje"?
- ¿Crees que existe de verdad un parque temático para botellas o a qué crees que se refiere nuestra amiga?

FICHA FOTOCOPIABLE 3. SOY UNA BOTELLA DE PLÁSTICO

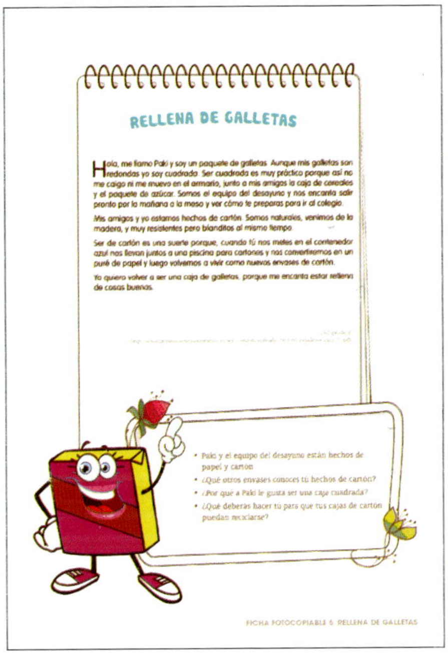

RELLENA DE GALLETAS

Hola, me llamo Paki y soy un paquete de galletas. Aunque mis galletas son redondas yo soy cuadrado. Ser cuadrado es muy práctico porque así no me caigo ni me muevo en el armario, junto a mis amigos la caja de cereales y el paquete de azúcar. Somos el equipo del desayuno y nos encanta salir pronto por la mañana a la mesa y ver cómo te preparas para ir al colegio.

Mis amigos y yo estamos hechos de cartón. Somos naturales, venimos de la madera, y muy resistentes pero blanditos al mismo tiempo.

Ser de cartón es una suerte porque, cuando tú nos metes en el contenedor azul nos llevan juntos a una piscina para cartones y nos convertiremos en un puré de papel y luego volvemos a vivir como nuevos envases de cartón.

Yo quiero volver a ser una caja de galletas, porque me encanta estar rellena de cosas buenas.

- Paki y el equipo del desayuno están hechos de papel y cartón.
- ¿Qué otros envases conoces tú hechos de cartón?
- ¿Por qué a Paki le gusta ser una caja cuadrada?
- ¿Qué deberás hacer tú para que tus cajas de cartón puedan reciclarse?

FICHA FOTOCOPIABLE 5. RELLENA DE GALLETAS

¡SOY UNA LATA!

Soy una lata de refresco, la más popular de mi clase y desde luego ¡la más fresca! Si estoy con mis amigas la lata de aceitunas y la lata de sardinas ¡hacemos una fiesta!

Seguro que me has visto alguna vez, con mi anilla para tirar y abrir, ¿verdad?

Si estoy cerrada, tu bebida favorita está perfecta y las burbujas no se van.

Todo el mundo dice que soy fuerte y resistente pero la verdad es que cada día soy más ligera.

Soy la más divertida de la estantería, porque me pintan de colores brillantes que hacen que todos me admiren.

Voy a pedirte un favor: si me bebes, no me tires por ahí. Mi sueño es viajar al contenedor amarillo. Cuando llegue a la planta de reciclaje, voy a volar atraída por los imanes y voy a caer a una gran piscina caliente donde nos derretiremos juntas todas las latas. ¿Por qué quiero eso? Pues porque así puedo volver otra vez a ser una nueva lata.

- ¿Crees que esta lata es un poco orgullosa? ¿Por qué?
- ¿Qué hay que hacer con las latas vacías, sean de refresco o de cualquier otra cosa?
- ¿Sabías que las latas se derriten? ¿Cómo tiene que ser la temperatura de esa piscina?

FICHA FOTOCOPIABLE 6. ¡SOY UNA LATA!

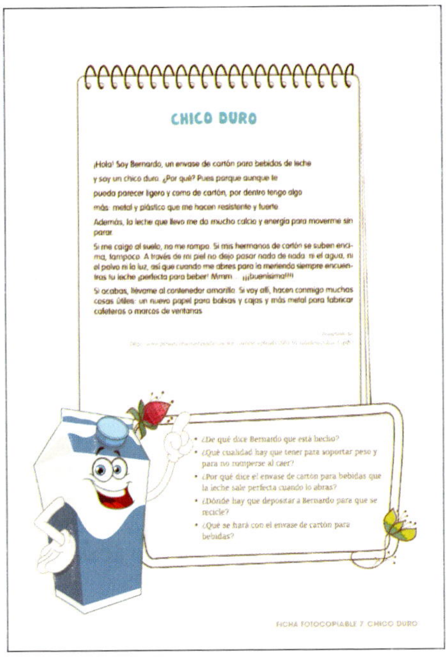

CHICO DURO

¡Hola! Soy Bernardo, un envase de cartón para bebidas de leche y soy un chico duro. ¿Por qué? Pues porque aunque te pueda parecer ligero y como de cartón, por dentro tengo algo más: metal y plástico que me hacen resistente y fuerte.

Además, la leche que llevo me da mucho calcio y energía para moverme sin parar.

Si me caigo al suelo, no me rompo. Si mis hermanos de cartón se suben encima, tampoco. A través de mi piel no dejo pasar nada de nada: ni el agua, ni el polvo ni la luz, así que cuando me abres para la merienda siempre encuentras tu leche ¡perfecta para beber! Mmm... ¡¡¡buenísima!!!

Si acabas, llévame al contenedor amarillo. Si voy allí, hacen conmigo muchas cosas útiles: un nuevo papel para bolsas y cajas y más metal para fabricar cafeteras o marcos de ventanas.

- ¿De qué dice Bernardo que está hecho?
- ¿Qué cualidad hay que tener para soportar peso y para no romperse al caer?
- ¿Por qué dice el envase de cartón para bebidas que la leche sale perfecta cuando lo abras?
- ¿Dónde hay que depositar a Bernardo para que se recicle?
- ¿Qué se hará con el envase de cartón para bebidas?

FICHA FOTOCOPIABLE 7. CHICO DURO

UNIDAD 8 — Sesión 1

OBJETIVOS

- Entender y cantar una canción en la que se habla en pasado.
- Expresarse usando las formas en pretérito indefinido.
- Hacer preguntas y responder sobre el pasado.
- Conocer algunas palabras agudas y el uso de la tilde.

LENGUAJE

Vocabulario: *estudié, escribí, compré, jugué, escuché, paseé, hablé, me quedé en casa, trabajé, pinté, chateé, ayer, temprano, tarde.*
Estructuras gramaticales: pretérito indefinido regular; *¿Qué hiciste ayer?; ¿Ayer estudiaste?; Sí/No estudié.*

COMPETENCIAS BÁSICAS

- Comunicación lingüística, aprender a aprender, social y ciudadana.

PRESENTACIÓN

- Salude a la clase: *¡Hola, buenas! ¿Qué tal? ¿Cómo estáis?*
- Dígales que ayer tuvo un día maravilloso y cuénteles todas las cosas que hizo. Apoye sus frases con gestos en cada una de las acciones. A continuación, explique que en la unidad se habla de las acciones que realizamos todos los días en pasado.
- Como actividad inicial, escriba en la pizarra la fecha de hoy y la de ayer. Hable sobre su propia vida comparando las acciones que hizo ayer con las que hace hoy. Por ejemplo: *Ayer trabajé en la casa. Hoy trabajo en la escuela. Ayer escribí tres correos. Ahora escribo en la pizarra.* Pasee por la clase y juegue a adivinar qué desayunaron ayer algunos de sus alumnos. Anime a los chicos a que hablen en su propia lengua sobre lo que hicieron ayer.

18 1. ESCUCHA Y CANTA.

- Con los libros abiertos, explíqueles que van a escuchar una canción en la que van a oír distintas acciones en pasado.
- Realice una primera audición para que los alumnos capten y se familiaricen con el ritmo de la canción. Pueden dar palmas, dar golpecitos en la mesa, hacer chasquidos, tocar algún instrumento, etc.
- En una segunda escucha, anime a los alumnos a participar haciendo las pausas que considere necesarias y a que hagan mímica en cada una de las acciones en pasado. Cante usted también con ellos.
- Finalmente, vuelva a poner la canción e invite a los alumnos a que la canten a la vez que marcan el ritmo. También puede hacer tres o cuatro grupos para que se dividan la canción y, todos juntos, canten el estribillo.

19 2. ESCUCHA Y REPITE.

- Al comienzo de la actividad, ponga la **proyección 16** en un lugar bien visible del aula.
- Explíqueles que Juan, María y Tomás están mirando en su móvil las fotos de lo que hicieron ayer.

- Ponga la pista e invite a los chicos a mirar la ilustración. En una segunda escucha, pegue las tarjetas de vocabulario con ilustraciones y pídales que señalen las acciones que están escuchando.
- En una tercera escucha, dígales que repitan las distintas intervenciones. Tendrá que darle a pausa, según convenga, para que los alumnos lo hagan cómodamente.
- Dígales que repitan las palabras a la vez que marcan el ritmo con palmadas entre cada una de ellas en la segunda parte del ejercicio. Haga hincapié en la pronunciación de las palabras agudas.
- Por último, elija a varios chicos para que representen el diálogo en voz alta, asignándoles un papel a cada uno.

Tomás: Juan, ¿qué hiciste ayer?
Juan: Paseé a Mota por el parque y después, me quedé en casa.
María: Yo estudié Matemáticas y hablé con mis abuelos.
Juan: También jugué al baloncesto.
María: ¡Y yo escuché música! ¿Y tú?
Tomás: Yo escribí un correo a mis primos y compré el pan para la cena.

Paseé a Mota, me quedé en casa, estudié Matemáticas, hablé con mis abuelos, jugué al baloncesto, escuché música, escribí en el ordenador, compré pan.

Ahora, repite tú: paseé, me quedé, estudié, hablé, jugué, escuché, escribí, compré.

3. ESCUCHA Y RELACIONA. LUEGO, REPITE.

- Explíqueles que Tomás está hablando por teléfono con un amigo que quiere saber qué hizo ayer. Invítelos a decir qué hace Tomás en cada una de las imágenes.
- Ponga la pista completa una vez para que adquieran una idea global y, a continuación, póngala una segunda vez parando después de cada acción. Pida a varios chicos que digan qué imagen se corresponde con la frase que acaban de oír. Ponga la pista una tercera vez y haga que repitan las frases haciendo las pausas necesarias. Trabaje con las tarjetas de vocabulario para afianzar la forma del pretérito indefinido de estos verbos.
- Después, puede pasear por la clase preguntando a algunos de ellos: *¿Jugaste al baloncesto? ¿Chateaste con amigos? ¿Escuchaste música? ¿Quién escuchó música?*, etc.

Jugué al baloncesto. Me quedé en casa. Trabajé temprano en el jardín. Escuché música. Pinté un cuadro. Chateé tarde con mis amigos. Hablé con mis padres. Paseé con mis amigos. Estudié Matemáticas. Comí con mi madre.

RESPUESTA: 3, 5, 10, 4, 6, 2, 1, 7, 9, 8.

4. PREGUNTA A TU COMPAÑERO.

- Dígales que observen a los niños de la imagen y pregúnteles: *¿Qué hacen estos chicos?* Explíqueles que deben preguntar a su compañero por las distintas actividades que aparecen en las ilustraciones de la actividad 3.
- Elija a dos niños para que lean el diálogo que aparece en el libro.
- Agrupe a los niños en parejas y explique que deben hacer intercambios comunicativos similares a los del ejemplo, para saber qué hizo y qué no hizo su compañero ayer. Invítelos a apoyarse en el recuadro de *Recuerda*. Cuando concluyan, pida que cambien de roles. Camine por la clase mientras lo hacen.
- Finalmente, saque a varias parejas para que hagan el diálogo delante de los demás.

5. ¡ASÍ SUENA! ESCUCHA Y REPITE.

- Ponga la pista y pida a sus alumnos que escuchen atentamente. Luego, elija algunos niños para repetir el texto.
- Ponga en la pizarra las palabras: *Ramón, habló* y *José*. Señale las sílabas tónicas y explíqueles que son palabras agudas. Aclare a sus alumnos que las palabras agudas llevan tilde si acaban en vocal, *n* o *s*.
- Ponga la pista por segunda vez y vaya parando la audición en cada frase. Invítelos a dar un golpe en la mesa para marcar la fuerza de la tilde.
- Finalmente, escriba en la pizarra los siguientes pares de palabras: *hablo/habló, estudio/estudió, chateo/chateó, escucho/escuchó*… Trabaje con ellas, incidiendo en lo que diferencia a las palabras agudas.

Ramón habló con José. Ramón le contó que estudió español cuando cumplió diez y José le contó que él, japonés con veintitrés.

ACTIVIDADES DE REFUERZO

- Pegue las tarjetas con ilustraciones en la pizarra y entregue aleatoriamente las tarjetas de vocabulario con nombres a los chicos. Pídales que escojan de la pizarra la imagen de su tarjeta y escriban en sus cuadernos si ayer hicieron o no esa actividad.

ACTIVIDADES DE AMPLIACIÓN

- Pida que elaboren un cuestionario para ver qué hicieron ayer los alumnos de la clase.

COMPETENCIAS

Competencia en comunicación lingüística. Usando la lengua meta en la clase hacemos que la exposición a la lengua sea la mayor posible. Ello hará que se vayan familiarizando con los sonidos y las estructuras de la lengua.

Competencia para aprender a aprender. Mediante las actividades de recepción, los niños aprenden a escuchar, prestar atención y reproducir modelos aprendidos, para después, aplicar los conocimientos adquiridos a nuevas situaciones.

Competencia social y ciudadana. Anímeles a expresarse y a participar activamente en clase. El conocimiento y respeto de las costumbres de sus compañeros favorece el desarrollo de esta competencia.

Sesión 2

OBJETIVOS

- Practicar el vocabulario en el contexto de un diálogo.
- Aprender a preguntar y a responder usando el pretérito indefinido y las expresiones temporales del pasado más utilizadas.
- Extraer información de un texto relacionado con el tema desarrollado.
- Expresar por escrito información personal.

LENGUAJE

Vocabulario: *hice/hiciste/hizo, fui/fuiste/fue, estuve/estuviste/estuvo, tuve/tuviste/tuvo.*

Estructuras gramaticales: pretérito indefinido irregular; *¿Dónde estuviste?; ¿Cuándo lo hiciste?; ¿Cuándo fuiste?; ¿Con quién fuiste?; ¿Qué hizo?; el lunes/el miércoles/el fin de semana/el mes/el año pasado; la semana pasada; anteayer; el otro día.*

COMPETENCIAS BÁSICAS

- Social y ciudadana, autonomía e iniciativa personal, tratamiento de la información y competencia digital.

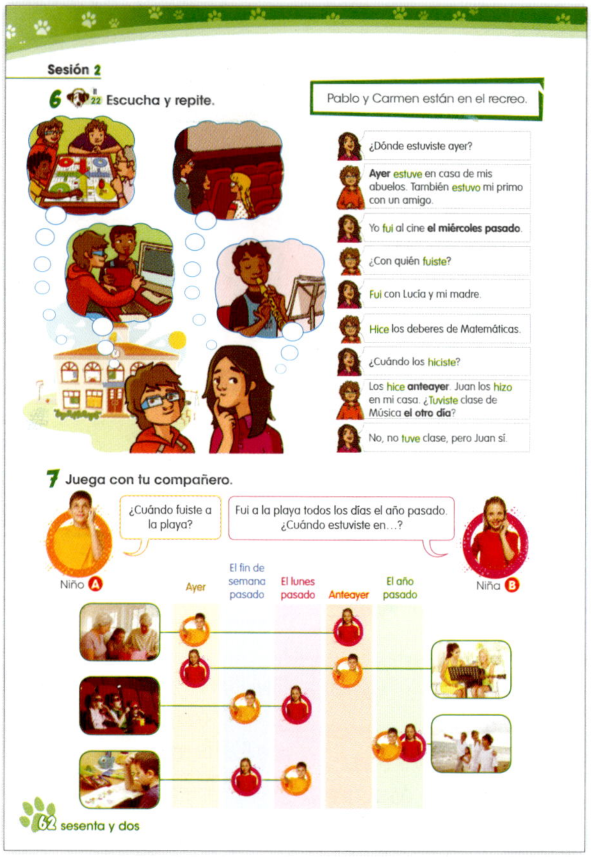

22 6. ESCUCHA Y REPITE.

- Pida a los alumnos que observen las escenas representadas y que hablen sobre ellas: *¿Quiénes son? ¿Dónde están? ¿Qué están haciendo?*
- Haga una tabla en la pizarra con los verbos de la sesión 1 en infinitivo y en pretérito indefinido, y añada los irregulares que presentamos en esta sesión. Haga carteles con ellos y con las expresiones temporales que se presentan, y ponga un *Rincón del pasado* en el aula. Trabaje con ello e incida en la diferencia en la construcción del pasado de los verbos irregulares.
- Ponga la pista completa y pídales que escuchen con atención. A continuación, póngala de nuevo y pida a los chicos que sigan la lectura. Pare para señalar la viñeta que hace referencia a esa situación.
- Haga preguntas de comprensión después de leer el diálogo. Por ejemplo: *¿Dónde estuvo ayer Pablo? ¿Con quién estuvo? ¿Qué hizo Carmen el miércoles? ¿Con quién fue allí? ¿Quién de los dos hizo los deberes de Matemáticas?*, etc.
- Ponga la pista y pida a los niños que repitan. Si lo desea, puede dividir la clase en dos grupos y asignarle a cada uno un personaje.
- Por último, ponga la pista de nuevo y, después, haga preguntas similares a los chicos. Puede preguntar a otro alumno qué hizo el alumno que acaba de responder y así practicar la tercera persona.

Pablo y Carmen están en el recreo.
Carmen: ¿Dónde estuviste ayer?
Pablo: Ayer estuve en casa de mis abuelos. También estuvo mi primo con un amigo.
Carmen: Yo fui al cine el miércoles pasado.
Pablo: ¿Con quién fuiste?
Carmen: Fui con Lucía y mi madre.
Pablo: Hice los deberes de Matemáticas.
Carmen: ¿Cuándo los hiciste?
Pablo: Los hice anteayer. Juan los hizo en mi casa. ¿Tuviste clase de Música el otro día?
Carmen: No, no tuve clase, pero Juan sí.

7. JUEGA CON TU COMPAÑERO.

- Antes de empezar la actividad, escriba en la pizarra los marcadores temporales y pida que traten de ordenarlos cronológicamente: *anteayer, el otro día, el lunes pasado, el miércoles pasado, el fin de semana pasado, la semana pasada, el mes pasado, el año pasado*. Dé las explicaciones que considere oportunas.
- Anime a los chicos diciéndoles que van a jugar por parejas. Cada uno tiene que responder según el cuadro que le ha tocado: niño A o niña B.
- Dígales que tienen que hacer preguntas para adivinar cuándo hicieron las diferentes actividades. Pasee por la clase observando cómo lo hacen.
- Para corregir el ejercicio, divida la clase en dos grupos. Un niño del grupo A debe responder a la pregunta de un niño del grupo B. Si no es correcta, anime a los demás a decirla correctamente.
- Para aprovechar la actividad, haga las mismas preguntas a algunos de ellos para que respondan sobre su vida personal y la de algún compañero.
- Puede escribir el recuadro de *Recuerda* en la pizarra para que esté en un lugar visible para todos. Si lo cree conveniente, explique que en los verbos *ir* y *ser* en pretérito indefinido coinciden sus formas. En esta sesión solo van a trabajar el verbo *ir*.

Recuerda

Ayer/Anteayer/ El otro día...		HACER	IR	ESTAR	TENER
	Yo	hice	fui	estuve	tuve
	Tú	hiciste	fuiste	estuviste	tuviste
	Él/Ella	hizo	fue	estuvo	tuvo

8 23 Escucha y lee.

http:// Revista digital "Colegio Gloria Fuertes" Buscar

Noticias Colegio Gloria Fuertes

1 Los niños y las niñas del Colegio Gloria Fuertes estuvieron ayer en la playa. María jugó al escondite con sus amigos. Se encontró una gaviota con un plástico alrededor del pico. Y le salvó la vida. ¡Ahora puede comer!

2 Hace tres semanas un grupo de 5.° del colegio fue al mercado Central. La profesora compró los ingredientes para el concurso de cocina. El equipo trabajó mucho y, al final, ganó el concurso. ¡Su gazpacho fue el mejor!

3 El mes pasado nuestro grupo estudió los cuadros de Antonio López. Luego estuvo en el museo de Bellas Artes. La visita fue interesante. Les gustó mucho.

4 Hace dos meses, el actor Manuel Molón, "el hombre mágico", estuvo en nuestra ciudad. Él tuvo mucho trabajo y estuvo con nuestros chicos en el polideportivo municipal. ¡La película fue estupenda!

5 El grupo de amigos estuvo en el estrecho de Gibraltar la primavera pasada. Hizo un día muy bueno para ver los delfines. Juan nadó con ellos. ¡Fue genial!

Ahora, responde.

1. ¿Cuándo fue nuestro grupo al museo de Bellas Artes?
2. ¿Qué compró la profesora en el mercado Central?
3. ¿Cuándo salvó María a la gaviota?
4. ¿Quién es el actor que trabajó en el polideportivo municipal?
5. ¿Adónde fue el grupo para ver los delfines?

Ahora tú, cuenta tu noticia.

sesenta y tres 63

23 8. ESCUCHA Y LEE.

» Anime a los chicos diciéndoles que Clan 7 ha creado un periódico digital. Pregúnteles si en sus casas leen los periódicos (en papel o digital). Hágales ver la importancia de estar informados.

» Con los libros cerrados, ponga la pista haciendo una pausa después de cada noticia. Anime a los niños a decir qué han entendido. Recuerde que ya tienen referencias sobre lo que cuentan dichas noticias.

» Haga una segunda audición con los libros abiertos para que lean al mismo tiempo que la escuchan. Pida a algunos de ellos que lean en voz alta para toda la clase.

» Luego, invítelos a responder a las preguntas de comprensión.

Colegio Gloria Fuertes. Noticias.

1. Los niños y las niñas del Colegio Gloria Fuertes estuvieron ayer en la playa. María jugó al escondite con sus amigos. Se encontró una gaviota con un plástico alrededor del pico. Y le salvó la vida. ¡Ahora puede comer!
2. Hace tres semanas un grupo de 5.º del colegio fue al mercado Central. La profesora compró los ingredientes para el concurso de cocina. El equipo trabajó mucho y, al final, ganó el concurso. ¡Su gazpacho fue el mejor!
3. El mes pasado nuestro grupo estudió los cuadros de Antonio López. Luego estuvo en el museo de Bellas Artes. La visita fue interesante. Les gustó mucho.
4. Hace dos meses, el actor Manuel Molón, "el hombre mágico", estuvo en nuestra ciudad. Él tuvo mucho trabajo y estuvo con nuestros chicos en el polideportivo municipal. ¡La película fue estupenda!
5. El grupo de amigos estuvo en el estrecho de Gibraltar la primavera pasada. Hizo un día muy bueno para ver los delfines. Juan nadó con ellos. ¡Fue genial!

RESPUESTA:

1. Nuestro grupo fue el mes pasado. 2. La profesora compró los ingredientes para el concurso de cocina. 3. La salvó ayer. 4. El actor se llama Manuel Molón, "el hombre mágico". 5. El grupo fue al estrecho de Gibraltar.

AHORA TÚ, CUENTA TU NOTICIA.

» Anime a los niños a contar la noticia que más les interese de lo que ha pasado en su escuela, en su ciudad, en su país, en el mundo, o también una noticia totalmente inventada.

» Puede proponerles que investiguen un poco en los periódicos locales o en Internet, si disponen de ordenadores en el aula.

» Las noticias pueden ser sobre cualquier tema: deportes, política, cine, televisión... Deje que expresen libremente sus intereses.

» Anímelos a que escriban sus noticias en folios y recorten o impriman fotografías para acompañar la información. Cuando terminen, pida voluntarios para que las lean en voz alta.

» Una vez terminada la actividad, puede colgar las noticias en un mural con la estructura de un periódico: las noticias locales, regionales, nacionales, internacionales, deportes, espectáculos...

ACTIVIDADES DE REFUERZO

» Ponga las de tarjetas de vocabulario con ilustraciones en la pizarra. Los alumnos tendrán que elegir tres o cuatro y con las expresiones de tiempo deberán elaborar un pequeño texto.

ACTIVIDADES DE AMPLIACIÓN

» Invítelos a hacer algunas frases con otros verbos aprendidos en las unidades 2 y 3, respondiendo a la pregunta: *¿Qué hiciste ayer?*

» Pida a los alumnos que hagan un cuestionario para hacer de periodistas. ¿Qué preguntas deberían hacer a los protagonistas de la noticia?

COMPETENCIAS

Competencia social y ciudadana. Al participar activamente en un periódico, los ayudamos a reflexionar de forma crítica y lógica sobre la información en los medios.

Competencia en la autonomía e iniciativa personal. En el proceso de elaboración de una noticia, el alumno tendrá que poner en funcionamiento su creatividad e iniciativa con lo cual estará desarrollando esta competencia.

Competencia en el tratamiento de la información y competencia digital. Buscar, analizar, seleccionar, procesar y gestionar correctamente la información en el uso de la Internet son estrategias que debemos enseñar a usar a nuestros alumnos.

Sesión 3

OBJETIVOS

» Aprender los números cardinales a partir de 1.000.
» Comprender textos y responder preguntas sobre él.
» Participar en intercambios comunicativos sobre personajes importantes para cada uno.
» Consolidar los contenidos aprendidos a lo largo de la unidad.

LENGUAJE

Vocabulario: los números cardinales a partir de 1.000.
Estructuras gramaticales: pretérito indefinido regular e irregular; *nació, conoció, salió, vivió, puso, se publicó.*

COMPETENCIAS BÁSICAS

» Matemática, aprender a aprender, autonomía e iniciativa personal, comunicación lingüística.

24 9. OBSERVA, ESCUCHA Y LEE.

» Escriba en la pizarra el recuadro de *Recuerda*. Puede repasar los números por decenas y centenas con el juego "Cadenetas" de *Nuestros juegos*.

» Una vez repasados los números, dígales que abran sus libros.

» Anime a los chicos a imaginar sobre qué vamos a hablar a la vista de las fotos que aparecen en los textos.

» Pregúnteles si han jugado alguna vez al futbolín o se han comido un chupa-chups, y si saben quién los inventó y de dónde son originarios. Anímelos a que se expresen libremente.

» Ponga la pista y anime a los chicos a que sigan la lectura.

» Póngala una segunda vez haciendo una pausa entre los dos textos para aclarar posibles dudas de vocabulario. Anime a los demás a intentar explicar las dudas de sus compañeros.

» Elija a dos voluntarios para que lean los textos en voz alta.

» Hágales, a continuación, preguntas de comprensión del texto, como: *¿Dónde creó Alejandro Campos la idea del futbolín? ¿Cuándo murió? ¿Quién inventó el chupa-chups? ¿Quién dibujó el papel del caramelo? ¿En qué año?*

Alejandro Campos estuvo enfermo en un hospital. Allí conoció a muchos niños. Ellos no podían jugar al fútbol. Cuando salió del hospital, inventó el futbolín en 1937. Alejandro Campos vivió hasta 2007.

El chupa-chups es un invento español. Enric Bernat en 1957 puso un palo a un caramelo. En 1968, Salvador Dalí, un pintor español muy famoso, dibujó el papel del caramelo.

25 10. OBSERVA Y PRACTICA CON TU COMPAÑERO.

» Pregunte a los alumnos si les gusta leer, qué libros han leído y cuáles les han gustado más.

» Con los libros abiertos, anímelos a que observen los títulos de los libros de la imagen. Pregúnteles qué libro creen que es el más antiguo y cuál el más moderno, y si han leído alguno de ellos. Dé las explicaciones oportunas de cada uno de estos libros, sus argumentos y autores.

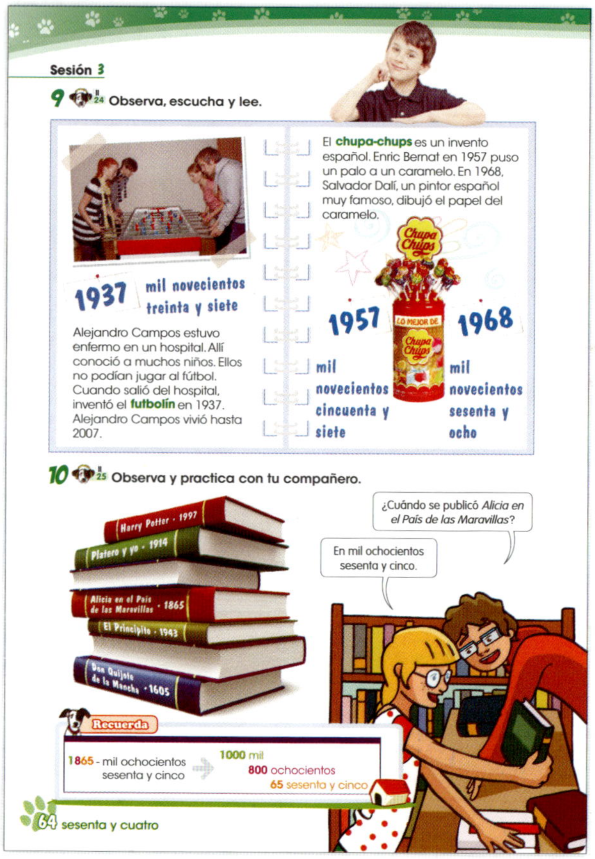

» Elija a dos voluntarios para que lean el diálogo entre Lucía y Pablo. Por parejas, haga que los chicos interactúen, produciendo diálogo similares al ejemplo.

» Pasee por la clase para comprobar que producen los diálogos correctamente.

» Puede corregir en gran grupo, animando a que sean los alumnos los que participen.

¿Cuándo se publicó *Alicia en el País de las Maravillas*?
En mil ochocientos sesenta y cinco.

¡Hola, amigos! **Para practicar la narración en pasado, puede realizar la actividad 23 del Tablero digital.**

NOTAS

11 Escucha y lee. Luego, contesta.

INIESTA

Andrés Iniesta Luján nació en Albacete el 11 de mayo de 1984. Jugó en el equipo de los jóvenes del Albacete Balompié. Con 12 años fue a vivir a La Masía, en Barcelona. La Masía es la escuela donde viven y aprenden los futuros jugadores del Barcelona F.C. En la temporada 2002-2003 jugó con este equipo con la camiseta número 8. Es jugador de la Selección Española de Fútbol desde 2006 y tiene la camiseta número 6.

En el año 2010 quedó segundo para el Balón de Oro después de Messi.

En 2010 marcó el único gol de la final de la Copa Mundial de Fútbol en Sudáfrica contra Holanda.

En la temporada 2011-2012 fue el mejor jugador de Europa.

Andrés Iniesta tiene una calle con su nombre en el pueblo donde nació. Él vive en la calle Andrés Iniesta, número 1. ¡Qué divertido!

¿Verdadero o falso?

1. Iniesta nació en Barcelona el 11 de mayo de 1984.
2. Tiene la camiseta número 8 con el Barcelona F.C.
3. En el año 2010 ganó el Balón de Oro.
4. En 2011-2012 fue el mejor jugador de Europa.
5. En la final de la Copa Mundial de Fútbol marcó dos goles.

12 ¿Quién es tu personaje favorito? Cuenta su biografía.

Johnny Depp

Shakira

Rafa Nadal

sesenta y cinco 65

11. ESCUCHA Y LEE. LUEGO, CONTESTA.

» Como motivación inicial, pregunte a los chicos quién es su famoso favorito. Dígales que hablen sobre él al resto de la clase. Hágales preguntas de su vida para que produzcan usando el pretérito indefinido.

» Pregúnteles si les gusta el fútbol. Si a algunos de ellos no les gusta, dígales que después hablaremos de otros personajes. Pregunte al gran grupo si alguno sabe quién es Andrés Iniesta. Acláreles que se trata de un jugador de fútbol español.

» Con el libro abierto, ponga la pista y dígales que sigan la lectura.

» Ponga la pista una segunda vez y, esta vez, sin leer. Anímelos a que escuchen atentamente.

» Por último, ponga la pista de nuevo y, en esta ocasión, que sigan la lectura. Cuando haya terminado, aproveche los textos para practicar una lectura guiada: lea frase a frase y que los alumnos vayan repitiendo.

INIESTA. Andrés Iniesta Luján nació en Albacete el 11 de mayo de 1984. Jugó en el equipo de los jóvenes del Albacete Balompié. Con 12 años fue a vivir a La Masía, en Barcelona. La Masía es la escuela donde viven y aprenden los futuros jugadores del Barcelona F.C. En la temporada 2002-2003 jugó con este equipo con la camiseta número 8. Es jugador de la Selección Española de Fútbol desde 2006 y tiene la camiseta número 6. En el año 2010 quedó segundo para el Balón de Oro después de Messi. En 2010 marcó el único gol de la final de la Copa Mundial de Fútbol en Sudáfrica contra Holanda. En la temporada 2011-2012 fue el mejor jugador de Europa. Andrés Iniesta tiene una calle con su nombre en el pueblo donde nació. Él vive en la calle Andrés Iniesta, número 1. ¡Qué divertido!

RESPUESTA: 1. F, 2. V, 3. F, 4. V, 5. F.

12. ¿QUIÉN ES TU PERSONAJE FAVORITO? CUENTA SU BIOGRAFÍA.

» Pida a sus alumnos que observen las tres imágenes de la actividad. Dígales que son sus personajes favoritos. Deles alguna información biográfica sobre cada uno de ellos.

» Anime a sus alumnos a escribir una breve biografía sobre su personaje favorito. Puede ayudarlos con las siguientes preguntas: *¿Cómo se llama? ¿De dónde es? ¿Cuándo nació? ¿Dónde vive? ¿A qué se dedica? ¿Qué hizo en su vida? ¿Qué te gusta de él/ella?*, etc.

» Cuando finalicen, pida voluntarios para leer sus redacciones.

» Exponga los trabajos realizados en el aula una vez corregidos los posibles errores.

ACTIVIDADES DE REFUERZO

» Para los alumnos con dificultades a la hora de leer los números cardinales, divida la clase en dos grupos. Aleatoriamente, los estudiantes de un grupo van diciendo cuatro números del 1 al 9, de manera que se van formando números de 4 cifras. Anime al otro grupo a leerlos en voz alta y a escribirlos en sus cuadernos. Posteriormente, se cambian los roles. Pasee por la clase para comprobar que lo están haciendo bien.

ACTIVIDADES DE AMPLIACIÓN

» Anime a los estudiantes a hacer un pequeño texto similar a los de la actividad 9 hablando sobre quién o quiénes son sus inventores favoritos, qué inventaron y si creen que sus inventos son muy importantes para la vida actual.

» Pida que escriban la biografía de los personajes de la actividad 12.

COMPETENCIAS

Competencia matemática. El uso del sistema de numeración en otra lengua junto con la aplicación de las matemáticas en la vida cotidiana favorecen el desarrollo de esta competencia.

Aprender a aprender. Saber transformar la información en conocimiento propio y aplicar los conocimientos a nuevas situaciones favorece esta competencia.

Autonomía e iniciativa personal. Con la información sobre los inventores se fomenta en el alumno la importancia de la iniciativa personal, la creatividad para buscar soluciones a problemas o carencias que afectan a la colectividad.

Comunicación lingüística. En esta sesión se fomenta poder expresar los gustos y los pensamientos, así como saber hacer intercambios comunicativos con ideas propias.

PRESENTACIÓN

- Coloque el póster del cómic en un lugar visible para toda la clase y pida a sus alumnos que se tomen unos minutos para observar las distintas viñetas.
- Hágales preguntas sencillas sobre aspectos relacionados con la historia: *¿Dónde se desarrolla? ¿Qué personajes aparecen? ¿Qué creen que hacen? ¿Qué ocurre?*
- Ponga la pista y pida a los niños que escuchen la historia a la vez que leen en sus libros.
- A continuación, haga una segunda escucha con pausas en cada viñeta. Haga preguntas de comprensión para asegurarse de que siguen el desarrollo de la trama.
- Elija a varios niños para que representen a los personajes de la historia.

CUADERNO DE ACTIVIDADES

En el ***Cuaderno de actividades*** aparecen ejercicios para cada una de las tres sesiones. Conviene acudir a este cuaderno al finalizar cada sesión del *Libro del alumno*. Las actividades se pueden realizar en clase o en casa. Al finalizar las tres sesiones usted puede evaluar a los alumnos en el apartado *Mi progreso*, o que sean ellos mismos los que se evalúen. Puede descargar el solucionario del *Cuaderno de actividades* en la ELEteca.

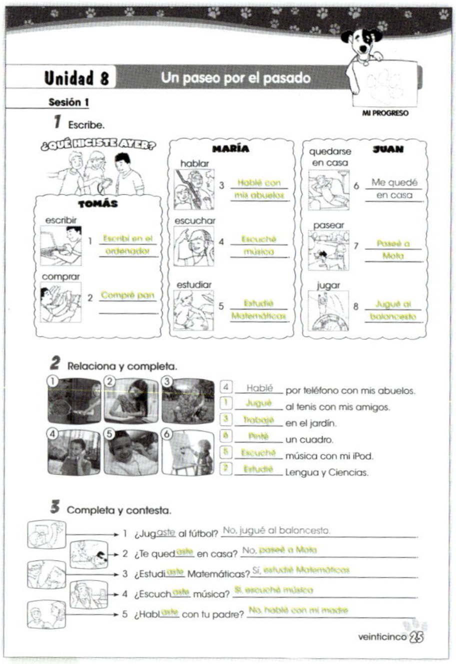

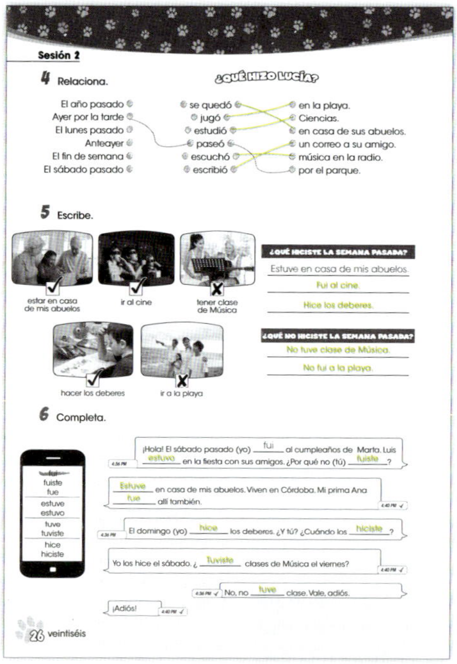

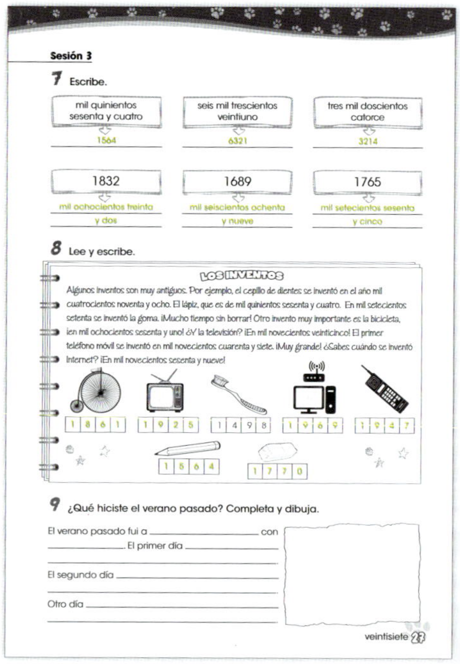

ACTIVIDAD 23. LEYENDAS HISPANOAMERICANAS

Funciones	Vocabulario
• Narrar en pasado.	• Léxico relacionado con las cosechas.

Gramática	Cultura
• Pretérito indefinido y pretérito imperfecto.	• La leyenda azteca del maíz y el dios Quetzacoatl.

Unidad 9 Sesión 1

OBJETIVOS

- Entender y cantar una canción relativa a lugares de la naturaleza.
- Aprender el vocabulario relacionado con lugares naturales.
- Desarrollar habilidades para leer una pequeña rima.
- Aprender y practicar las letras *r* y *rr*, y conocer algunas palabras que la contienen.

LENGUAJE

Vocabulario: *playa, montaña, bosque, valle, desierto, lago, oasis, río, selva, árbol, arena, mar, roca, plantas, pico.*
Estructuras gramaticales: *Hay... ; Es un lugar donde hay... ; Hace frío/calor...*

COMPETENCIAS BÁSICAS

- Social y ciudadana, comunicación lingüística, aprender a aprender.

PRESENTACIÓN

- Salude a la clase: *¡Hola, buenos días!* Haga que ellos respondan: *¡Hola, buenos días!* Pregúnteles sobre los lugares naturales que conocen: *¿Qué lugares de los que aparecen en las fotografías conocéis?* Anime a los niños a que se expresen libremente en su propia lengua.
- Explíqueles que esta es la última unidad, y que van a aprender en español distintos lugares naturales donde se puede viajar en vacaciones. Nuestros amigos, en el cómic final, han decidido ir de viaje a la playa.
- Como actividad inicial, anime a los chicos a que identifiquen y hablen de lo que ven en la imagen: *¿Qué veis en la imagen? ¿Dónde creéis que están? ¿Qué palabras de las que aparecen en la imagen conocéis en español?*, etc.
- Muestre las tarjetas de vocabulario con ilustraciones y vaya nombrándolas a medida que las enseña.

II 28 1. ESCUCHA Y CANTA.

- Explíqueles que van a escuchar una canción sobre distintos lugares de la naturaleza y sus características. Hábleles de estos lugares: la playa, el valle, el bosque, la selva y el desierto.
- Realice una primera audición para que los alumnos capten y se familiaricen con el ritmo de la canción.
- En una segunda escucha, anime a los alumnos a participar haciendo las pausas que considere necesarias. Vaya mostrándoles las tarjetas de vocabulario con imágenes según lo que va diciendo la canción.
- Finalmente, vuelva a poner la canción e invite a los alumnos a que la canten a la vez que marcan el ritmo. Puede repartir las distintas estrofas de la canción por grupos, y cada uno cantará la que le corresponda.

II 29 2. ESCUCHA Y REPITE.

- Al comienzo de la actividad, ponga la **proyección 17** en un lugar bien visible del aula.
- Ponga la pista y pida a los niños que observen detenidamente la proyección y que identifiquen los lugares que puedan. Aproveche la ocasión para incidir en aquellos que no reconocen.
- En una segunda escucha, pídales que señalen en sus libros los lugares según vayan escuchando. Hábleles de ellos, y aproveche la ocasión para contarles aquellos datos que considere relevantes.
- En una tercera escucha, pídales que repitan las distintas intervenciones.
- Por último, elija a cuatro chicos para que representen el diálogo en voz alta y el grupo clase repetirá al unísono todas las palabras del vocabulario.
- Finalmente, divida la clase en pequeños grupos para practicar diálogos similares.

Profesora: ¡Mirad las fotos! Son paisajes.
Tomás: Es un desierto.
Pablo: En el desierto hace calor.
Carmen: También hay un bosque con un río y muchos árboles.

Playa, arena, mar, roca, bosque, árboles, río, valle, montaña, pico, lago, selva, plantas, desierto, oasis.

Ahora, repite tú: árboles, valle, playa, montaña, arena, selva, mar, oasis, río, pico, lago, plantas, desierto, bosque, roca.

3. PREGUNTA Y RESPONDE.

» Escriba en la pizarra la pregunta: *¿Qué lugar es?* Junto a ella, coloque las tarjetas de vocabulario con ilustraciones. Hágalo lentamente y vaya nombrando cada uno de los lugares y elementos que los forman. A continuación con mímica, recuerde: *hace calor* y *hace frío*.

» Invite a los niños a que observen detenidamente las ilustraciones en sus libros y las intervenciones que aparecen. Ponga la pista y pídales que escuchen atentamente e incida en el tono de sorpresa.

» Saque a dos voluntarios a leer las intervenciones a toda la clase. Asegúrese de que entienden que uno de los niños hace una descripción del lugar y el otro adivina de qué fotografía se trata.

» A continuación, haga que los chicos realicen la actividad por parejas. Observe por la clase mientras lo hacen.

» Por último, invite a varios alumnos a ayudarlo a corregirla en la pizarra con las tarjetas de vocabulario con palabras frente a la clase.

Es un lugar donde hace calor y hay arena.
Es el número 1. La playa. Me toca. Es un lugar dónde hay…
Es…

4. JUEGA CON TU COMPAÑERO.

» Explique el juego a la clase: hay que dar una vuelta al tablero, saliendo y entrando por la misma casilla (1, 2, 3 o 4). Los alumnos deben avanzar por el tablero siguiendo el sentido de las manillas del reloj. Hay tres tipos de casillas: casillas con fotografías, donde tienen que hacer una descripción de ese lugar; casilla con instrucción, que tienen que ir a donde se le indica y/o hacer la descripción oportuna; y casillas rosas, donde tienen que describir un lugar para que lo acierte el compañero (el alumno que no acierte se quedará el siguiente turno sin jugar).

» Lea el modelo de intervenciones que tienen los niños en bocadillos y asegúrese de que han entendido el juego.

5. ¡ASÍ SUENA! ESCUCHA Y REPITE.

» Diga a los niños que observen la imagen de la actividad y pregúnteles qué animal es. Dígales que es un burro y pida que repitan la palabra. Invítelos a fijarse en las letras resaltadas en el texto y pronuncie varias palabras con *r/rr*. Por ejemplo: *burrito, barrigón, carro, barro, ayer, resbalón, dentro…*

» Ponga la audición y pida a los niños que lean a la vez que escuchan atentamente.

» Haga una segunda audición. Esta vez deténgala al final de cada línea para que los niños repitan. Por último, ponga la audición de nuevo, donde todos leen y recitan a la vez.

» Si lo cree necesario, explíqueles que la letra ***r*** se pronuncia a veces **suave**, como en *picarón* (entre vocales) o *andar* (final de sílaba), y otras veces **fuerte**, como en *resbalón* (a principio de palabra). Dígales que la letra ***rr*** siempre se pronuncia **fuerte**, como en *burrito*. Pídales que vayan pronunciando cada una de las palabras con *r* o *rr* por parejas.

» Para finalizar, anímelos a aprenderse la rima y a recitarla por parejas. Saque a varias parejas a hacerlo delante de la clase.

El burrito barrigón ayer se dio un resbalón.
Por andar detrás de un carro se cayó dentro del barro.
¡Qué burrito picarón, el burrito barrigón!

ACTIVIDADES DE REFUERZO

» Reparta las tarjetas de vocabulario con ilustraciones y nombres entre los alumnos. Vaya diciendo el vocabulario y pida a los niños que unan ambas y las escriban en sus cuadernos.

ACTIVIDADES DE AMPLIACIÓN

» Reparta una tarjeta de vocabulario con ilustración a cada pareja y pídales que hagan una frase con esa palabra.

COMPETENCIAS

Competencia social y ciudadana. Aproveche la proyección de la actividad 1 para que los niños expresen sus gustos y preferencias en relación a los lugares naturales presentados. Anímelos a expresarse y a participar activamente en clase.

Competencia en comunicación lingüística. El uso de la lengua meta favorece el desarrollo de la competencia en comunicación lingüística desde el inicio del aprendizaje.

Competencia para aprender a aprender. Los alumnos necesitan desarrollar destrezas de comprensión oral para realizar las actividades de recepción con éxito. Explíqueles que no es necesario entender todas las palabras para realizar la tarea con éxito. Estas estrategias favorecen el desarrollo de esta competencia.

Sesión 2

OBJETIVOS

» Describir lugares naturales utilizando los adjetivos adecuados.
» Conocer algunos datos importantes sobre lugares naturales.
» Extraer información específica de textos sobre lugares hispanos.

LENGUAJE

Vocabulario: *profundo, tranquilo, seco, caluroso, frío, nevado, húmedo, lluvioso, lago Titicaca, desierto de Tabernas, Sierra Nevada, río Amazonas.*
Estructuras gramaticales: *Es un lugar* + adjetivo.

COMPETENCIAS BÁSICAS

» Cultural y artística, conocimiento e interacción con el mundo físico.

32 6. ESCUCHA Y OBSERVA.

» Ponga la **proyección 18** en un lugar bien visible del aula. Dirija la atención de los alumnos hacia ella.

» Invite a los alumnos a realizar la descripción de las imágenes. Pueden ayudarse en su propia lengua. Asegúrese de que han asimilado los conceptos que aparecen en la proyección.

» Ponga la pista y pida a los alumnos que escuchen con atención. En una segunda escucha, reparta los roles por filas en el aula y haga que repitan.

» Asigne a cada alumno un adjetivo e invítelo a realizar una frase libremente, apoyándose en las estructuras que han trabajado. Puede pedir a un compañero que lo ayude, en caso de que lo necesite. Repita este ejercicio tantas veces como considere necesario.

» Haga referencia al recuadro de *Recuerda* para trabajar estas estructuras.

» Por último, ponga la pista de nuevo y anime a los alumnos a que sigan la lectura.

¿Cómo es?
El valle es un lugar profundo y tranquilo.
El desierto es un lugar es seco y caluroso.
La montaña es un lugar frío y nevado.
La selva es un lugar húmedo y lluvioso.

7. ELIGE Y DESCRIBE.

» Explique a los niños que deben hacer descripciones de lugares naturales con la información proporcionada en los tres colores. Lea con ellos el ejemplo hasta asegurarse de que han entendido bien la instrucción.

» Invítelos a realizar el ejercicio por parejas. Dígales que se sirvan del recuadro de *Recuerda* como referencia.

» Una vez concluida la actividad, pida que comparen sus respuestas con varios de sus compañeros.

» Para corregir, pida voluntarios que dirán sus soluciones a toda la clase.

» Si lo desea, pídales que escriban las frases en sus cuadernos.

POSIBLES RESPUESTAS:
– La selva tiene árboles y plantas. Es un lugar húmedo y lluvioso.
– La playa tiene arena, mar y rocas. Es un lugar tranquilo y caluroso.
– El desierto tiene arena. Es un lugar seco y caluroso.
– El bosque tiene árboles y plantas. Es un lugar húmedo y lluvioso.
– El valle tiene montañas, un río y un lago. Es un lugar profundo, nevado y frío.

NOTAS

8 Lee y aprende.

El **lago Titicaca** es un lugar muy húmedo. Está situado entre los países de Bolivia y Perú. Hace mucho frío en invierno y mucho calor en verano. Es el lago navegable más alto del mundo. Tiene 8562 km² y una profundidad de 281 metros. Es un paisaje muy bonito, hay playas de arena y muchas plantas y animales.

El **desierto de Tabernas** está en la provincia de Almería (España). Es un parque natural de 280 km². Es el único desierto en toda Europa. Es un lugar muy seco. Las lluvias son pocas pero muy fuertes, y hay muy pocas plantas. El desierto de Tabernas fue «el Hollywood europeo», donde se hicieron muchas películas.

Sierra Nevada está en Andalucía, en el sur de España. Es un lugar donde hay montañas muy altas. Sus picos más altos son el Mulhacén, de 3482 metros y el Veleta, de 3394 metros. Hace mucho frío y están nevados todo el año. Sierra Nevada tiene una estación de esquí muy importante. Muchas personas van allí a esquiar.

El **río Amazonas** es el río más largo y más caudaloso del mundo. El río tiene unos 6762 km de largo; nace en las montañas de los Andes, en Perú. La selva amazónica es muy grande: es un lugar muy húmedo, con un paisaje maravilloso. Aquí hay muchos animales y plantas. Sus aguas limpias son buenas para practicar *rafting*.

9 Elige la respuesta correcta.

1. Es un lugar donde hace mucho frío y sus montañas están nevadas todo el año.
   a) El desierto de Tabernas.
   b) El río Amazonas.
   c) El pico del Mulhacén.
2. Es el más largo y caudaloso del mundo.
   a) El desierto de Tabernas.
   b) El río Amazonas.
   c) El lago Titicaca.
3. Es el lugar navegable más alto del mundo.
   a) Sierra Nevada.
   b) El lago Titicaca.
   c) El desierto de Tabernas.
4. Hace mucho calor. Es un lugar muy seco y tiene pocas plantas.
   a) El río Amazonas.
   b) El desierto de Tabernas.
   c) El lago Titicaca.

setenta y uno 71

8. LEE Y APRENDE.

» Explique a los alumnos que van a leer cuatro textos de lugares naturales muy interesantes de España e Hispanoamérica. Hábleles de ellos. Dé un tiempo para observar las fotografías y resuelva las dudas que surjan de esa observación.

» Haga una primera lectura de cada uno de los textos de forma clara. Anímelos a esforzarse e intentar comprender por el contexto.

» Pídales a sus alumnos que lo lean individualmente. Pregunte en gran grupo a los alumnos qué cosas no entienden e intente que se contesten entre ellos de forma ordenada. Después, resuelva las dudas que queden. Si lo desea, en grupos de cuatro, asigne un texto a cada alumno. Este deberá leer su texto y explicárselo al compañero.

» A continuación, pueden hacer una lectura con toda la clase.

» Elija voluntarios para leer cada uno de los textos a la clase.

9. ELIGE LA RESPUESTA CORRECTA.

» Explique a los alumnos que tienen que elegir el lugar que corresponde a cada descripción con la información que recuerden de los textos.

» Pida a los alumnos que los lean individualmente.

» Dígales que va a ayudarlos a resolver las dudas. Invite a un alumno a leer la primera pregunta y sus tres posibles respuestas. Cuando la resuelva, haga un gesto de válido y anímelos a responder las siguientes individualmente. Deles un tiempo para ello.

» Pida a algunos alumnos voluntarios para corregir la actividad.

RESPUESTA: 1. c, 2. b, 3. b, 4. b.

ACTIVIDADES DE REFUERZO

» Divida la clase en pequeños grupos y asígnele a cada alumno un paisaje de la actividad 6. Cada alumno tendrá que realizar la descripción del paisaje que le ha tocado al resto del grupo. Pasee por la clase mientras hacen la actividad. Finalmente, pida varios voluntarios para hacerlo delante de la clase. Realice esta actividad en un lugar amplio y exterior si es posible.

ACTIVIDADES DE AMPLIACIÓN

» Pida a los alumnos que busquen en Internet información sobre otros lugares naturales que les parezcan interesantes, de su país o de países hispanos, y preparen una pequeña presentación de los mismos en PowerPoint. Finalmente, deberán exponerlo a los compañeros.

COMPETENCIAS

Competencia cultural y artística. Explique a los niños que cuando conocemos lugares nuevos, conocemos otras culturas, y con ello, se activan habilidades para pensar, relacionar, imaginar y expresar sentimientos tanto propios, así como respetar los ajenos. Anime a los niños a apreciar y valorar las diferentes manifestaciones de la naturaleza.

Competencia en el conocimiento y la interacción con el mundo físico. El conocimiento de las características de otros países con sus diferentes paisajes naturales, ayudan a desarrollar habilidades como el respeto a la naturaleza, el amor a la misma y a desenvolverse adecuadamente, y a interpretar el mundo.

¡Hola, amigos! Para practicar la descripción de lugares naturales, puede practicar con la **actividad 25** del **Tablero digital**.

NOTAS

Sesión 3

OBJETIVOS

- Aprender a usar los comparativos.
- Conocer algunos adjetivos indefinidos.
- Practicar y consolidar los contenidos aprendidos en este nivel.

LENGUAJE

Vocabulario: *poco/a/os/as, varios/as, mucho/a/os/as.*
Estructuras gramaticales: *más/menos* + adjetivo + *que; tan* + adjetivo + *como.*

COMPETENCIAS BÁSICAS

- Social y ciudadana, aprender a aprender, cultural y artística.

33 10. ESCUCHA Y REPITE.

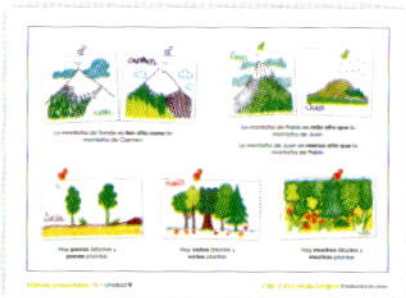

- Ponga la **proyección 19** en un lugar bien visible del aula.
- Pídales que observen detenidamente la imagen y pregúnteles si saben qué van a aprender. Déjelos que se expresen.
- Elija varios voluntarios para explicar los comparativos con ellos. Intente hacerlo con elementos del aula y con sus alumnos.
- Luego, presente los adjetivos indefinidos o cuantificadores de una forma similar a los comparativos.
- Ponga la pista y vaya señalando a medida que se escucha cada frase.
- Elija varios voluntarios para ir leyendo cada una de las frases. Pídales que hagan otra similar con elementos de la vida real.
- A continuación, vuelva a poner la pista y pida a los alumnos que individualmente identifiquen el que corresponda.
- Asigne a cada alumno una de las estructuras comparativas o adjetivos indefinidos resaltados en las frases. Con los libros cerrados y sin la proyección, pídales que realicen una frase con las estructuras o palabras que les haya tocado. Los alumnos tendrán que levantarse y leer su frase al resto de la clase en voz alta. Repita esta dinámica varias veces para hacer participar a más alumnos hasta que compruebe que han asimilado estos contenidos.
- Finalmente, puede practicar con el juego "Huellas digitales" de *Nuestros Juegos*.

La montaña de Tomás es tan alta como la montaña de Carmen.
La montaña de Pablo es más alta que la montaña de Juan.
La montaña de Juan es menos alta que la montaña de Pablo.
Hay pocos árboles y pocas plantas.
Hay varios árboles y varias plantas.
Hay muchos árboles y muchas plantas.

Ahora, repite conmigo: tan alta como, más alta que, menos alta que, pocos, pocas, varios, varias, muchos, muchas.

11. COMPLETA ORALMENTE.

- Explique a los alumnos que la actividad consiste en practicar el vocabulario con las estructuras presentadas.

- Invítelos a observar detenidamente las fotografías. Puede hacer una lluvia de ideas para hablar de ellas, realizando las preguntas propuestas: *¿Qué lugar es? ¿Qué hay? ¿Qué tiene?*
- Invite a dos alumnos a leer el ejemplo para toda la clase. Después, léalo usted.

AHORA, TE TOCA A TI.

- Invite a los alumnos a realizar la actividad en parejas. Corrija con varias parejas de voluntarios la actividad. Debe tener en cuenta que es una actividad muy libre y deberá admitir todas las opciones posibles que sean válidas.

NOTAS

12. JUEGA CON TU COMPAÑERO.

- Con este tablero se pretende revisar los contenidos de este nivel y sirve para evaluar los conocimientos adquiridos por parte de los alumnos. Si lo desea, antes de comenzar con el tablero, puede dedicar una sesión de clase a revisar los contenidos de este nivel, ya que los van a necesitar activar para la realización satisfactoria de este juego:
  - Los animales y sus características: casillas 2, 7 y 19.
  - El reciclaje: casilla 3.
  - Lugares naturales y expresar opiniones: casillas 4, 8, 10, 12, 21, 27 y 28.
  - La comida y su frecuencia de consumo: casilla 5.
  - *Estar* + gerundio: casillas 6, 11, 17 y 25.
  - Gustos y preferencias: casillas 9, 16, 23 y 24.
  - Acciones habituales: casillas 13 y 26.
  - Los números ordinales: casilla 20.
  - El pretérito indefinido: casilla 15.
  - El pretérito perfecto: casilla 18
  - Los números cardinales: casilla 14.
  - Las tiendas: casilla 22.
  - Actividades de ocio y tiempo libre: casilla 29.
- Explique el juego a toda la clase. Se trata de ir avanzando con una ficha por el tablero en función de lo que indique el dado. Se puede jugar en parejas o en grupos de cuatro. Consiste en contestar rápidamente la pregunta que les toque o hacer rápidamente lo que les indique la casilla. El alumno que no acierte se quedará el siguiente turno sin jugar. Asegúrese de que han entendido el juego.
- También, puede establecer la siguiente regla: anotar 10 puntos por cada respuesta acertada y restar 5 puntos cada respuesta errónea. Ganará el alumno que más puntos tenga al llegar a la meta.

ACTIVIDADES DE REFUERZO

- Con todas las tarjetas de vocabulario del nivel haga la siguiente actividad: pegue las tarjetas con ilustraciones por el aula (elija veinte de todas las unidades) y pida un voluntario para que coja todas las tarjetas que pueda nombrar hasta que falle en alguna. A continuación, pasará el turno al siguiente alumno. Previamente usted habrá repuesto las tarjetas o añadido nuevas.

ACTIVIDADES DE AMPLIACIÓN

- Utilice la misma actividad anterior pero esta vez tendrán que realizar una frase con la palabra elegida.
- Como actividad final del curso, elabore un tablero similar al juego de la actividad 12 en el patio del colegio y con tizas de colores. Puede ampliar el juego con otros contenidos del curso.

COMPETENCIAS

Competencia social y ciudadana. Enséñeles a participar activamente en las actividades lúdicas, que construyan y a que acepten normas de convivencia para el disfrute de las mismas. Hable con ellos de la importancia de saber respetar las opiniones de los demás aunque sean diferentes, y de ser personas tolerantes para vivir en sociedad.

Competencia para aprender a aprender. Realizar actividades donde se hagan concursos o juegos de preguntas e interrogantes, que inviten a los niños a buscar y dar contestación, les ayuda a la práctica de la reflexión sobre sus aprendizajes y fomenta el desarrollo de esta competencia.

Competencia cultural y artística. Adquirir información sobre aspectos culturales de una segunda lengua fomenta el desarrollo de una actitud positiva hacia otras culturas y sus lenguas.

¡Hola, amigos! Para practicar las preferencias para un viaje y describir el lugar, puede realizar la **actividad 26** del **Tablero digital**.

NOTAS

PRESENTACIÓN

- Coloque el póster del cómic en un lugar visible para toda la clase y pida a sus alumnos que se tomen unos minutos para observar las distintas viñetas.
- Hágales preguntas sencillas sobre aspectos relacionados con la historia: *¿Dónde se desarrolla la historia? ¿Cómo están nuestros amigos? ¿Qué paisajes están viendo ? ¿Qué está haciendo Lucía?*
- Déjeles que expresen y hablen sobre las escenas, las cosas que les gustan y las que no le gustan, sus sentimientos, etc.
- Ponga la pista y pida a los niños que solo escuchen la historia.
- A continuación, haga una segunda escucha con pausas en cada viñeta. Realice preguntas de comprensión para asegurarse de que siguen el desarrollo de la historia, como: *¿Dónde van los chicos? ¿Por dónde pasa el autobús? ¿Qué tiempo hace en el bosque? ¿Cómo es la playa? ¿Qué hace cada uno de los chicos en el autobús?*, etc.
- Elija varios niños para que lean las distintas viñetas.
- Con los libros cerrados, vuelva a trabajar sobre el póster, pidiéndoles que representen en pequeños grupos cada una de las viñetas libremente.
- Puede hacer una tercera audición opcional sobre el póster, a la vez que usted va señalando las viñetas sin texto.
- Establezca un debate preguntando dónde les gustaría ir de viaje de fin de curso y por qué.

CUADERNO DE ACTIVIDADES

En el ***Cuaderno de actividades*** aparecen ejercicios para cada una de las tres sesiones. Conviene acudir a este cuaderno al finalizar cada sesión del *Libro del alumno*. Las actividades se pueden realizar en clase o en casa. Al finalizar las tres sesiones usted puede evaluar a los alumnos en el apartado *Mi progreso*, o que sean ellos mismos los que se evalúen. Puede descargar el solucionario del *Cuaderno de actividades* en la ELEteca.

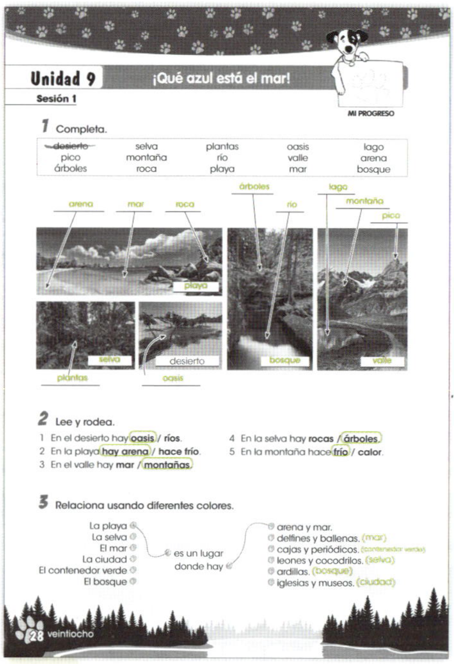

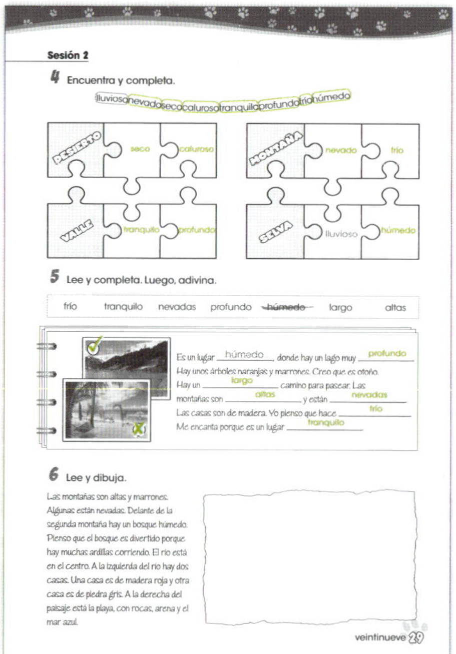

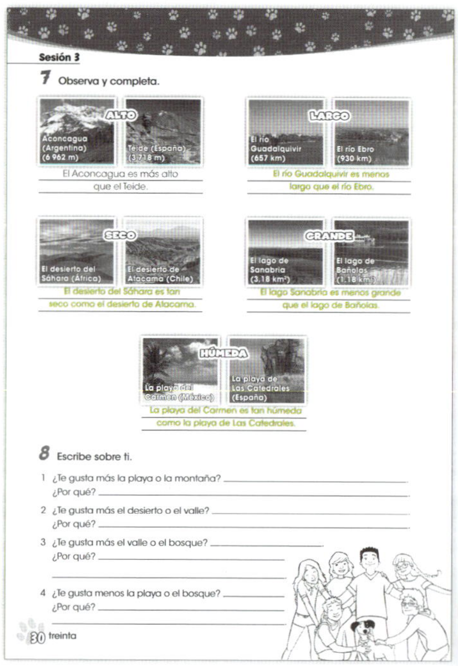

ACTIVIDAD 24. LA AVENTURA: UN DÍA EN CASA DE VALERIA

Los amigos van pasar un día a casa de Valeria. Llegan en autobús y van a dar un paseo para conocer el pueblo. Luego, Valeria les lleva a su casa y les enseña las habitaciones. Los amigos conocen a los padres de Valeria y los ayudan a poner la mesa. Mientras los padres terminan de hacer el asado, los cinco chicos van a dar una vuelta por el parque natural que hay en el pueblo. Allí ven águilas, montañas y un río. Valeria comenta que hay osos, pero están más arriba, en las montañas. También hay un volcán y un lago, pero no pueden ir a verlos porque los padres de Valeria los esperan para comer.

Después del visionado de la aventura, realice las siguientes preguntas.

1. ¿Dónde van a comer los chicos?
2. ¿Cómo es el pueblo?
3. ¿Qué hace la gente del pueblo por las tardes?
4. ¿Qué hace Valeria todos los días antes de ir al colegio?
5. ¿Dónde van los chicos después de comer?
6. ¿Qué animales ven en el parque?
7. ¿Qué hay además de un río?
8. ¿Qué prefiere comer Manuel?

GUION DE LA AVENTURA

¡Hola, amigos!

Para leer el **Guion de la aventura**, vaya a la **página 114** o descárguelo del **CD-ROM**.

ACTIVIDAD 25. PARQUES NATURALES

Funciones	Vocabulario
• Describir lugares naturales.	• Léxico relacionado con las montañas.

Cultura
• El Parque Nacional de Ordesa y Monte Perdido en los Pirineos (España).

ACTIVIDAD 26. A MÍ ME GUSTARÍA IR...

Funciones	Vocabulario
• Preguntar y expresar preferencias para un viaje. • Ubicar un accidente geográfico. • Describir un lugar. • Dar información turística sobre un lugar.	• Actividades de ocio y deporte. • Accidentes geográficos.

Cultura
• Destinos turísticos en países de habla hispana.

CLAN 7

¡Hola, amigos!

TEST DE EVALUACIÓN

TEST Unidad 1

NOMBRE ....

FECHA .... CLASE ....

1 41 Escucha y rodea.

Pedro: ¡Hola! Me llamo Pedro. ¿Cómo te llamas?

Eva: Se llama Pedro. / Me llamo Eva.

Pedro: ¿Cómo estás? / ¿De dónde eres? / ¿Cómo eres?

Eva: Soy de Chile. / Soy de España. / Soy de Argentina.

Pedro: ¿Qué tal? / ¿Dónde vives? / ¿Cuántos años tienes?

Eva: Tengo 8 años. / Tengo 10 años. / Tengo 11 años.

Pedro: ¿De dónde eres? / ¿Con quién vives? / ¿Dónde vives?

Eva: Vivo en el noveno piso. / Vivo en el segundo piso. / Vivo en el sexto piso.

Pedro: Yo vivo en el cuarto piso. / Yo vivo en el quinto piso. / Yo vivo en el primer piso. Adiós. / Buenas noches. / ¡Hasta luego!

Eva: ¡Adiós! / ¡Hola! / ¡Hasta luego!

2 Completa.

a La mamá de mamá es mi (1) abuela.

b El papá de mamá es mi (2) ____________.

c El hijo de mis padres es mi (3) ____________.

d El hermano de mamá es mi (4) ____________, y su hija es mi (5) ____________.

e La hermana de mamá es mi (6) ____________.

3 Rodea la respuesta.

1 ¿Dónde vives? → Vivo en el segundo piso. / Vivo con mis tíos.

2 ¿Cuántos años tienes? → Tengo dos hermanos. / Tengo diez años.

3 ¿Con quién vives? → Vivo en el segundo piso. / Vivo con mis padres.

4 ¿De dónde eres? → Soy Marcos. / Soy de España.

5 ¿Dónde vive Carlos? → Vivo en el quinto piso. / Vive en el quinto piso.

6 ¿Dónde vives? → Vivo en el cuarto piso. / Vivo con mi madre.

4 ¿Qué hace?

1

dibujar
______

2

______
______

3

______
______

4

______
______

5

______
______

6

______
______

7
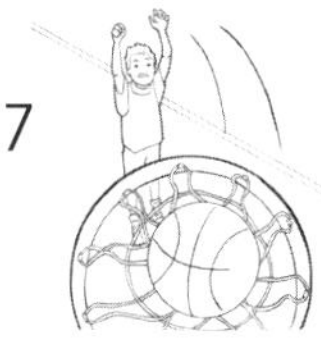
______
______

5 Lee y señala.

De: Pedro | Para: Eva | Asunto: Mi tiempo libre.

¡Hola, Eva!

Soy Pedro. ¿Qué haces en tu tiempo libre? A mí me gusta hacer muchas cosas. Monto en bicicleta todos los días. Normalmente voy al parque con mis amigos por la tarde y, a veces, juego al baloncesto con ellos. No me gusta jugar al fútbol ni montar en monopatín. A veces toco la guitarra. ¡Estudio música! No me gusta dibujar. También leo muchos cómics. ¡Me encanta leer!

¡Hasta luego!

Pedro.

1 A Pedro le gusta mucho jugar **al baloncesto** / **al fútbol**.
2 Pedro monta **en monopatín** / **en bicicleta** todos los días.
3 A veces **le gusta** / **no le gusta** tocar la guitarra.
4 A Pedro no le gusta **leer** / **dibujar**.
5 A Pedro le encanta leer **cómics** / **libros**.

6 Contesta tú al correo de Pedro.

De: | Para: Pedro | Asunto: Mi tiempo libre.

¡Hola, Pedro! Soy ______. Vivo en ______ con ______. En mi tiempo libre me gusta ______ ______. Normalmente ______ ______.

A veces ______.

TEST

Unidad 2

NOMBRE ....

FECHA .... **CLASE** ....

1 (42) Escucha y ordena.

2 Escucha de nuevo y completa.

Juan se levanta a las ocho menos cuarto. Se ducha y se viste. Desayuna cereales con leche ____________ y, después, se lava los dientes. Saca a Mota ____________ y hace la cama ____________. Juan va al colegio ____________.

3 Completa.

1 Luis (levantarse) se levanta todos los días a las ocho.

2 ¿A qué hora (desayunar, tú) ____________ los domingos?

3 Ana (vestirse) ____________. Después (lavarse) ____________ los dientes.

4 Yo (ir) ____________ al colegio a las **8:45** ____________.

5 Antonio (jugar) ____________ al baloncesto y (volver) ____________ a casa a las **6:45** ____________.

6 Tú (acostarse) ____________ a las **9:30** ____________.

4 Escribe.

2:00

volver a casa

2:15

comer

4:45

ir al parque

5:15

merendar

9:30

acostarse

1 María vuelve a casa a las dos de la tarde.
2 María ________________________.
3 ________________________.
4 ________________________.
5 ________________________.

5 ¿Verdadero o falso?

¡Hola, me llamo Lucía! Todos los días me levanto a las ocho menos cuarto. El sábado me levanto a las nueve y media, desayuno, me visto, me lavo los dientes y ¡juego al baloncesto. ¡Me encanta jugar al baloncesto! Después vuelvo a casa, y me ducho. Como con mi familia a las dos y media y, después, hago los deberes. Por las tardes, voy al parque con mis amigos o a casa de mi amiga Carmen. Vuelvo a casa temprano y ceno. Me acuesto a las diez.

1 Todos los días se ducha después de desayunar......... V/F
2 ¡Le encanta jugar al baloncesto! .... V/F
3 Come con su familia a las dos.................................... V/F
4 Por las tardes va al parque con sus amigos. .... V/F
5 Vuelve tarde a casa por la noche. .... V/F
6 Se acuesta a las diez. .... V/F

6 ¿Qué haces por las mañanas? ¿Y por las tardes?

Por las mañanas yo ________________ a las ________________. A las ________________ yo ________________.

Por las tardes yo ________________ a las ________________ ________________.

TEST
Unidad 3

NOMBRE ....

FECHA .... CLASE ....

1 43 Escucha y señala. ¿Qué come Elena? ¿Y Julio?

2 Escribe.

guisantes ______ ______ ______ ______ ______

3 Elige y rodea.

1 **Tengo hambre** / **Tengo sed**. ¿Me pasas el agua?
2 Hoy **he desayunado** / **he comido** lentejas y pescado.
3 ¡Tengo ganas de cenar! ¡**Tengo sed**! / ¡**Tengo hambre**!
4 ¡Me gustan las ensaladas! ¿Me puedes pasar **el vinagre** / **la leche**?

4 Completa y adivina.

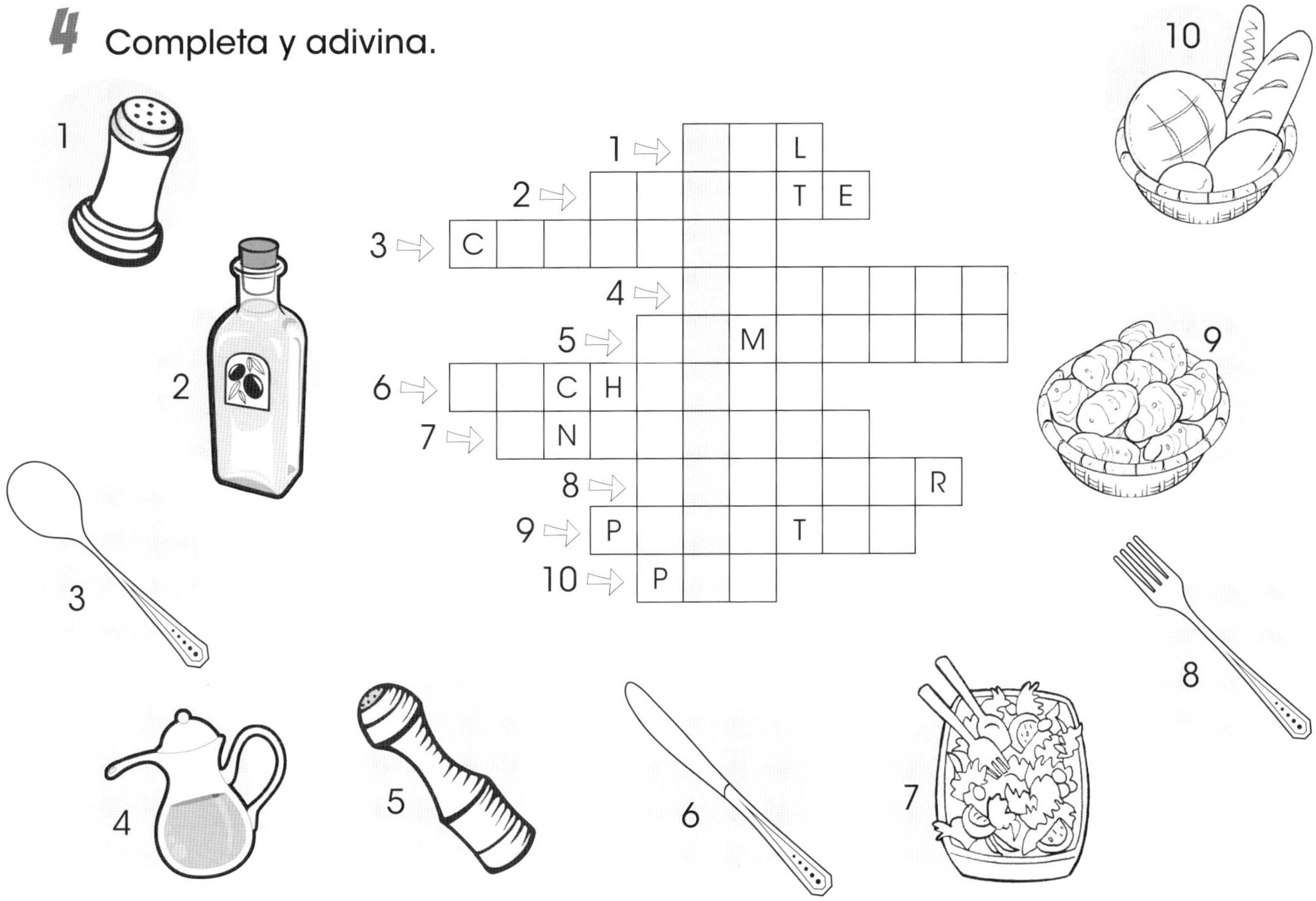

5 Lee y contesta.

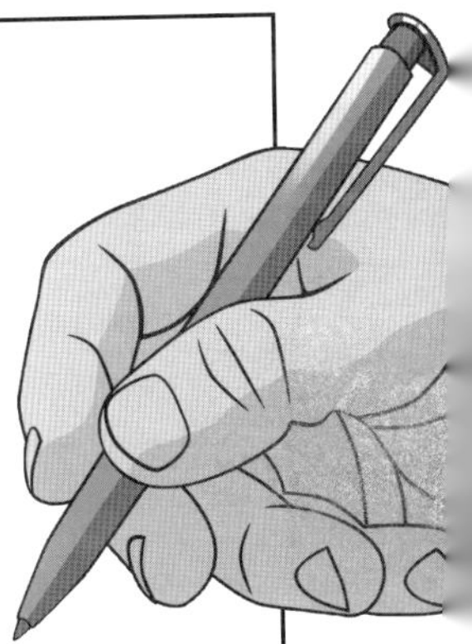

Soy Alicia y soy de España. Todos los días desayuno a las ocho y media con mi hermano. Tomo leche y pan con aceite. Hoy he desayunado cereales con leche. A las dos como en el colegio. Hay arroz, verduras, carne, patatas fritas y mucha fruta. Hoy he comido lentejas, de segundo plato, pescado y de postre, un yogur. A las cinco, tomo a veces zumo de naranja.
Normalmente ceno a las nueve con mi familia. Hoy he cenado sopa y hamburguesas con patatas fritas! De postre una pera. ¡Me encantan las hamburguesas de mi madre! ¡Ah! Y juego al tenis los lunes, miércoles y viernes. ¡Me encanta!

1 ¿Qué ha desayunado Alicia? → Ha desayunado cereales con leche.

2 ¿A qué hora come en el colegio? → ______

3 ¿Qué toma normalmente por la tarde? → ______

4 ¿Qué ha cenado? → ______

5 ¿Cuántas veces hace deporte Alicia? → ______

6 ¿Y tú? ¿Qué desayunas normalmente? → ______

______

TEST
Unidad 4

NOMBRE ....

FECHA .... **CLASE** ....

1 (44) Escucha y rodea.

1

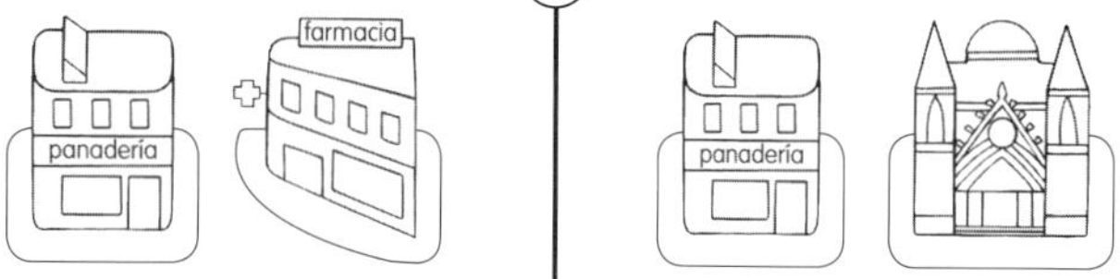

A (circled) | B

2

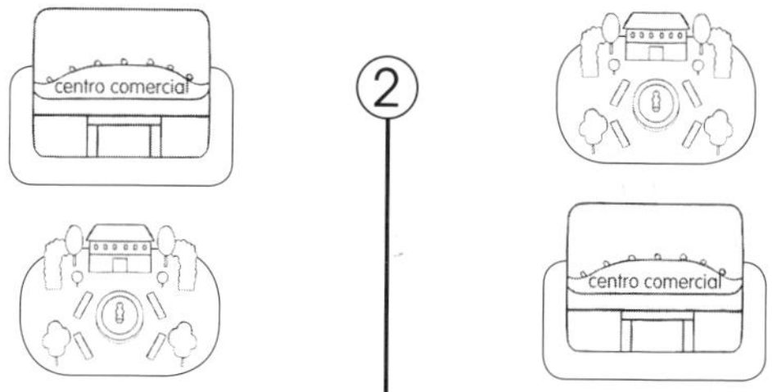

A | B

3

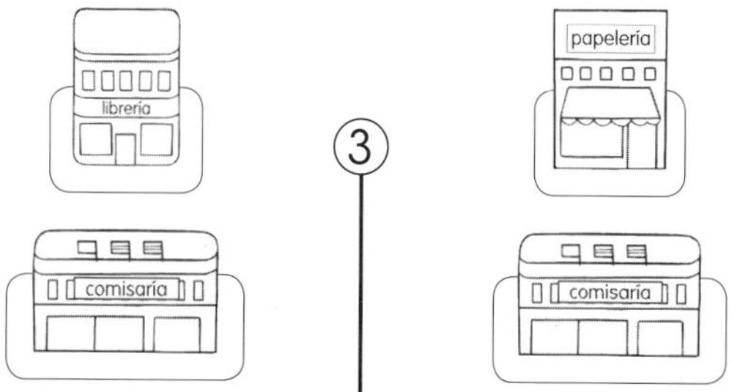

A | B

4

A | B

2 Observa y escribe los lugares.

1 
panadería

2 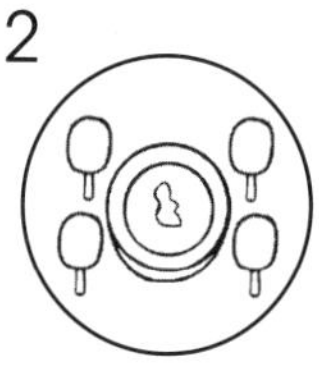
____

3 
____

4 
____

5 
____

6 
____

3 Observa y completa.

está ◆ sigue ◆ cruza ◆ ~~hay~~ ◆ gira

1 **Fernando:** Estoy en el parque. ¿ Hay una farmacia cerca?
Ana: Sí, cruza, sigue recto y después ______________ a la derecha. Está al lado de la tienda.

2 **Ana:** Estoy en la panadería. ¿Dónde está el centro comercial?
Fernando: ______________ al final de la calle.

3 **Fernando:** Estoy en la librería. ¿Dónde está el parque?
Ana: ______________ recto y, después, a la derecha.

4 **Fernando:** Estoy en el parque. ¿Dónde está la comisaría?
Ana: ______________ la calle y sigue recto.

4 Escribe.

200 ____________ 500 ____________ 600 ____________

700 ____________ 900 ____________ 1000 ____________

5 ¿Verdadero o falso?

Los edificios en mi país

Este es el dibujo de mi casa: es de ladrillo y blanca.

Este es un edificio de pisos: es un edificio alto y moderno y en él viven muchas familias.

También, hay casas de madera. Son pequeñas y muy bonitas. A mí, ¡me encantan!

Los castillos son muy antiguos, son de piedra y están lejos del centro histórico.

1 Las familias viven en casas o pisos. .... V/F
2 Los pisos son altos y viven muchas familias. .... V/F
3 Las casas pueden ser de ladrillos o de madera. .... V/F
4 Los castillos son modernos. .... V/F
5 En España las familias viven en castillos. .... V/F

6 Escribe a tu amigo.

Hola:
Estoy de vacaciones con mi familia en ____________.
Es una ciudad muy bonita. Los edificios son ____________
____________.
Hay ____________
____
____________.

____
____
____

TEST
Unidad 5

NOMBRE ....

FECHA .... CLASE ....

1 45 Escucha y señala qué les gusta.

Lola	✓						
José							

2 Observa y escribe.

1 ir al campo

2 ____________

3 ____________

4 ____________

5 ____________

6 ____________

3 Observa y escribe.

1 

Yo pienso que jugar al tenis es divertido,
pero creo que jugar al balonmano es aburrido.

2 

Tú crees que ______________________________,
pero ______________________________.

3 

Ella piensa que ______________________________,
pero ______________________________.

4 

Me gusta ______________________________,
pero ______________________________.

4 Lee y elige.

¿Dígame?

¿Está Antonio?

Sí, soy yo. ¡Hola Ana!

¿Qué haces este fin de semana?

Vamos al campo. Yo pienso que es divertido. Me gusta correr y jugar al balonmano. ¿Te apetece ir al campo?

Prefiero ir a la playa. Yo creo que es emocionante. Me gusta hacer natación y jugar a las cartas.

Bueno, ¿qué haces esta tarde?

Voy al cine. Es muy divertido. ¿Quedamos?

¿A qué hora?

A las cinco. Después de jugar al tenis.

Lo siento, pero no puedo a esa hora. ¿Quedamos a las seis?

¡Fantástico! y después vamos a jugar a los videojuegos.

1 ¿Qué hace Antonio este fin de semana? **Ir al campo.** / **Ir a la playa.**
2 ¿Qué deporte le gusta a Antonio? Correr y jugar al **baloncesto** / **balonmano.**
3 ¿Qué le gusta a Ana? **Jugar a las cartas.** / **Ir a la playa.**
4 Ana cree que ir a la playa es **divertido** / **emocionante.**
5 ¿A qué hora quedan Ana y Antonio? **A las cinco.** / **A las seis.**
6 ¿Qué hacen después de ir al cine? **Jugar a los videojuegos.** / **Jugar al tenis.**

5 Escribe sobre tu deporte favorito.

Hola:

Me llamo ________________. Mi deporte favorito es ________________.

Me gusta ________________________________

________________________________.

No me gusta ________________________________

________________________________.

TEST
Unidad 6

NOMBRE ....

FECHA .... CLASE ....

1 46 Escucha y rodea.

① 

A | B

② 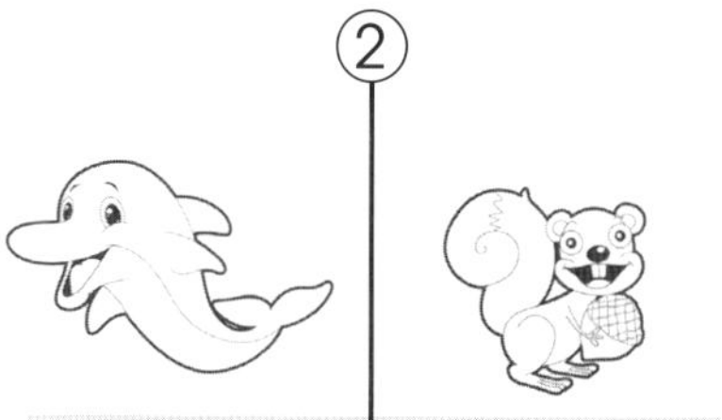

A | B

③ 

A | B

④ 

A | B

⑤ 

A | B

⑥ 

A | B

2 Observa y escribe.

1 ___delfín___

2 ______________

3 ______________

4 ______________

5 ______________

6 ______________

3 Completa.

1 Las niñas ___están___ corriendo. Son rápidas.

2 El perro ______________ pequeño, y ______________ bebiendo.

3 Me ______________ las cigüeñas. Tienen pico y plumas. ______________ volando.

4 Los niños ______________ fuertes. ______________ hambre y ______________ comiendo.

5 La ardilla ______________ de color marrón.

4 Completa el crucigrama.

1 2

3 4

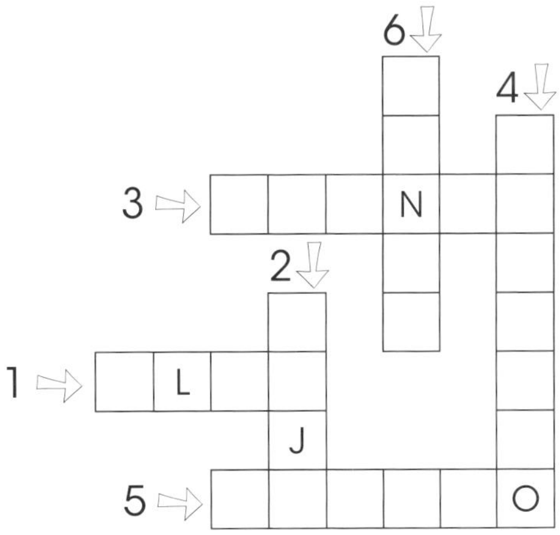

5

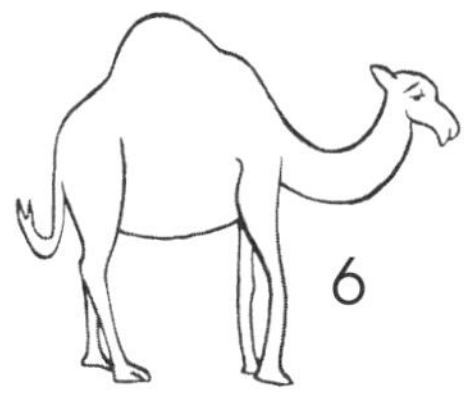

6

5 Lee y elige.

El tigre de Bengala

El tigre de Bengala vive en la India (Asia). Estos tigres son grandes y fuertes. Me gustan porque son de color naranja con rayas blancas y negras. Miden tres metros de largo y pesan entre doscientos y trescientos kilos. La cola mide noventa y dos centímetros. Tienen colmillos fuertes y dientes afilados. Nadan, corren, son muy rápidos y comen otros animales. El tigre de Bengala es un animal en peligro de extinción.

1 ¿Dónde vive? El tigre de Bengala vive en la India (Asia).

2 ¿Cómo es? ______

3 ¿De qué color es? ______

4 ¿Cuánto mide? ______

5 ¿Qué come? ______

6 Escribe sobre tu animal favorito.

Mi animal favorito es ______.

Tiene ______.

Me gusta porque ______

______.

No me gusta porque ______

______.

TEST
Unidad 7

NOMBRE ....

FECHA .... **CLASE** ....

1 (47) Escucha y señala.

- ☐ bolsas
- ☐ contenedor azul
- ☐ botellas
- ☐ periódicos
- ☐ latas
- ☐ plástico
- ☐ contenedor amarillo
- ☐ contenedor verde
- ☐ cajas

2 Elige y escribe.

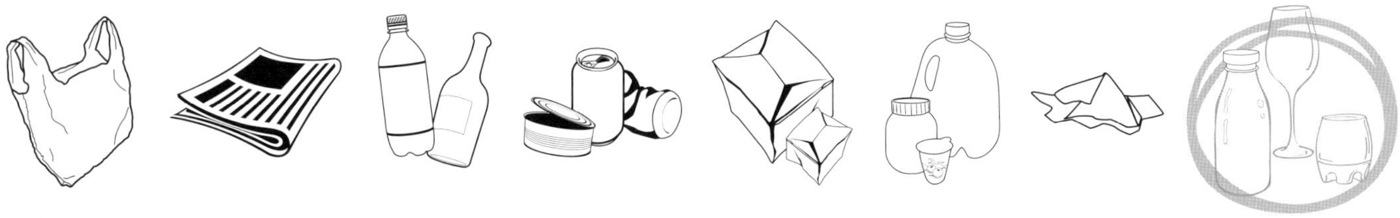

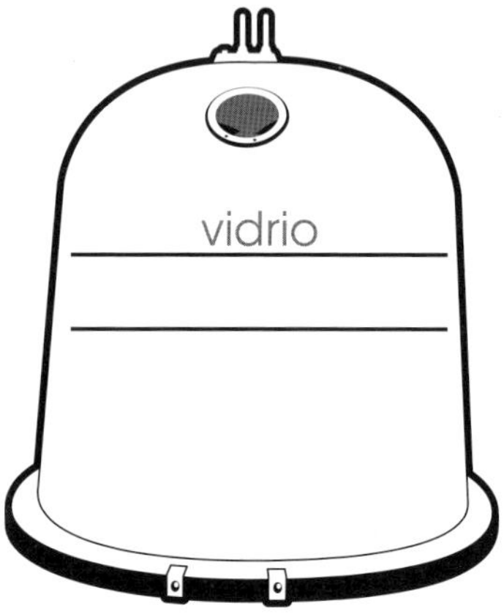

Contenedor verde

Contenedor azul

Contenedor amarillo

3 Lee y relaciona.

1 Tienes que pensar
2 Debes reciclar
3 En casa tienes que apagar
4 Tienes que cerrar el grifo cuando
5 Hay que ahorrar,

- la luz cuando no estás en tu habitación.
- te cepillas los dientes.
- en verde.
- el planeta lo necesita.
- las botellas, las latas, el papel…

4 Escribe.

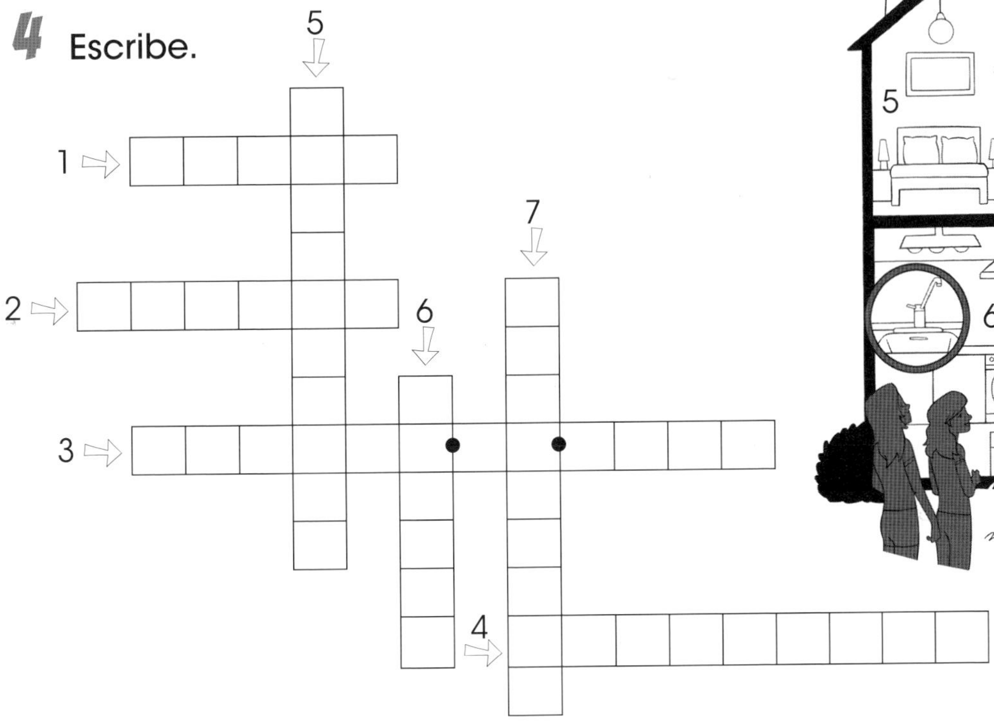

5 ¿Verdadero o falso?

El día 17 de mayo es el Día Mundial del Reciclaje. Tenemos que reciclar para salvar el planeta.
Por ejemplo, para hacer papel necesitamos entre diez y quince árboles, mucha electricidad y muchos litros de agua.
Por eso, cuando reciclas el papel, no hay que cortar árboles y ahorramos energía y mucha agua. También ayudamos a muchos animales que necesitan esos árboles para vivir. ¡Es muy importante reciclar! ¡Hay que ayudar al planeta!

1 El Día Mundial del Reciclaje es el 7 de mayo. .... V/F
2 Es necesario cortar pocos árboles para hacer papel. .... V/F
3 Cuando reciclas papel, ahorras agua. .... V/F
4 Muchos animales viven de los árboles. .... V/F
5 Reciclar es ayudar al planeta. .... V/F

6 Escribe.

Para salvar el planeta yo ____
______________________________. Tengo que ____________________________
____.

TEST
Unidad 8

NOMBRE ....

FECHA .... **CLASE** ....

1 (48) Escucha, elige y señala.

1 La amiga de Silvia se llama...	Julia	Pepa	María
2 El sábado por la mañana Silvia jugó...	al balonmano	al tenis	al fútbol
3 El sábado por la tarde fue...	a la playa	a la piscina	al parque
4 El domingo Silvia comió en...	el colegio	casa	la playa
5 El sábado David jugó al...	baloncesto	tenis	fútbol

2 Busca y escribe.

1 
paseaste

2 
____

3 
____

4 
____

5 
____

6 
____

7 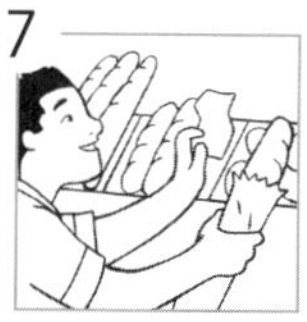
____

8 
____

c p a s e a s t e o
o s d f s h j h l r
m y c h c t u a d n
p h h k u ñ p b i p
r t a e c q z l c i
é v t c h r t ó w n
d c e y ó ñ b s a t
d r é u i m q o p a
í b i r c s e u m s
u b w q i u z x ñ t
t r a b a j a s t e

3 Ordena. Luego responde.

1 ¿Dónde / domingo / estuviste / el / pasado?
¿Dónde estuviste el domingo pasado?

2 año / estuvo / pasado? / el / ¿Dónde / Carmen
____

3 ayer? / hizo / ¿Qué / Pedro
____

4 Relaciona.

1 Tres mil trescientos cuarenta y ocho.	9.521
2 Ocho mil cuatrocientos once.	2.765
3 Tres mil doscientos cincuenta y nueve.	2.792
4 Nueve mil quinientos veintiuno.	3.348
5 Dos mil setecientos noventa y dos.	3.259
6 Dos mil setecientos sesenta y cinco.	8.411

5 Lee y contesta.

¡Ayer fue un día genial! Por la mañana fui al parque y jugué al balonmano. Por la tarde estuve en el centro comercial con mis amigos. Fui al cine, comí hamburguesas con patatas fritas. Por la noche jugué a las cartas con mi hermano y mi padre.

Anteayer tuve un día aburrido.
Por la mañana me quedé en casa, hice los deberes y estudié. Por la tarde chateé con mis amigos y paseé al perro. Estuve en casa temprano y escuché música.

1 ¿Qué hiciste ayer por la mañana? Yo fui al parque y jugué al balonmano.

2 ¿Qué hizo Pedro por la mañana? __________

3 ¿Qué hiciste por la tarde? __________

4 ¿Qué hizo Pedro por la tarde? __________

5 ¿Quién tuvo un fin de semana emocionante? __________

6 Escribe. ¿Qué hizo Cristina ayer?

8:00 Levantarse.
Desayunar: *Pan con aceite y leche.*
9:00 a 14:00 Estar en clase.
Estudiar: *Matemáticas y Música.*
14:30 Comer en casa.
16:00 Hacer los deberes.
17:30 Jugar al baloncesto.
19:30 Ir al parque.
21:15 Cenar.

Ayer se levantó __________

TEST
Unidad 9

NOMBRE ....

FECHA .... CLASE ....

1 49 Escucha y señala.

	montaña	arena	río	árboles	lago	oasis	hace frío	hace calor
				✓				

2 Relaciona.

1 
2 
3 
4 
5 

plantas · montaña · pico · río · árboles

arena · oasis · lago · mar · roca

3 Elige.

calor ◆ arena ◆ árboles ◆ alta ◆ ~~plantas~~ ◆ grande

1 La selva es un lugar que tiene más ___plantas___ que la playa.
2 En el desierto hace más ________________ que en la montaña.
3 La montaña es más ________________ que el valle.
4 Un parque tiene menos ________________ que un bosque.
5 Un desierto tiene más ________________ que una playa.
6 El mar es más ________________ que el lago.

4 Completa.

~~lluvioso~~ ◆ frío ◆ tranquilo ◆ seco ◆ profundo ◆ húmedo ◆ nevada
muchas ◆ mucha ◆ muchos

1 La selva es un lugar muy ___lluvioso___, hay ________ plantas.
2 La montaña está ________. Es un lugar donde hace mucho ________.
3 El desierto es un lugar muy ________, hay arena y oasis.
4 La playa tiene rocas y ________ arena. Está al lado del mar.
5 El bosque es un lugar con ________ árboles y es ________.
6 El valle tiene montañas y un río, es ________. Es un lugar ________.

5 Lee y rodea la respuesta.

El Coto de Doñana es un Parque Nacional desde 1969 y está en el sur de Andalucía (España). Es muy grande. Los inviernos son húmedos y los veranos secos. Es un lugar tranquilo. Hay muchos animales salvajes. El lince está en peligro de extinción. Hay un bosque de pinos y muchas montañas de arena. También, hay playas de arena blanca y un río que se llama Guadalquivir. El Guadalquivir es el río más largo de Andalucía.

1 El Coto de Doñana es un **bosque / Parque Nacional**.
2 El Coto de Doñana tiene los inviernos **húmedos / fríos**.
3 Los veranos son **secos / húmedos**.
4 Hay muchos animales salvajes, como el **león / lince**.
5 Hay un **río / lago** que se llama Guadalquivir.
6 El Coto de Doñana es muy **grande / pequeño**.

6 Describe este paisaje.

La playa es un lugar ________.
Hay ________
y hace ________.
La playa es más ________.
Me gusta la playa porque ________.

Los test de evaluación en formato pdf para imprimir están disponibles en la ELEteca.

UNIDAD 1

1. Me llamo Eva; ¿De dónde eres?; Soy de España; ¿Cuántos años tienes?; Tengo 10 años; ¿Dónde vives?; Vivo en el segundo piso; Yo vivo en el quinto piso; Hasta luego; ¡Adiós!

2. 1. abuela; 2. abuelo; 3. hermano; 4. tío; 5. prima; 6. tía.

3. 1. Vivo en el segundo piso; 2. Tengo diez años; 3. Vivo con mis padres; 4. Soy de España; 5. Vive en el quinto piso; 6. Vivo en el cuarto piso.

4. 1. dibujar; 2. tocar la guitarra; 3. montar en monopatín; 4. montar en bicicleta; 5. leer un cómic; 6. jugar al fútbol; 7. jugar al baloncesto.

5. 1. al baloncesto; 2. en bicicleta; 3. le gusta; 4. dibujar; 5. cómics.

6. Respuesta abierta. En esta actividad los alumnos tienen que contestar de manera semidirigida al correo de Pedro.

UNIDAD 2

1. 1. levantarse; 2. ducharse; 3. vestirse; 4. desayunar; 5. lavarse los dientes; 6. sacar a Mota; 7. hacer la cama; 8. ir al colegio.

2. a las ocho menos cuarto; a las ocho; a las ocho y cuarto; a las ocho y media; a las nueve menos cuarto.

3. 1. se levanta; 2. desayunas; 3. se viste, se lava; 4. voy, nueve menos cuarto; 5. juega, vuelve, siete menos cuarto; 6. te acuestas, nueve y media.

4. 1. María vuelve a casa a las dos; 2. María come a las dos y cuarto; 3. María va al parque a las cinco menos cuarto; 4. María merienda a las cinco y cuarto; 5. María se acuesta a las nueve y media.

5. 1. F; 2. V; 3. F; 4. V; 5. F; 6. V.

6. Respuesta abierta. En esta actividad los alumnos tienen que escribir sobre sus actividades habituales por las mañanas, por las tardes y durante los fines de semana.

UNIDAD 3

1. Elena: pasta, verdura, pescado, pera; Julio: ensalada, carne, patatas fritas, plátano.

2. guisantes; plátanos; carne; pasta; pescado; zanahorias.

3. 1. Tengo sed; 2. he comido; 3. ¡Tengo hambre!; 4. el vinagre.

4. 1. sal; 2. aceite; 3. cuchara; 4. vinagre; 5. pimienta; 6. cuchillo; 7. ensalada; 8. tenedor; 9. patatas; 10. pan. La palabra secreta es: servilleta.

1 ⇨						**S**	A	L				
2 ⇨				A	C	**E**	I	T	E			
3 ⇨	C	U	C	H	A	**R**	A					
4 ⇨						**V**	I	N	A	G	R	E
5 ⇨					P	**I**	M	I	E	N	T	A
6 ⇨	C	U	C	H	I	**L**	L	O				
7 ⇨		E	N	S	A	**L**	A	D	A			
8 ⇨					T	**E**	N	E	D	O	R	
9 ⇨				P	A	**T**	A	T	A	S		
10 ⇨					P	**A**	N					

5. 1. Ha desayunado cereales con leche; 2. A las dos; 3. Toma zumo de naranja; 4. Ha cenado sopa y hamburguesas con patatas fritas; 5. Tres veces a la semana: lunes, miércoles, viernes; 6. Respuesta abierta. En esta actividad los alumnos tienen que escribir sobre lo que han desayunado hoy.

UNIDAD 4

1. 1. A; 2. A; 3. B; 4. A.

2. 1. panadería; 2. plaza; 3. calle; 4. librería; 5. comisaría; 6. centro comercial.

3. 1. Hay; gira; 2. está; 3. Sigue; 4. Cruza.

4. doscientos; quinientos; seiscientos; setecientos; novecientos; mil.

5. 1. V; 2. V; 3. V; 4. F; 5. F.

6. Respuesta abierta. En esta actividad los alumnos tienen que escribir una postal a un amigo describiendo cómo es la ciudad donde está de vacaciones con su familia.

UNIDAD 5

1.

	1	2	3	4	5	6	7
Lola	✓	✓				✓	
José		✓		✓	✓		✓

2. 1. ir al campo; 2. jugar al tenis; 3. jugar a los videojuegos; 4. bailar; 5. ir al cine; 6. jugar al balonmano.

3. 1. Yo pienso que jugar al tenis es divertido, pero creo que jugar al balonmano es aburrido; 2.Tú crees que ir a la playa es divertido pero nadar es aburrido; 3. Ella piensa que ir al teatro es emocionante y piensa que correr es divertido; 4. Me gusta bailar pero no me gusta hacer gimnasia.

4. 1. Ir al campo; 2. Balonmano; 3. Ir a la playa; 4. emocionante; 5. A las seis; 6. Jugar a los videojuegos.

5. Respuesta abierta. En esta actividad los alumnos tienen que escribir sobre su deporte favorito.

UNIDAD 6

1. 1. A; 2. B; 3. A; 4. A; 5. A; 6. B.

2. 1. delfín; 2. jirafa; 3. cocodrilo; 4. ballena; 5. trompa; 6. alas.

3. 1. están; 2. es, está; 3. gustan, Están; 4. son, Tienen, están; 5. es.

4. 1. alta; 2. baja; 3. grande; 4. pequeño; 5. rápido; 6. lento.

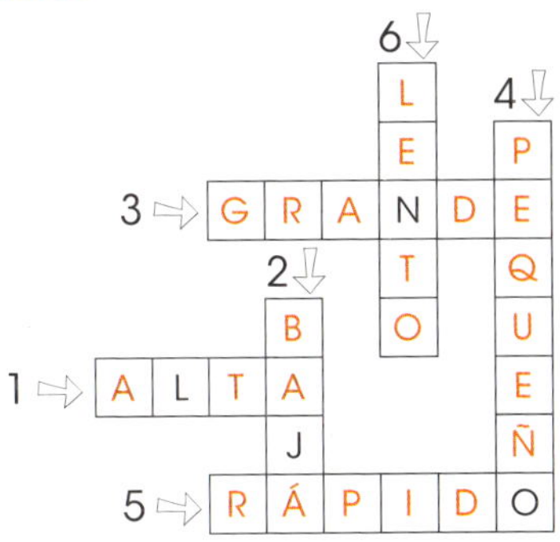

5. 1. El tigre de Bengala vive en India (Asia); 2. Grande y fuerte; 3. Es de color naranja con rayas blancas y negras; 4. Mide tres metros; 5. Come otros animales.

6. Respuesta abierta. En esta actividad los alumnos tienen que escribir sobre su animal favorito.

UNIDAD 7

1. contenedor azul, botellas, periódicos, latas, contenedor amarillo, contenedor verde.

2. Contenedor verde: vidrio, botellas;
Contenedor azul: periódicos, cajas, papel;
Contenedor amarillo: bolsas/plástico, latas, envases.

3. 1. Tienes que pensar en verde; 2. Debes reciclar las botellas, las latas, el papel…; 3. En casa tienes que apagar la luz cuando no estás en tu habitación; 4. Tienes que cerrar el grifo cuando te cepillas los dientes; 5. Hay que ahorrar, el planeta lo necesita.

4. 1. salón; 2. jardín; 3. cuarto de baño; 4. ordenador; 5. dormitorio; 6. cocina; 7. televisor.

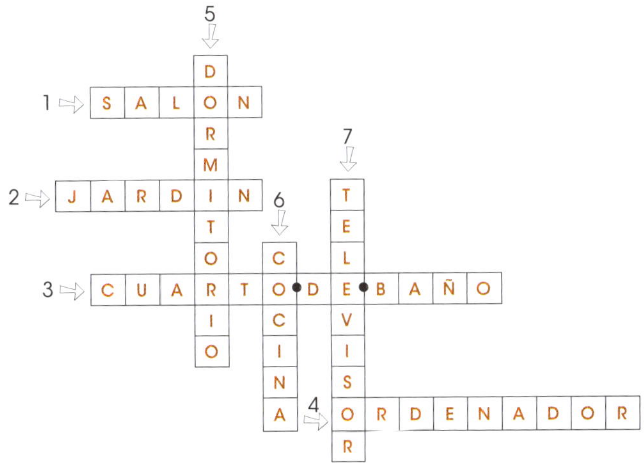

5. 1. F; 2. F; 3. V; 4. V; 5. V.

6. Respuesta abierta. En esta actividad los alumnos tienen que escribir sobre lo que hacen para salvar el planeta.

UNIDAD 8

1. 1. Julia; 2. al tenis; 3. a la piscina; 4. casa; 5. fútbol.

2. 1. paseaste; 2. chateé; 3. escuchó; 4. habló; 5. escribí; 6. pintaste; 7. compré; 8. trabajaste.

3. 1. ¿Dónde estuviste el domingo pasado? El domingo pasado estuve en la playa; 2. ¿Dónde estuvo Carmen el año pasado? El año pasado estuvo en el campo; 3. ¿Qué hizo Pedro ayer? Ayer fue al cine.

4. 1. 3.348; 2. 8.411; 3. 3.259; 4. 9.521; 5. 2.792; 6. 2.765.

5. 1. Yo fui al parque y jugué al balonmano; 2. Pedro se quedó en casa, hizo los deberes y estudió; 3. Estuve en el centro comercial, fui al cine y comí hamburguesas con patatas fritas; 4. Pedro chateó con sus amigos y paseó al perro; 5. Creo que yo tuve un fin de semana emocionante.

6. Respuesta abierta. Los alumnos tienen que escribir sobre lo que hizo Cristina ayer siguiendo el horario que está a la izquierda del ejercicio.

UNIDAD 9

1.

	montaña	arena	río	árboles	lago	oasis	hace frío	hace calor
Selva				✓	✓		✓	
Playa		✓						✓
Valle	✓		✓				✓	
Desierto		✓				✓		✓

2. 1. arena, roca, mar; 2. plantas, árboles; 3. arena, oasis; 4. montaña, pico, lago, río, árboles; 5. plantas, árboles.

3. 1. plantas; 2. calor; 3. alta; 4. árboles; 5. arena; 6. grande.

4. 1 lluvioso, muchas; 2. nevada, frío; 3. seco; 4. mucha; 5. muchos, húmedo; 6. profundo, tranquilo.

5. 1. Parque Nacional; 2. húmedos; 3. secos; 4. lince; 5. río; 6. grande.

6. Respuesta abierta. Los alumnos tienen que describir y dar opinión sobre la playa.

TRANSCRIPCIONES DE LOS TEST DE EVALUACIÓN

UNIDAD 1

▶ ¡Hola! Me llamo Pedro. ¿Cómo te llamas?
▷ Me llamo Eva.
▶ ¿De dónde eres?
▷ Soy de España.
▶ ¿Cuántos años tienes?
▷ Tengo 10 años.
▶ ¿Dónde vives?
▷ Vivo en el segundo piso. ¿Y tú?
▶ Yo vivo en el quinto piso. ¡Hasta luego!
▷ ¡Adiós!

UNIDAD 2

Hola, soy Juan. Todos los días me levanto a las ocho menos cuarto. Me ducho y me visto. A las ocho siempre desayuno cereales con leche y, después, me lavo los dientes. A las ocho y cuarto saco a Mota y a las ocho y media hago la cama. Voy al colegio a las nueve menos cuarto.

UNIDAD 3

▶ Hoy de primer plato prefiero pasta. De segundo plato, verduras y pescado y, de postre, una pera. ¡Me gustan mucho las peras!
▷ Yo hoy de primer plato como ensalada. ¡Me encantan las ensaladas! De segundo carne con patatas fritas y de postre, un plátano.

UNIDAD 4

▶ ¿Hay una panadería cerca de aquí?
▷ Sí, hay una al lado de la farmacia.
▶ ¿Dónde está el centro comercial?
▷ Está detrás del parque.
▶ ¿Hay una comisaría?
▷ Sí, está a la derecha, delante de la papelería.
▶ ¿Dónde está la plaza?
▷ ¡Ah! La plaza, hummm, sigue recto. Está al lado de la iglesia.

UNIDAD 5

▶ ¿Cuál es tu deporte favorito?
▷ Bueno, me gusta jugar al tenis y correr, pero no me gusta hacer gimnasia.

- ► Yo pienso que jugar al tenis y hacer gimnasia es aburrido, pero me encanta correr. ¡Es emocionante!
- ► ¿Qué te gusta hacer los sábados, José?
- ► Me gusta ir al campo o a la playa con mi familia y bailar. ¡Es genial!
- ▷ Bailar es muy aburrido. A mí siempre me apetece jugar a videojuegos. No me gusta ir al campo.
- ► Uy, pues a mí no me gusta jugar a videojuegos ¡Es muy aburrido!

UNIDAD 6

1. Es grande, tiene melena y cola. ¡Me gusta porque es fuerte!
2. Es pequeña y marrón, tiene cola. ¡Me gusta porque es rápida!
3. Tiene plumas y alas. ¡Me gusta porque tiene el pico largo!
4. Es alto, tiene pelo y no tiene pico. ¡Me gusta porque tiene joroba!
5. Tiene rayas y es amarillo y marrón. ¡No me gusta porque tiene colmillos!
6. Tiene colmillos y es grande y fuerte. Me gusta porque tiene trompa.

UNIDAD 7

Profesor: Pablo, ¿dónde tiras las botellas y el vidrio?
Pablo: ¡En el contenedor verde!
Profesor: Lucía, ¿dónde tiras los periódicos y el papel?
Lucía: ¡En el contenedor azul!
Profesor: Carmen, ¿dónde tiras las latas y los envases?
Carmen: ¡En el contenedor amarillo!
Profesor: ¡Muy bien chicos! ¡Tenemos que pensar en verde! ¡Tenemos que reciclar!

UNIDAD 8

- ► ¡Hola, Silvia! Soy David.
- ▷ ¡Hola, David! ¿Cómo estás?
- ► ¡Muy bien! ¿Qué hiciste el fin de semana pasado?
- ▷ ¡Fue genial! Estuve con mi familia y mi amiga Julia en la playa. El sábado por la mañana paseé un rato. Después me bañé y jugué al tenis. Comí en casa y por la tarde fui a la piscina. El domingo fui a la playa también. Escuché música y escribí sms a mis amigos. ¡Fue un fin de semana estupendo! ¿Y tú? ¿Qué hiciste?
- ► El sábado jugué al fútbol y por la tarde estuve en la piscina. El domingo fui a la playa con mi familia también.

UNIDAD 9

Pablo, Lucía y Carmen: ¿Qué fotos tienes, María?
Pablo: ¡Mira, la selva! Tiene muchos árboles y hay un lago. Hace frío.
Tomás: Hay un oasis y mucha arena. Creo que es el desierto. Hace mucho calor.
Lucía y Carmen: ¡La playaaaa!
Pablo: Sí, es la playa porque hay arena y hace calor. En la playa no hay montañas.
Lucía: ¡En el valle hay montañas,
Carmen: un río…
Pablo: …y hace frío!

Curso interactivo

¡Hola, amigos!

Este es el curso interactivo *¡Hola, amigos!* que acompaña a *Clan 7* y que se ha trabajado en el libro a través del Tablero digital. Se facilita aquí para que el estudiante pueda estudiar con él individualmente, practicando y reforzando los contenidos vistos a lo largo del curso de una forma divertida y motivadora. Es un complemento ideal para trabajar con él al finalizar el *Libro del alumno* o seguir practicando español fuera del aula.

UNIDAD 1: La ciudad del tesoro

¡Hola, amigos!

RESUMEN DE LA AVENTURA

En el parque del barrio han organizado una búsqueda del tesoro con el fin de dar a conocer la ciudad. Los cinco amigos van llegando al parque. Los tres chicos llegan juntos, y las dos chicas solas. Enseguida se conocen y forman un equipo. Dan los datos de cada uno al chico de información y este les da un sobre con la primera pista para llegar hasta el tesoro. Es una pista misteriosa y los amigos no saben qué tienen que hacer. Claudia pide ayuda a Clopina, la robot que tiene en su agenda. Clopina los ayuda a entender el misterio: tienen que ir a la fuente. El capítulo termina con un "Continuará…".

ACTIVIDADES

1. Descubre la ciudad	2. ¿Me ayudas?	3. ¿Por qué no...?
• Describir un lugar y su ubicación. • Describir edificios.	• Ofrecer y pedir ayuda. • Aceptar el ofrecimiento de ayuda. • Atender una solicitud de ayuda.	Proponer soluciones a un problema.

4. ¿Dónde está tu casa?	5. Ciudades hispanas
Dar indicaciones para llegar a un lugar.	Describir un lugar y su ubicación.

GUION DE LA AVENTURA

[Escena 1]

Valeria: *En busca del tesoro. Todos los fines de semana. Participa. Inscripciones de 8:00 a 10:00 en el Parque Central.* Solo tengo media hora. Perdone, ¿sabe dónde está el Parque Central?

Señora: Sí, está muy cerca. Primero tienes que llegar a la plaza y después tienes que girar en la segunda calle a la derecha. ¿Está claro?

Valeria: Entonces, primero llego a la plaza y después doblo en la segunda calle a la derecha.

Señora: Sí, eso es.

Valeria: Gracias, adiós.

Señora: De nada.

[Escena 2]

Valeria: Buf. ¡Ya estoy aquí!
Manuel: ¡Mirad! «En busca del tesoro». Hay que buscar un tesoro todos los fines de semana en el parque. Y es para chicos de nuestra edad. La inscripción es ahí, en el ordenador. De ocho a diez...
Tenoch: ¡Una búsqueda del tesoro! ¡Qué divertido! ¿Por qué no participamos?
Manuel: Sí, genial.
Gustavo: Pues... rápido. Son las diez menos cuarto.
Tenoch: Ah, es verdad. Corre, Manuel.

[Escena 3]

Adulto: Hola, chicos, ¿quieren participar?
Tenoch: Sí, y vamos a ganar.
Adulto: ¿Están seguros?
Manuel: Claro... Somos los mejores.
Todos los chicos: Ja, ja, ja.
Adulto: Bueno, bueno, ¿cuántos son?
Gustavo: Tres, somos tres.
Adulto: Lo siento, los equipos son de cinco personas.
Manuel: ¡Vaya!
Tenoch: Tenemos que buscar a dos personas.
Adulto: Rápido, solo tienen diez minutos.
Gustavo: Vamos a preguntar a esos muchachos.

[Escena 4]

Valeria: Hola, ¿vas a participar en el juego?
Claudia: No, no tengo equipo.
Valeria: Ah, yo tampoco. ¿Por qué no buscamos un equipo?
Claudia: Muy bien. ¿Cómo te llamas?
Valeria: Valeria, ¿y tú?
Claudia: Claudia.
Valeria: Bueno, necesitamos a tres personas más. Allí hay tres muchachos. ¿Por qué no les preguntamos?
Claudia: Vamos.
Valeria: ¿Te ayudo?
Claudia: No, muchas gracias. Puedo yo sola. Mi bastón es muy útil. Vamos, ¡que es muy tarde!

[Escena 5]

Gustavo: Hola, ¿quieren participar en el juego?
Chico: Sí.
Gustavo: ¿Y cuántos son?
Chico: Cuatro.
Gustavo: Vaya, nosotros necesitamos solo a dos.
Chico: Y nosotros a uno. ¿Por qué no juegas tú con nosotros?
Gustavo: ¿Ehhhh?
Manuel: ¿En qué estás pensando?
Gustavo: No, en nada. Yo juego con ustedes.
Tenoch: ¡Rápido! Tenemos cinco minutos, no más.
Manuel: Miren, allí hay dos chicas.
Gustavo: Vamos, rápido.

[Escena 6]

Tenoch: Hola, ¿quieren formar equipo con nosotros?
Valeria: ¿Quieren formar equipo con nosotras?
Todos: Ja, ja, ja.
Gustavo: Vamos, solo tenemos dos minutos.
Claudia: Sí, corran. Van a cerrar la inscripción.
Manuel: ¡Rápido! ¡Rápido!

[Escena 7]

Todos: ¡Ya somos cinco!
Adulto: Perfecto. Necesito sus datos. De acuerdo. ¿Cómo se llama su equipo?
Manuel: Pues, no sé. Chicos, ¿cómo vamos a llamar al equipo?
Tenoch: A mí me gusta «Equipo cazatesoros».
Claudia: No sé... ¿Por qué no «Equipo pirata»?
Manuel: Los dos están bien, ¿no?
Tenoch: Bueno, «Equipo pirata».
Adulto: Equipo pirata. Perfecto. Y ahora... ¿Cómo se llaman?
Manuel: Yo me llamo Manuel.
Adulto: ¿Cuántos años tienes?
Manuel: Trece.
Adulto: ¿Dónde vives?
Manuel: En la calle Isaac Peral.
Adulto: ¿Código postal?
Manuel: El 28003.
Adulto: Bien, y tú, ¿cómo te llamas?
Gustavo: Gustavo.

[Escena 8]

Claudia: ¿Y tú cómo te llamas?
Tenoch: Tenoch, ¿y tú?
Claudia: Claudia.
Tenoch: ¿Cuántos años tienes?
Claudia: Doce, ¿y tú?
Tenoch: Trece; Manuel, Gustavo y yo tenemos trece. ¿Y ella?
Claudia: Se llama Valeria, pero no sé cuántos años tiene.
Tenoch: Oye, Valeria, ¿cuántos años tienes?
Valeria: Once.

[Escena 9]

Adulto: Aquí están las instrucciones. Mucha suerte.
Todos: ¡Gracias!
Tenoch: ¡Ándale! ¡Ábrelo!
Valeria: *La respuesta es clara y fresca como el lugar en donde está. Corran, corran, que la aventura empieza ya.*
Gustavo: ¿Y eso qué significa?
Claudia: Bueno, el agua es clara y fresca. ¿Hay algún lago cerca?
Valeria: ¿Un lago? ¡Eso es! Muy bien, Claudia. Voy a mirar en el mapa... ¡Ufff! No veo ningún lago en el mapa.
Claudia: Calma, Clopina nos puede ayudar.
Tenoch: ¿Clopina? ¿Quién es Clopina?
Claudia: Es mi agenda electrónica. Miren.
Clopina: Hola, Claudia. ¿Puedo ayudarte?
Claudia: Sí, gracias, Clopina. ¿Hay un lago en el Parque Central?
Clopina: ¡Ummhh! Un lago no, pero hay una fuente.
Tenoch: ¡Claro, una fuente! ¡Ahí hay agua!... ¿Y dónde está la fuente?
Clopina: La fuente está al lado de la escultura *Cabeza de hombre* de Oswaldo Guayasamín, en la exposición de cultura hispana.
Manuel: ¿Y cómo es la fuente?
Clopina: Es grande y blanca. Tiene la escultura de un delfín en el centro.
Valeria: ¡Vamos! ¡Ya veo la exposición en el mapa!

Continuará...

RESUMEN DE LA AVENTURA

Gustavo ve en la página web de la búsqueda del tesoro que su equipo va el segundo. Habla con Manuel y Valeria y quedan en encontrarse los cinco en el chat esa noche. Sin embargo, Tenoch no acude a la cita en el chat porque está enfermo. Al día siguiente, los cinco se encuentran en la cafetería y cuando están hablando, ven una nueva pista. Como no saben interpretarla, piden ayuda a Clopina. Tienen que ir al Planetario, donde trabaja el padre de Manuel. Cogen el metro hasta el Planetario. Allí, el padre de Manuel les indica que tienen que hablar con el profesor Tepalt. El profesor Tepalt les dice que la clave está en un jeroglífico maya. Claudia pasa la mano sobre el jeroglífico en relieve y descifra la clave. Los amigos ganan la búsqueda y su premio es un pequeño calendario azteca.

ACTIVIDADES

1. ¡Anda, dale!	2. ¿Y qué crees tú?	3. Chichén Itzá
Entonación de frases para animar a alguien a hacer algo.	• Expresar una opinión. • Expresar la causa de algo.	Describir lugares turísticos.

4. ¿Cómo nos organizamos?	5. ¡Al teléfono!	6. ¿Cómo quedamos?
• Repartir tareas. • Expresar preferencia. • Aceptar tareas.	• Hablar por teléfono. • Establecer una cita.	• Proponer una actividad. • Rechazar una propuesta. • Aceptar una propuesta.

GUION DE LA AVENTURA

[Escena 1]

Gustavo: Voy a ver cómo va mi equipo... Hoy es el último día del concurso... ¡Vaya! Vamos los segundos. Voy a llamar a los compañeros para vernos.
Valeria: Hola, Gustavo, ¿cómo te va?
Gustavo: Bueno, no muy bien.
Manuel: ¿Qué pasa?
Gustavo: Nada, estoy un poco nervioso. En la página del concurso pone que somos los segundos.
Manuel: ¿De verdad? ¿Somos los segundos? ¡Qué bien!
Valeria: Está muy bien.
Gustavo: ¿Bien? ¡No! ¡Somos los segundos!
Valeria: Y Claudia y Tenoch, ¿dónde están?
Gustavo: No sé, Claudia no está conectada y Tenoch no contesta.
Manuel: ¿Y qué hacemos?
Valeria: Yo llamo a Claudia, ¿qué les parece?
Manuel: Muy bien, y yo, a Tenoch.
Gustavo: De acuerdo, ¿por qué no hablamos a las ocho?
Valeria: Perfecto, chau.

[Escena 2]

Claudia: ¿Aló?
Valeria: Hola, ¿está Claudia?
Claudia: Sí, soy yo. ¿Quién es?
Valeria: Soy Valeria, Claudia. ¿Cómo estás?
Claudia: ¡Ah! Hola, Valeria. ¿Qué tal?
Valeria: Muy bien. Te llamo para vernos luego, para el concurso.
Claudia: Sí, sí. Muy bien. ¿Dónde nos vemos?
Valeria: Pues vamos a hablar hoy a las ocho, en el grupo de Internet.
Claudia: ¡Ah! Muy bien; entonces hasta las ocho.
Valeria: Hasta luego.

[Escena 3]

Gustavo: Hola, chicas.
Valeria: Hola.
Claudia: Hola, Gustavo.
Gustavo: ¿Nos vemos a las ocho u ocho y media?
Valeria: ¡Ufff! ¿A las ocho y media?
Gustavo: ¡Perfecto!
Manuel: Vale. ¿Nos vemos en la cafetería Real? Ahí tenemos que buscar la siguiente pista. Mirad las instrucciones.
Claudia: ¿Dónde está la cafetería Real?
Gustavo: En el centro... Es muy famosa.
Valeria: Claudia, si querés puedo ir a tu casa y vamos juntas a la cafetería.
Claudia: ¡Ah! Perfecto. Muchas gracias.
Valeria: Entonces, ¿nos vemos a las ocho en tu casa?
Claudia: Muy bien. Oigan, ¿y Tenoch? ¿Dónde está?
Gustavo: No sé... Creo que está enfermo. No está conectado. Lo voy a llamar por teléfono. Un momento...
Gustavo: ¿Tenoch? Soy Gustavo. Mira, conéctate al grupo. Estamos hablando del concurso... Sí. Hasta ahora.
Tenoch: Hola a todos.
Claudia: Hola, Tenoch. ¿Cómo sigues?
Tenoch: No estoy bien y creo que no voy a terminar el concurso. Lo siento.

Gustavo: Venga, chico, si es solo un día.
Tenoch: Lo siento, de verdad.
Valeria: Por favor, no podemos terminar el concurso los cuatro solos.
Tenoch: Es que me duele la cabeza.
Claudia: Mira, ¿por qué no duermes y mañana hablamos?
Tenoch: Bueno. Lo intento. ¿Dónde se van a ver?
Gustavo: A las ocho y media en la cafetería Real.
Tenoch: Bien, hasta mañana.

[Escena 4]

Claudia: Bueno, ¿y ahora dónde buscamos?
Gustavo: La próxima pista está aquí.
Tenoch: ¿Acá? ¿Dónde?
Gustavo: Bueno, Tenoch, tú mira dentro de la cafetería, Manuel y Claudia en las mesas y Valeria en...
Valeria: ¿Y tú? ¿Qué vas a hacer tú?
Gustavo: ¿Yo? Yo espero aquí.
Tenoch: Pero qué...
Manuel: Mirad, esa es la nueva pista: *Para el tesoro conseguir, hasta el gran ojo deben ir y con un sabio discutir.*
Claudia: ¿Qué es «el gran ojo»?
Gustavo: No sé.
Tenoch: ¿El sol?
Manuel: ¿La televisión?
Valeria: Claudia, ¿por qué no le preguntamos a Clopina?
Claudia: Sí, sí.
Clopina: Hola, Claudia. ¿Estás con tus amigos?
Claudia: Sí, y necesitamos tu ayuda.
Clopina: Claro. ¿Qué quieren saber?
Claudia: ¿Qué puede ser un «gran ojo»?
Clopina: Un gran ojo... Un ojo grande... Un ojo que ve las cosas grandes... ¿Unas gafas?
Tenoch: Mmmm. No creo.
Clopina: Una lupa.
Manuel: Ya está. Es un telescopio.
Valeria: Claro... ¡Eso es! ¿Dónde hay un telescopio?
Manuel: En el Observatorio Copérnico. Mi padre trabaja allí.
Tenoch: ¡Muy bien! ¿Y cómo vamos?
Claudia: El metro es lo más rápido.
Manuel: ¡Claro! Y la estación está muy cerca del Observatorio.

[Escena 5]

Gustavo: ¡Miren!
Tenoch: ¡Son los exploradores! ¡Nos van a ganar!
Valeria: Shhh. No digan nada.
Manuel: Mi padre está esperando. Todavía podemos ganar.
Manuel: Hola, papá; estos son mis compañeros de equipo.
Padre: Hola, chicos.
Todos: Hola.
Manuel: Oye, papá, ¿tú sabes quién es «el sabio»?
Padre: ¿El sabio? Tiene que ser el viejo profesor Tepalt. Es un astrónomo mexicano que sabe mucho sobre astronomía prehispánica en México.
Valeria: ¿Y dónde está?
Padre: Seguid todo recto por este pasillo. Luego, girad a la izquierda y después, en el primer pasillo, a la derecha. Su despacho es el 25.
Todos: Muchas gracias.

[Escena 6]

Sabio: No tienen mucho tiempo. Esta es la última prueba.
Valeria: *Para el tiempo controlar, la fecha tienen que descifrar.*
Gustavo: ¿Cómo podemos saber la fecha?
Sabio: Miren. Allí pueden encontrar la respuesta.
Manuel: El día es el 12. Pero, ¿y el mes?
Claudia: Un momento...
Ya. ¡El mes es febrero! La fecha es el 12 de febrero.
Sabio: Así es.
Gustavo: ¡Muy bien, Claudia!
Sabio: Felicidades, son los ganadores... Y este es el tesoro.
Valeria: ¡Qué lindo!
Tenoch: ¡Es un calendario azteca! ¡Qué lindo!
Todos: ¡Bieeeeen!

RESUMEN DE LA AVENTURA

Los amigos van pasar un día a casa de Valeria. Llegan en autobús y van a dar un paseo para conocer el pueblo. Luego, Valeria les lleva a su casa y les enseña las habitaciones. Los amigos conocen a los padres de Valeria y los ayudan a poner la mesa. Mientras los padres terminan de hacer el asado, los cinco chicos van a dar una vuelta por el parque natural que hay en el pueblo. Allí ven águilas, montañas y un río. Valeria comenta que hay osos, pero están más arriba, en las montañas. También hay un volcán y un lago, pero no pueden ir a verlos porque los padres de Valeria los esperan para comer.

ACTIVIDADES

1. Parques naturales	2. Un día en la vida de...	3. Leyendas hispanoamericanas
Describir lugares naturales.	• Hablar de acciones cotidianas. • Hablar de horarios.	Narrar en pasado.

4. Las casas rurales	5. Los hábitos y el uso del tiempo
Describir una casa.	• Hablar de acciones cotidianas. • Hablar de horarios. • Expresar gustos.

GUION DE LA AVENTURA

[Escena 1]

Valeria: Hola, chicos.
Claudia: Hola, Valeria.
Gustavo: ¿Qué tal, Valeria? Gracias por invitarnos a comer a tu casa.
Valeria: De nada. Gracias a vosotros por venir.
Claudia: No, gracias a ti. Vamos a pasar un día estupendo.
Manuel: Sí, tu pueblo es muy bonito.
Tenoch: Sí, es verdad. ¿Es muy grande?
Valeria: No, es un pueblo pequeño, pero es muy divertido.
Claudia: ¿Por qué no damos un paseo y nos lo enseñas?
Valeria: Claro. Esta es la plaza del mercado. Por la mañana la gente compra acá. Miren allá.
Tenoch: ¡Qué bonito!
Valeria: Por la tarde también está muy bien. La gente juega a las cartas o a la petanca, o hablan de sus cosas.
Tenoch: En mi pueblo la gente también sale por la tarde, cuando no hace calor.
Valeria: Vamos por esa calle.

[Escena 2]

Madre: Hola.
Todos: Hola.
Madre: ¿Qué tal el paseo?
Claudia: Muy bien.
Padre: Hola, chicos, ¿les gusta la carne?
Todos: Sí.
Tenoch: ¡A mí me encanta la carne!
Madre: Perfecto. En cinco minutos termino. Valeria, ¿por qué no les enseñás la casa a tus amigos?
Valeria: Claro, vamos.
Esta es la sala.
Tenoch: ¡Qué bonito! ¿De dónde es esta tela?
Valeria: Es típica de mi país, Uruguay.
Claudia: Tiene lana, algodón, pelo...
Tenoch: Vaya, Claudia, tienes unas manos muy sensibles.
Valeria: Esto es el baño.
Este es el cuarto de mis padres.
Y este es mi cuarto.
Manuel: ¿Te levantas a las seis?
Valeria: Sí, tengo muchas cosas que hacer.
Claudia: ¿Sí? ¿Qué haces a las seis de la mañana?
Valeria: Ayudo a mi papá con las vacas, después les doy de comer a las gallinas y luego me baño, desayuno y voy a la escuela.
Manuel: Anda, tienes la PS 6G.
Valeria: Sí, luego jugamos. Ahora vamos a ayudar a mi mamá. ¿Les parece bien?
Tenoch: Sí, claro.
Valeria: Y esta es la cocina.
Gustavo: ¡Qué grande!
Valeria: ¿Qué quieren beber?
Tenoch: Yo, un jugo de naranja.
Gustavo: Yo también.
Claudia: Pues yo quiero agua.
Manuel: Sí, y yo.

[Escena 3]

Padre: Valeria, ¿podés ayudar a tu mamá? Yo me baño y vuelvo en dos minutos.
Valeria: Claro, papá.
A ver, Manuel, ¿podés poner la mesa?
Manuel: Claro. ¿Dónde están los platos?
Valeria: En la cocina.
Tenoch y Claudia, preparen la carne.
Madre: Valeria, ¿quién va a ayudar? ¿Vos o tus amigos?
Claudia: Ja, ja. No, está bien. ¿Cómo lo hacemos?
Valeria: Es muy fácil. Tienen que poner esa salsa en la carne.
Tenoch: Bien.
Claudia: Ummm, huele bien.
Gustavo: ¿Qué puedo hacer yo?
Valeria: Vos y yo tenemos que buscar sillas para todos. Vení.

[Escena 4]

Tenoch: ¡Qué rica la carne!
Padre: Gracias.
Valeria, ¿por qué no van al parque natural?
Todos: Sí, sí.
Valeria: Venga, vamos.
Gustavo: Hasta luego.
Padre y madre: Adiós.
Todos: Adiós.

[Escena 5]

Valeria: ¡Miren, un águila!
Tenoch: ¡Qué bonita!
Gustavo: Está buscando comida.
Valeria: Este parque natural está lleno de águilas y buitres.
Gustavo: ¡Es un águila imperial!
Valeria: También hay osos, aunque es difícil verlos.
Tenoch: ¡Osos! ¡Hay osos!
Valeria: No te preocupes, los osos están más arriba, en la montaña.
Gustavo: Es muy agradable el viento aquí, y el tiempo es muy bueno.
Claudia: Oigan, oigo un río, ¿cómo es?
Manuel: No es muy grande, pero es muy bonito.
Gustavo: Sí, hay muchas rocas en el río.
Valeria: Y alrededor del río hay árboles muy altos.
Sí, y alrededor del río hay...
Gustavo: ¿Y en este parque no hay un lago y un volcán?
Mi guía dice que hay un lago y un volcán, pero yo solo veo montañas.
Valeria: El lago y el volcán están detrás de esas montañas.
Manuel: ¿Vamos a verlos?
Todos: ¿Qué?
Gustavo: Tenemos hambre.
Manuel: Podemos comer frutos del bosque.
Gustavo: O nos podemos comer a Tenoch, como un oso. ¡Uah!
Tenoch: ¡Aaaahh!
Todos: Ja, ja, ja.
Valeria: No, tenemos la comida en casa. ¿O prefieres comer frutos del bosque?
Manuel: ¡Mmh! No, prefiero la comida de tu casa.
Todos: Ja, ja, ja.

RESUMEN DE LA AVENTURA

Es el cumpleaños de Manuel. Los amigos están en el parque y hablan de comprarle un regalo por su cumpleaños. Entonces llega Manuel y les invita a pasar la noche en su casa. La madre de Manuel les ha preparado un pollo, y ellos solo tienen que calentarlo en el microondas. Mientras preparan una ensalada, Kim, el perro de Manuel, se come el pollo. Los amigos discuten qué pueden cenar, y hablan de distintas comidas que saben hacer. Finalmente, deciden encargar una pizza. Al día siguiente, la madre les pregunta por la cena. No quieren decirle que Kim se comió el pollo, pero la madre ha visto la caja de la pizza en la basura. Finalmente, le cuentan a la madre que el perro se comió el pollo y todos se ríen mucho.

ACTIVIDADES

1. ¿Cuándo es el...?	2. ¿Comes bien?	3. ¿Qué sabes sobre el cacao?
Preguntar e indicar la hora de un evento. Indicar el lugar de un acto o evento.	Hablar de los hábitos alimentarios.	Hablar de alimentos, platos e ingredientes.

4. ¿Me pasas los platos?	5. Un plato típico
Pedir objetos y responder a la petición.	Preguntar por los ingredientes de un plato y describir el plato.

GUION DE LA AVENTURA

[Escena 1]

Claudia: ¿Saben? Pasado mañana es el cumpleaños de Manuel.
Tenoch: ¿Síííí?
Claudia: Sí; podemos regalarle algo.
Valeria: ¿Qué le puede gustar?
Claudia: ¿Música?
Tenoch: Shhhhh, que viene.
Manuel: Hola, ¿qué tal?
Tenoch y Gustavo: Hola, Manuel.
Claudia: Hola.
Valeria: Pareces contento.
Manuel: Sí; es que el domingo es mi cumpleaños.
Claudia: ¡Ah! ¿Sí?
Manuel: ¿Quieren venir a dormir mañana a casa?
Tenoch: ¡Qué bueno! ¿Qué vamos a hacer?
Manuel: Jugar, ver una peli, cenar... El domingo tomamos la tarta...
Valeria: ¡Qué bien!

[Escena 2]

¡Ding dong!
Manuel: ¡Abro yoooo! ¡Hola, chicos!
Amigos: Hola.
Madre: Hola.
Amigos: Hola.
Madre: ¿Por qué no dejáis las mochilas en la casita? Tenéis la cena allí. Solo tenéis que meterla en el microondas.
Manuel: Sí; vamos a dormir en la casita del jardín. Este es el dormitorio de los chicos y este el de las chicas.
Valeria: ¡Qué bueno!
Gustavo: Tengo hambre.
Manuel: Vamos a ver qué hay de comer. «Manu, en la nevera hay un pollo asado. Mételo en el microondas cinco minutos. También hay lechuga, tomate, cebolla y huevos duros para hacer una ensalada. Besos, Mamá».
Gustavo: Ya está.
Manuel: ¡Uyuyuy, uyuyuy cómo quema! Está muy caliente; vamos a esperar.
Valeria: ¿Preparamos la ensalada?
Manuel: Vale.
Claudia: ¿Te ayudo?
Manuel: Sí, ¿me pasas la ensaladera? Está encima de la mesa, a tu derecha.
Claudia: Toma.
Gustavo: En mi país la ensalada es diferente; lleva maíz, piña y otras cosas.
Claudia: Bueno, la ensalada es diferente en cada país.
Manuel: Ya está.
Gustavo: ¿Comemos?
Todos: Ja, ja, ja.
Gustavo: ¿Dónde está el pollo?
Manuel: Ya sé dónde está.
Gustavo: ¿Sabes cocinar?
Manuel: Sí, sé hacer espaguetis con salsa de tomate.
Valeria: ¡Ay; a mí no me gustan los espaguetis!

Tenoch: Yo sé hacer una salsa muy buena para las tortillas.
Manuel: Pero no hay tortillas.
Claudia: ¿Por qué no llamamos a una pizzería?
Valeria: Buena idea.
Claudia: ¿Llamamos a Clopina para pedirle el teléfono de alguna?
Gustavo: No; no es necesario; miren el folleto.
Claudia: ¿Qué pizzas hay?
Gustavo: Hay pizza granjera, cuatro quesos y mediterránea.
Manuel: ¿Qué lleva la granjera?
Gustavo: Cebolla, pollo y queso.
Valeria: ¿Y la mediterránea?
Gustavo: La mediterránea... lleva aceitunas, anchoas, queso y pimientos.
Tenoch: A mí no me gustan las anchoas.
Manuel: ¿Os parece bien la granjera?
Todos: Sí.
Manuel: Voy a llamar. Noventa y dos, cinco, cincuenta y tres, sesenta y cuatro, ochenta y nueve.
Voz al otro lado de la línea: Pizza Express, ¿dígame?
Manuel: Hola; quiero una pizza granjera.

[Escena 3]

Repartidor: Hola. Son doce euros.
Gustavo: Tome. Gracias.
Repartidor: Gracias.
Gustavo: Vamos a cenar.
Claudia: Huele bien.
Gustavo: ¿Me pasas un plato?
Valeria: Toma.
Gustavo: ¡Qué rica!
Tenoch: Sí, y ¡qué hambre!
Todos: Ja, ja, ja.
Gustavo: ¡Qué bien!
Valeria: ¿Estás bien, Manu?
Manuel: Estoy preocupado por Kim.
Valeria: ¿Preocupado por Kim? ¿Por qué?
Manuel: Mi madre se va a enfadar con él por comerse el pollo.
Tenoch: Pobrecito.
Valeria: ¿Por qué no tiramos la caja de la pizza a la basura de la calle?
Madre: Es muy tarde. Tenéis que ir a dormir.
Todos: Buenas noches.
Madre: Hasta mañana.

[Escena 4]

Todos: Buenos días.
Madre: Hola, chicos. ¿Qué queréis desayunar?
Gustavo: Yo normalmente desayuno huevos revueltos, pero me gusta comer cosas nuevas.
Madre: ¿Queréis un desayuno español?
Claudia: Sí; genial.
Madre: ¿Qué tal el pollo de ayer?
Valeria: Bueno, creo.
Madre: ¿Crees?
Tenoch: Sí seguro; bueno, muy bueno... con queso.
Madre: ¿Con queso?
Claudia: ¡Qué bien! Un desayuno español.
Madre: ¿Y la ensalada?
Todos: ¡Muy rica!
Madre: ¿También con queso?
Todos: No, no; con queso no.
Madre: ¿Y la pizza?
Manuel: Bueno, es que… Kimsecomióelpollo.
Madre: ¿Qué? No te entiendo.
Manuel: Kim se comió el pollo.
Madre: Ah, pues, ¿qué tal el pollo Kim?
Perro: Guau, guau.
Todos: Ja, ja, ja.

RESUMEN DE LA AVENTURA

Los amigos ven un cartel que anuncia una excursión al Parque Nacional de Ordesa, y comentan que les gusta el campo y los animales. Cada uno habla de los animales que tiene en casa. A continuación, vemos a los amigos en el autobús que les lleva de excursión, donde el guía les habla de los animales que hay en Ordesa: águilas, jabalíes, osos..., y les explica que los osos pardos son animales en peligro de extinción. Ya en el parque, los chicos hablan de los sitios que quieren visitar en el futuro, y cada uno comenta su viaje soñado. Por la noche ven una marmota y Gustavo les explica qué comen, dónde viven y cómo son.

ACTIVIDADES

1. Animales en peligro	2. ¿Qué haces tú solo?	3. A mí me gustaría...
Informar sobre la vida de animales.	• Preguntar e informar de hábitos cotidianos. • Hablar de las cosas que hacemos solos y acompañados.	• Preguntar y expresar preferencias para un viaje. • Ubicar un accidente geográfico. • Describir un lugar. • Dar información turística sobre un lugar.

4. ¿Te da vergüenza?	5. ¿Qué sabes sobre el parque de Doñana?
• Expresar miedo y preocupación. • Expresar vergüenza. • Expresar rechazo a algunas actividades. • Expresar deseo de hacer algunas actividades. • Preguntar y expresar la opinión sobre actividades. Pedir un favor y concederlo. • Mostrar empatía.	• Preguntar e informar sobre la vida de los animales. • Preguntar por conocimientos.

GUION DE LA AVENTURA

[Escena 1]

Gustavo: Miren, hay una excursión al Parque Nacional de Ordesa... y hay muchas actividades: pesca, paseos, bici, *rafting*. Además, vamos a ver muchos animales.

Claudia: ¿Y cuándo es?

Gustavo: Este fin de semana.

Valeria: ¡Qué divertido! Me gusta mucho montar en bicicleta de montaña.

Gustavo: Pues a mí lo que más me gusta es pasear y ver los animales.

Claudia: ¿Ah, sí? ¿Te gustan los animales?

Gustavo: Sí, me encantan. En casa tengo un perro, un gato y una tortuga.

Claudia: ¿De verdad? ¿Dentro de casa?

Gustavo: Claro, viven conmigo.

Valeria: ¿Quién se ocupa de ellos?

Gustavo: Yo. Limpio la caja de la tortuga y la arena del gato.

Claudia: ¿Y quién cuida al perro?

Gustavo: Normalmente mi hermano y yo, pero si no podemos, mi papá lo saca de paseo.

Manuel: En España a muchas personas también les gusta tener animales en casa.

Claudia: En Chile si tienes una casa en el campo, los animales están fuera, pero hay personas que tienen a los perros y a los gatos dentro.

Tenoch: Oigan, yo no sé si puedo ir a la excursión porque normalmente no me dejan ir solo.

Manuel: A mí, si hay adultos, sí me dejan.

Claudia: Bueno, vamos a preguntar. A lo mejor mis padres quieren acompañarnos y no hay problema, ¿no?

Tenoch: Bueno, vamos a preguntar en casa si podemos ir a la excursión.
Manuel: Yo también tengo un problema porque ya no me queda dinero de esta semana.
Valeria: ¿Y no puedes pedirles más a tus padres?
Manuel: Es que yo tengo una paga y tengo que organizarme con el dinero que me dan.
Gustavo: ¿Una paga?
Manuel: Sí, todas las semanas me dan 15 euros para mis gastos: autobús, el bocadillo... y esas cosas.
Gustavo: ¿Ah, sí? Pues yo no tengo paga; mis padres me compran lo que necesito, pero lo compran ellos, no yo.
Claudia: Bueno, Manuel, pero es una ocasión especial, ¿no?
Manuel: Es verdad; hablaré con ellos.

[Escena 2]

Voz hombre: ¡Hola a todos! Mi nombre es Julio y soy su guía. Vamos a llegar a las doce al Parque de Ordesa. Lo primero que vamos a hacer es preparar las tiendas y luego las actividades. En esta excursión también vamos a ver diferentes animales. ¿Alguien sabe qué animales viven en esa zona?
Gustavo: Yo, yo lo sé.
Guía: A ver, cuenta.
Gustavo: Pues hay águilas, búhos, halcones, jabalíes, osos...
Guía: Muy bien, y ¿alguien puede explicar cómo es el oso que vive en los Pirineos?
Claudia: Sí, yo. Se llama oso pardo.
Tenoch: Sí, y es muy peligroso.
Todos: Ja, ja, ja.
Guía: Tranquilo, no vamos a ver ningún oso. Además, ¿sabéis que los osos pardos son animales en peligro de extinción? Quedan muy pocos en este parque y es muy difícil verlos. Bueno, para animar el viaje, los chicos del fondo, ¿por qué no cantáis una canción?
Todos: Para ser conductor de primera, acelera, acelera…

[Escena 3]

Gustavo: ¡Qué lugar tan lindo!
Valeria: Sí, es verdad. Es bárbaro.
Tenoch: ¡Está padre! ¡Qué excursión tan impresionante!
Manuel: A mí me gustaría volver otra vez.
Claudia: Pues a mí me gustaría ir a otro lugar, por cambiar.
Gustavo: Y... ¿a dónde te gustaría ir?
Claudia: Pues, mmhhh. Quizás a los Andes.
Gustavo: Sí, a los Andes, yo quiero ir a los Andes.
Manuel: Y a ti Valeria, ¿a dónde te gustaría ir?
Valeria: Pues a mí... a mí... me gustaría ir a las Montañas Rocosas.
Manuel: ¡Qué guay!
Padre de Manuel: ¡Vamos! Tenemos que ir al campamento. Se hace de noche y tenemos que preparar muchas cosas.

[Escena 4]

Claudia: Escuchen, ¿qué es ese ruido?
Valeria: Miren ahí, una ardilla.
Gustavo: No, no es una ardilla, es una marmota.
Claudia: ¿Y qué comen las marmotas?
Gustavo: Tranquila, personas no.
Todos: Ja, ja, ja.
Gustavo: No, de verdad; son vegetarianas.
Valeria: ¿Y dónde viven?
Gustavo: Creo que viven en madrigueras con otras marmotas. Son muy sociables.
Manuel: Ahá, ahá, ahá.
Claudia: ¿Quién tiene agua?
Gustavo: ¿Por qué no vas a la fuente?
Manuel: ¿Quién viene conmigo?
Tenoch: ¿Te da miedo? Ja, Ja, ja.
Manuel: Bueno, es de noche.
Valeria: Yo voy con vos. También tengo sed.
Claudia y Gustavo: Nosotros también.
Tenoch: Y yo, y yo.

[Escena 5]

Manuel: Ya está.
Tenoch: ¡Socorro!
Claudia: Tenoch, ¿estás bien?
Valeria: ¿Qué te pasa?
Tenoch: Ahí hay un monstruo.
Gustavo: Pero si es un búho.
Manuel: ¡Qué monstruo tan horrible!
Todos: Ja, ja, ja.

NUESTROS JUEGOS

1. ¿CÓMO ME LLAMO?

Este juego es muy apropiado al inicio de curso, en las presentaciones o para repasar vocabulario de niveles anteriores. Explique a los alumnos que van a decir su nombre y que piensen en la primera letra de su apellido. El alumno debe sustituir su apellido por una palabra que empiece por esa letra. Por ejemplo, María Martínez podría convertirse en "María Manzana". Continúe uno por uno hasta que todos los alumnos hayan participado.

Otra variante es decir su nombre inventado y después el del compañero anterior. El tercer alumno irá memorizando el de los dos anteriores y así sucesivamente hasta que todos los alumnos hayan participado. El alumno que haya memorizado más nombres sin equivocarse será el ganador. Esta dinámica se puede utilizar para trabajar el vocabulario de las unidades.

2. PASA LA PELOTA Y CUENTA

Utilice una pelota blanda o un muñeco de peluche que tenga en la clase de mascota. Lo irán lanzando suavemente de un alumno a otro para que le hablen de un tema concreto que esté trabajando o que quiera repasar. Se debe dar la oportunidad de hablar, al menos una vez, a todos los alumnos. Este juego es muy útil al inicio del curso en las presentaciones: diga su nombre y sus actividades favoritas.

3. EL JUEGO DE LAS CUATRO ESQUINAS

Participan todos los alumnos de la clase. Elija cuatro tarjetas de vocabulario con ilustraciones y con nombre de un mismo campo semántico y péguelas en la pizarra. Asigne a cada esquina de la clase una palabra, por ejemplo: *león*, *jirafa*, *ardilla* y *elefante*. Pida un voluntario: este niño se pondrá de espaldas al resto, con los ojos cerrados, y dirá: *Un, dos, tres, ¡esquina!* Esta será la señal para que el resto de los alumnos se distribuyan por las cuatro esquinas de la clase. Sin darse la vuelta, el alumno voluntario nombrará una de las cuatro esquinas, por ejemplo, *león*, y aquellos que estén en esa esquina serán eliminados. Repita con los alumnos hasta que solo quede uno. Puede ir cambiando de palabras en el transcurso del juego, según el léxico que quiera trabajar.

4. CADENETAS

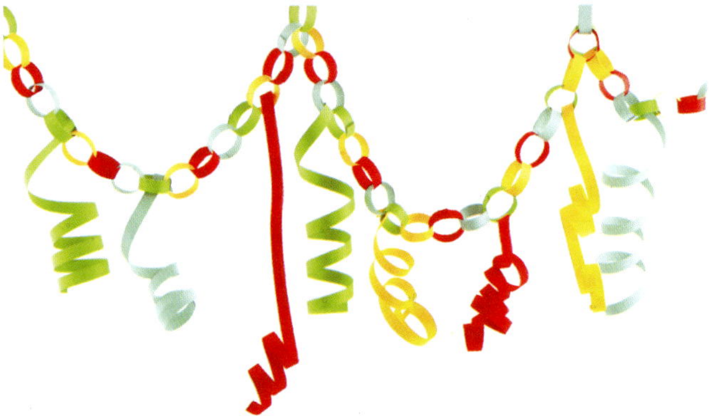

Este juego se puede utilizar para practicar los números: unidades, decenas, centenas o miles. Reparta tiras de papel o cartulina de colores con los números que necesite practicar. Elija a dos voluntarios: uno para ir grapando en cadeneta las tiras de cartulina y otro, para ir cantando los números. El alumno que tenga el número cantado se levantará y llevará la cartulina para que sus compañeros vayan formando la cadeneta. Se pueden crear cadenetas de diferentes campos léxicos: animales, alimentos, acciones, etc.

5. CAJAS SORPRESA

Este juego viene muy bien para el tema del reciclaje. Pida a los alumnos que traigan de casa varios tarros y envases de distintos materiales: bolsas de plástico, latas, tarros de vidrio, etc. Previamente, prepare cajas de cartón lo suficientemente grandes como para meter los objetos que traigan los alumnos. Forme grupos de cuatro o cinco alumnos, tantos como cajas se hayan confeccionado. Pida a los chicos que con los ojos tapados, y por turno, introduzcan la mano en la caja y cojan un objeto e intenten adivinar qué tipo de envase es, utilizando el vocabulario aprendido. Una vez que identifique con el tacto de qué objeto se trata, lo sacará para comprobar si ha acertado. Si no acierta, pierde un turno.

6. HUELLAS DIGITALES

Tenga preparada varias frases con la estructura que vaya a practicar. Por ejemplo: *El desierto es más seco que la selva*. Recorte y decore con cartulinas huellas de distintos animales. Pegue en cada huella una palabra de la frase elegida. Previamente, simule con papel continuo un río o una carretera en el suelo del aula. Diga a todos los alumnos que se pongan a un lado del río y explique que para pasar al otro lado tendrán que ir poniendo las huellas en el orden correcto. Forme grupo de cuatro o cinco alumnos. Reparta las huellas entre ellos. A la pregunta: *¿Quién va?*, los equipos empezarán a ordenar sus frases y ganará el equipo que llegue antes a la otra orilla.

7. ME GUSTA... PERO NO ME GUSTA...

Coloque al grupo clase en círculo. Explíqueles que tienen que completar la frase: *Me gusta... pero no me gusta...*, con palabras del vocabulario que están trabajando en la unidad. Elija un alumno para que se ponga en el centro. Acuerde con él una contraseña. Por ejemplo, *me gusta* para las palabras que contengan la letra *a* y *no me gusta* para las palabras que no contengan la letra *a*. Así empezará diciendo: *Me gusta el pescado pero no me gusta el pollo. ¿Y tú?* Los alumnos irán haciéndole preguntas hasta adivinar la contraseña. Cada alumno recibe cinco puntos por cada respuesta acertada. Aquel que llegue antes a 20 puntos será el ganador.

8. CON LOS OJOS CERRADOS

Despeje la clase para formar un circuito con sillas, mesas y obstáculos. Pida a dos alumnos que salgan de la clase. Divida la clase en dos grupos y esconda un objeto al final del circuito. Tape los ojos de los alumnos que salieron con un pañuelo antes de que regresen a la clase. Cada equipo, por turnos, dará instrucciones (*Gira a la derecha, a la izquierda, sigue recto...*) al chico, que irá el comienzo de su fila para alcanzar el objeto. El equipo que toque un obstáculo se penaliza con un turno sin jugar. Gana el primero que llegue a la meta y toque el objeto.

9. LA BOLSA BAILA

Pida a cada alumno que piense en un verbo que conozca. Reparta un trozo de papel a cada alumno para que lo escriba. Pídales que lo introduzcan en una bolsa o caja de cartón. Ponga música. Los alumnos van pasando la bolsa/caja mientras escuchan la música. Pare la música. El alumno que tenga la bolsa en su poder, saca un papel y tiene que hacer mímica para que los demás adivinen de qué verbo se trata. Premie a cada alumno que adivine de forma correcta con una pegatina, un caramelo u otro premio. Esta actividad es perfecta para una clase con mucha energía.

10. ¡PARA EL LÁPIZ!

Este es un juego tradicional llamado *Scattergories*. Haga un tablero en la pizarra y pida a sus alumnos que lo escriban también en sus cuadernos. Divida la clase en grupos de cuatro o cinco alumnos. En la parte horizontal del tablero escriba al menos cinco campos semánticos que hayan estudiado. Diga una letra del abecedario. Deje unos minutos para que cada equipo escriba una palabra para cada campo semántico con la letra que está en juego. El grupo que antes encuentre todas las palabras dirá: *¡Para el lápiz!* Revise las palabras con toda la clase, empezando por este grupo. Se puntúa de la siguiente manera: 10 puntos por cada palabra correcta y no repetida, y 5 puntos por cada palabra correcta repetida.

	ANIMALES	COMIDA	OBJETOS	TIENDAS	DEPORTES
A	Ardilla	Aceite	...	...	...

11. TELARAÑA

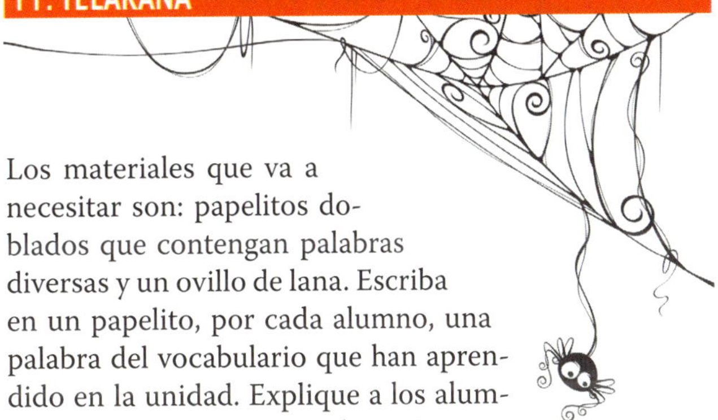

Los materiales que va a necesitar son: papelitos doblados que contengan palabras diversas y un ovillo de lana. Escriba en un papelito, por cada alumno, una palabra del vocabulario que han aprendido en la unidad. Explique a los alumnos que van a contar una historia entre todos formando a la vez una tela de araña. Cada alumno irá añadiendo una frase a la historia usando la palabra del papelito. El último alumno de la ronda tiene que terminar la historia. Pida a los alumnos que se sienten en círculo. Utilice un ovillo de lana, diga la primera frase de la historia y lance el ovillo al primer alumno manteniendo el extremo. El alumno seguirá la historia utilizando la palabra del papelito que le ha tocado. A su vez, lanza el ovillo a otro compañero manteniendo también el hilo. Así hasta que hayan hablado todos. ¡Se formará una gran telaraña!

12. ¡QUE SE MUEVA LA RUEDA!

Divida a los alumnos en dos grupos. Invítelos a formar dos círculos (uno dentro del otro) con igual número de personas y pida que se miren frente a frente. Es recomendable tener una música de fondo.

Pida que se saluden con un abrazo o dándose la mano, y que hagan una pregunta relacionada con los contenidos de una unidad. Por ejemplo, si están estudiando las rutinas diarias, pueden preguntar: *¿A qué hora desayunas? ¿Cuándo te levantas? ¿Cuándo haces los deberes?*

Pare la música y dé la señal para que rueden los círculos cada uno en sentido contrario, de tal forma que le toque otro alumno distinto enfrente al que deberá saludar de nuevo y hacer otra pregunta.

13. LOS DISPARATES

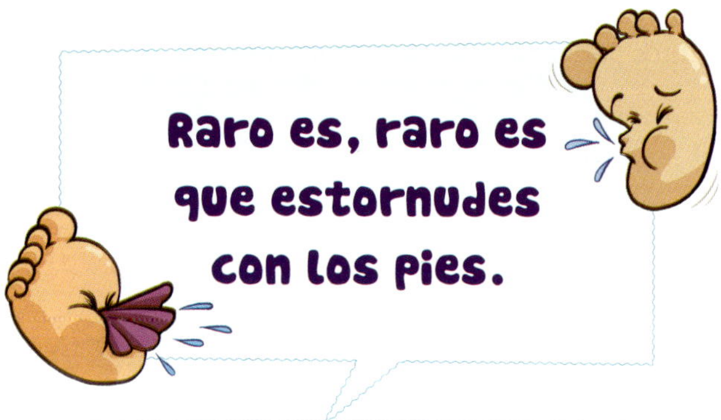

Explique a los alumnos que van a pensar en un problema y a dar una solución con un consejo. Colóquelos sentados en círculo. El primer alumno cuenta su problema al alumno que tiene a la derecha y le pide un consejo sin que los demás puedan oírlo. Por ejemplo: *Para ahorrar energía hay que..., Para jugar al baloncesto tengo que..., Para desayunar debo...*

Una vez que todo el mundo tenga un remedio para su problema, se hace la puesta en común de la siguiente manera. Cada alumno cuenta el problema sobre el que le ha consultado el alumno de la izquierda y da la solución que le ha dado el alumno de la derecha. Los alumnos votan qué disparate les ha parecido más gracioso.

14. LOS DADOS MAREADOS

Tenga preparados seis dados de gran tamaño (A4) con una letra en cada cara en lugar de números. Pida un alumno voluntario para que tire los seis dados. Anote las letras que han salido en la pizarra. Los alumnos tendrán que formar palabras con dichas letras. Ganará un punto el que haya formado la palabra más larga y otro el que haya formado el mayor número de palabras.

15. ¡CASA!

Se trata de un juego similar al tradicional *Ahorcado*, pero se ha querido adaptar el nombre para evitar connotaciones negativas.

La dinámica es muy simple: divida la clase en dos grupos y, por turnos, van participando distintos alumnos. El equipo A decide una palabra que el equipo B tendrá que adivinar. El representante en cuestión se la dirá al profesor para que no existan confusiones. A continuación, dicho representante del equipo A escribirá la inicial y la última letra de la palabra elegida, y entre estas, tantos huecos como letras falten para completarla. Los alumnos del grupo B irán diciendo letras aleatoriamente. El representante del equipo A las irá incluyendo en la palabra si aparecen en esta, si no, dibujará un trazo de una casa por cada error. Si se completa la palabra antes de completar la casa (10 trazos con techo y paredes, pero se podrán añadir o quitar según las características del alumnado), el equipo que juega, en este caso el B, se anota un punto. En cambio, si se completa la casa antes, se lo anotará el equipo A.

Es un juego muy versátil, ya que se podrá emplear cualquier tipo de vocabulario estudiado y también se puede hacer en gran grupo con un alumno cada vez, o en pequeños grupos de cuatro alumnos.

16. VEO, VEO.

Es un juego muy tradicional en muchos países. Se puede jugar con objetos reales visibles en el aula o se le puede sacar más partido si distribuimos tarjetas de vocabulario con ilustraciones por toda la clase. Un alumno, que usted elija, comenzará a jugar, y luego continuarán los que acierten primero. Todo el grupo clase podrá participar a la vez y gritar la palabra si cree haberla encontrado. La dinámica sería como se ejemplifica a continuación:

Alumno A: Veo, veo.
Clase: ¿Qué ves?
Alumno A: Una cosita.
Clase: ¿Por qué letrita?

Alumno A: ¡La **M**!
Alumno B: ¡Mapa!
Alumno A: ¡No!
Alumno C: ¡Mesa!
Alumno A: ¡Sííí! ¡Tu turno!

17. SOY FERNANDO, ¡YO MANDO!

Elija a un niño para dar órdenes delante de la clase –también puede darlas usted mismo–. El resto obedecerá las órdenes bajo la supervisión de usted. El juego siempre comenzará con la frase: *Soy Fernando, yo mando.*

Las órdenes se pueden adaptar a cualquier contenido, por ejemplo: *Señala la pizarra* (objetos de la clase o del patio), *Cuenta hasta 10*, etc.

18. ¿DÓNDE ESTÁN MIS ISLAS?

La dinámica de este juego es similar a la de *Los barquitos* o *Hundir la flota*, pero se ha tenido a bien eliminar las connotaciones bélicas. Se jugará por parejas y cada alumno realizará el mismo diagrama en su cuaderno: utilizarán dos ejes para dar coordenadas, en las que ubicarán distintas "islas" de distintos tamaños o recuadros.

La versatilidad del juego reside en que puede colocar elementos de un campo semántico en el eje vertical y elementos de otro en el horizontal. Por ejemplo: números y letras, colores y familia, animales y paisajes, etc.

	padre	madre	abuelo	abuela	hermano
rojo					
verde					
azul					
morado					
amarillo					
negro					

Alumno A: rojo-madre.
Alumno B: ¡AGUA!
Alumno A: azul-abuelo.
Alumno B: ¡TIERRA!
Alumno A: azul-abuela.
Alumno B: ¡ISLA!

19. DIBUJO VELOZ

Elija a un alumno para que salga a la pizarra para hacer un dibujo que él escogerá de entre el grupo léxico estudiado. Cuando el alumno empiece a dibujar, el resto de la clase tendrá que estar muy atento para adivinar el dibujo en el mínimo número de trazos y en el menor tiempo posible. Anímelos a interrumpir al dibujante gritando la palabra que crean que es. Cuando acierten, repita la misma dinámica con los otros alumnos que hayan ido acertando.

20. BUSCO PAREJA

Es un juego muy simple en el que se vuelven a utilizar las tarjetas de vocabulario. Distribuya aleatoriamente las tarjetas de vocabulario con ilustraciones que desee trabajar y sus correspondientes tarjetas de vocabulario con nombres. Los niños se moverán por toda la clase buscando la tarjeta que se corresponda con la suya. Cuando lo consigan, tendrán que ir alineándose en orden delante del aula para comprobar su correcta realización, a la vez que dicen las palabras en voz alta.

21. TELÉFONO LOCO

Haga grupos de seis alumnos. Al primer niño de cada uno de los grupos le dirá al oído –de forma clara– una acción en presente continuo, del tipo: *Tú estás durmiendo, Tú estás bebiendo, Tú estás leyendo*, etc. Lo mismo que han escuchado será repetido al compañero siguiente y así sucesivamente. El último niño del grupo hará la mímica de lo que le ha llegado al oído. Todo el grupo repetirá en voz alta la acción que trasmitieron por teléfono. El turno pasará al siguiente compañero.

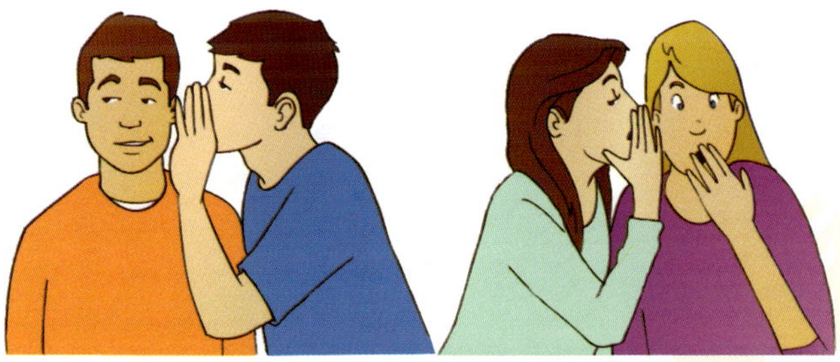

SOY UNA BOTELLA DE PLÁSTICO

Soy una botella de agua. La gente me usa en verano, cuando hace mucho calor. Siempre estoy en el supermercado, de pie junto a otras botellas de plástico azul iguales a mí: mis hermanas.

Nos llenan de agua fresca y clara y nos ponen un divertido sombrero azul. Así el agua no se escapa. Luego nos visten con unas etiquetas de colores. Salimos en grandes cajas hacia un lugar lleno de ruido y gente llamado *supermercado* y allí tu mamá me coge con cariño y me pone en su cesta.

Ahora estoy en tus manos. ¿A que soy suave? Y blandita…

Ser una botella de plástico es genial porque eres transparente, ligera y difícil de romper. Para volver a estar contigo pronto, tienes que ponerme en el contenedor amarillo. Es la entrada secreta a un parque de atracciones para botellas, donde nos separan, nos limpian y… otro día de verano voy a estar contigo en el supermercado.

¡Gracias por ayudarme a volver!

(Adaptado de
http://www.personasmassostenibles.es/wp-content/uploads/2013/01/auladereciclaje-f-.pdf)

- ¿Por qué crees tú que la botella dice que la gente la usa en verano?
- ¿Sabes cómo se hace el plástico?
- ¿Has tocado el plástico alguna vez? ¿Tiene razón la botella? ¿Es blandito? ¿Es transparente? ¿Es indestructible?
- ¿Qué piensas que ocurre cuando ponemos los envases en el contenedor amarillo? ¿Sabes qué significa la palabra "reciclaje"?
- ¿Crees que existe de verdad un parque temático para botellas o a qué crees que se refiere nuestra amiga?

RELLENA DE GALLETAS

Hola, me llamo Paki y soy un paquete de galletas. Aunque mis galletas son redondas, yo soy cuadrada. Ser cuadrada es muy práctico porque así no me caigo ni me muevo en el armario, junto a mis amigas la caja de cereales y el paquete de azúcar. Somos el equipo del desayuno y nos encanta salir pronto por la mañana a la mesa y ver cómo te preparas para ir al colegio.

Mis amigos y yo estamos hechos de cartón. Somos naturales, venimos de la madera, y duros pero blanditos al mismo tiempo.

Ser de cartón es una suerte porque, cuando tú nos metes en el contenedor azul nos llevan juntos a una piscina para cartones y nos convertimos en un puré de papel y luego volvemos a vivir como nuevos envases de cartón.

Yo quiero volver a ser una caja de galletas, porque me encanta estar rellena de cosas buenas.

(Adaptado de
http://www.personasmassostenibles.es/wp-content/uploads/2013/01/auladereciclaje-f-.pdf)

Paki y el equipo del desayuno están hechos de papel y cartón:

- ¿Qué otros envases conoces tú hechos de cartón?
- ¿Por qué a Paki le gusta ser una caja cuadrada?
- ¿Qué deberás hacer tú para que tus cajas de cartón puedan reciclarse?

¡SOY UNA LATA!

Soy una lata de refresco, la más popular de mi clase y desde luego ¡la más fresca! Si estoy con mis amigas, la lata de aceitunas y la lata de sardinas… ¡hacemos una fiesta!

Seguro que me has visto alguna vez, con mi anilla para tirar y abrir, ¿verdad?

Si estoy cerrada, tu bebida favorita está perfecta y las burbujas no se van.

Todo el mundo dice que soy fuerte y resistente pero la verdad es que cada día soy más ligera.

Soy la más divertida de la estantería, porque me pintan de colores brillantes que hacen que todos me admiren.

Voy a pedirte un favor: si me bebes, no me tires por ahí. Mi sueño es viajar al contenedor amarillo. Cuando llegue a la planta de reciclaje, voy a volar atraída por los imanes y voy a caer a una gran piscina caliente donde nos derretimos juntas todas las latas. ¿Por qué quiero eso? Pues porque así puedo volver otra vez a ser una nueva lata.

(Adaptado de http://www.personasmassostenibles.es/wp-content/uploads/2013/01/auladereciclaje-f-.pdf)

- ¿Crees que esta lata es un poco orgullosa? ¿Por qué?
- ¿Qué hay que hacer con las latas vacías, sean de refresco o de cualquier otra cosa?
- ¿Sabías que las latas se derriten? ¿Cómo tiene que ser la temperatura de esa piscina?

CHICO DURO

¡Hola! Soy Bernardo, un envase de cartón para bebidas de leche y soy un chico duro. ¿Por qué? Pues porque aunque te pueda parecer ligero y como de cartón, por dentro tengo algo más: metal y plástico que me hacen resistente y fuerte.

Además, la leche que llevo me da mucho calcio y energía para moverme sin parar.

Si me caigo al suelo, no me rompo. Si mis hermanos de cartón se suben encima, tampoco. A través de mi piel no dejo pasar nada de nada: ni el agua, ni el polvo ni la luz, así que cuando me abres para la merienda siempre encuentras tu leche ¡perfecta para beber! Mmm… ¡¡¡buenísima!!!!

Si acabas, llévame al contenedor amarillo. Si voy allí, hacen conmigo muchas cosas útiles: un nuevo papel para bolsas y cajas y más metal para fabricar cafeteras o marcos de ventanas.

Seguiré siendo fuerte, si tú me ayudas a volver y reciclarme.

(Adaptado de http://www.personasmassostenibles.es/wp-content/uploads/2013/01/auladereciclaje-f-.pdf)

- ¿De qué dice Bernardo que está hecho?
- ¿Qué cualidad hay que tener para soportar peso y para no romperse al caer?
- ¿Por qué dice el envase de cartón para bebidas que la leche sale perfecta cuando lo abres?
- ¿Dónde hay que depositar a Bernardo?
- ¿Qué se hace con el envase de cartón para bebidas?

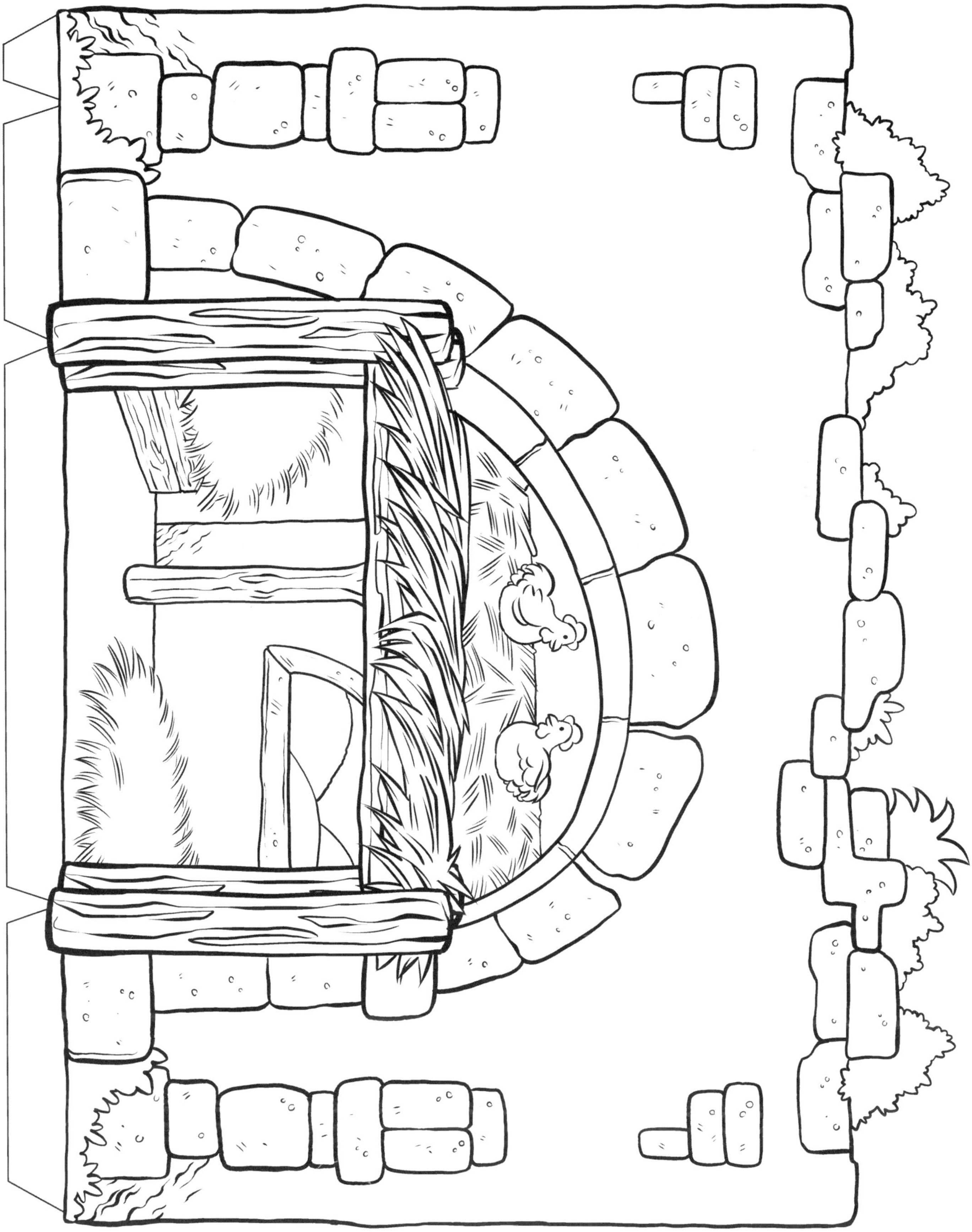

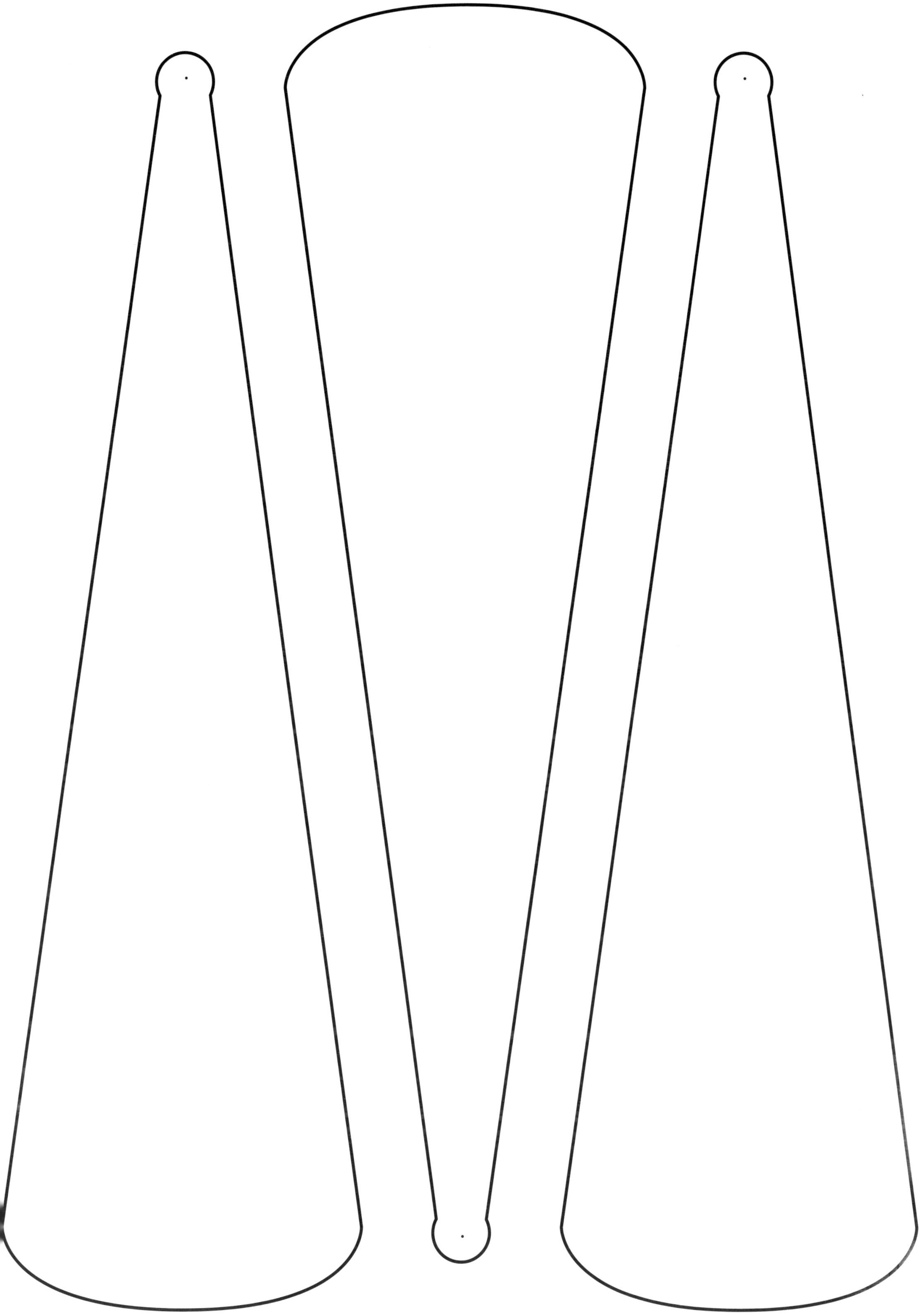

FICHA FOTOCOPIABLE 4. ¡VAMOS A LA FERIA!